国家级一流本科专业建设点监狱学 · 系列教材
"十二五"普通高等教育本科国家级规划教材

罪犯心理矫治

Criminal Psychological Correction

章恩友／主编

法律出版社
LAW PRESS·CHINA
北 京

图书在版编目（CIP）数据

罪犯心理矫治／章恩友主编. -- 北京 : 法律出版社, 2025. -- ISBN 978-7-5197-9700-3

Ⅰ. D917.2

中国国家版本馆 CIP 数据核字第 2024T2U664 号

罪犯心理矫治
ZUIFAN XINLI JIAOZHI

章恩友 主编

责任编辑 慕雪丹
装帧设计 汪奇峰 臧晓飞

出版发行 法律出版社
编辑统筹 法商出版分社
责任校对 赵明霞
责任印制 胡晓雅
经　　销 新华书店

开本 710 毫米×1000 毫米 1/16
印张 18.25 **字数** 324 千
版本 2025 年 3 月第 1 版
印次 2025 年 3 月第 1 次印刷
印刷 唐山玺诚印务有限公司

地址:北京市丰台区莲花池西里 7 号(100073)
网址:www.lawpress.com.cn
投稿邮箱:info@lawpress.com.cn
举报盗版邮箱:jbwq@lawpress.com.cn

销售电话:010-83938349
客服电话:010-83938350
咨询电话:010-63939796

书号:ISBN 978-7-5197-9700-3 **定价**:52.00 元

凡购买本社图书,如有印装错误,我社负责退换。电话:010-83938349

总　　序

如果从20世纪初国人翻译日本学者佐藤信安、小河滋次郎等人的监狱学著作算起，现代意义的监狱学在中国出现已有百余年。历经百年沧桑，监狱学已经发展成为涵盖数十门分支学科的学科群。从移译西学到自主创新，从依附西方到独立自主，中国监狱学的百年发展成为中国学术由弱到强发展历程的缩影。

2018年，为推进教材建设，中央司法警官学院启动了监狱学系列教材编写的计划，首批推出五本教材，分别是《犯罪心理学》《监狱学基础理论》《狱政管理学》《罪犯教育学》《法医学》。教材出版得到了兄弟院校的支持和肯定。三年来，高等教育形势发生了变化，监狱工作改革不断推进，司法警官教育取得了一系列成绩，现实对教材建设提出了新要求、新期待。

从全国高等教育形势来看，全国教育大会胜利召开，为加快推进教育现代化、建设教育强国、办好人民满意的教育指明了方向；教育部发布《关于加快建设高水平本科教育　全面提高人才培养能力的意见》（新时代高教40条），教育部会同有关部门联合推出"六卓越一拔尖"计划2.0；教育部、财政部、国家发展和改革委员会联合发布《关于高等学校加快"双一流"建设的指导意见》，明确"双一流"建设的核心是人才培养；《深化新时代教育评价改革总体方案》印发，对引导全党、全社会树立科学的教育发展观、人才成长观、选人用人观具有重大意义。

从监狱改革发展来看，2018年以来，司法部连续召开了两次全国监狱工作会议，要求提高政治站位，夯实监狱事业发展基石，狠抓内部管理，深化监狱改革，打造过硬队伍，不断开创监狱工作新局面。2019年4月，中共中央办公厅、国务院办公厅印发《关于加强和改进监狱工作的意见》，要求努力建设一支信念坚定、执法为民、敢于担当、清正廉洁的高素质监狱人民警察队伍，并强调，加强教学练战一体化培训，进一步加强司法行政系统所属院校警察类专业毕业生培养和入警工作。同时,《刑法修正案(十一)》施行,《社区矫正法》以及修订后的《未成年人保护法》《预防未成年人犯罪法》正式实施,这些新规定的出台,都要求监狱学专业教育教学内容作出及时调整。

作为监狱学研究和教学的重要机构,中央司法警官学院三年来取得了一系列成绩。2019 年 12 月,经教育部高等学校教学指导委员会评议,中央司法警官学院监狱学专业、侦查学专业获批国家级一流本科专业建设点。这是全国首个监狱学一流本科专业建设点,标志着司法行政系统所属高等院校学科专业建设取得历史性突破,对提升人才培养质量、增强服务监管改造工作能力和水平具有重要意义。此后,狱内侦查学入选首批国家级一流本科课程,罪犯教育学课程和团队被评为国家级课程思政示范课程和团队,“新文科建设框架下的监狱学专业升级改造”成功获批教育部首批新文科研究与改革实践项目。

在上述背景下,监狱学专业人才培养目标、培养规格、课程体系乃至教学方式方法等都有必要作出相应调整。为此,我们组织校内外相关学者,同时吸收实务部门专家共同编写“国家级一流本科专业建设点监狱学系列教材”。

教材是教育理念的反映,同时也引领教育理念的变革。一些重要的教育理念,往往可以通过教材内容、形式的变化得到反映。教育需求决定教育创新,学习需要影响教学方式。诚如陶行知先生所说,教的法子必须根据学的法子,学习方式的变革正在悄悄影响着教学方法和教学理念。在教材编写过程中,我们充分考虑学习需求,努力贯彻“学生中心、产出导向、持续改进”理念,注重将价值塑造、知识传授和能力培养三者融为一体,力争体现高阶性、创新性和挑战性。同时,在教材体例上作出调整,在每节之前增加了要点提示,节末设置研究与思考题,在章节中增加图例、图表、专栏或案例,尽量方便学生自学。

期待这个系列教材能为监狱学专业的教育改革、为司法警官教育的高质量发展作出应有的贡献。

中央司法警官学院教材编审委员会

2021 年 7 月

前　　言

罪犯心理矫治是当前我国司法警官院校监狱学、刑事执行等专业的主干课程之一。为适应新形势下罪犯心理矫治课程教学的需要,作者在广泛调研、大量查阅国内外相关资料的基础上撰写了本教材。本教材较全面地反映了我国罪犯心理矫治最新的理论发展和实践成果,同时在教材结构和编写体例上作了创新性安排。作者本着理论联系实际的原则,以我国监狱改造罪犯的实践为依据,阐述了罪犯心理矫治的基本理论、基本知识、方法和技术,在吸收、借鉴国内外该领域的先进理论和有益经验的基础上,参考了我国近年来罪犯心理学领域的最新研究成果,使教材更能适应当前形势发展的需要。本教材的撰写着重让司法警官院校监狱学、刑事执行等专业的学生掌握现代矫治技术,培养学生从事罪犯心理矫治工作的基本功。

罪犯心理矫治作为我国监狱的一项新事业,走过了30多年的历程。虽然迄今为止,罪犯心理矫治已在全国绝大多数监狱广泛展开,并且有些地方取得了很好的成绩,但是总体而言,仍处于探索阶段,理论研究薄弱,实践进程艰难。我们深深感到,罪犯心理矫治适应了新时期我国监狱工作改革发展的需要,在"改造人"的事业中发挥了举足轻重、不可替代的作用。这项工作能否实现快速发展,主要受两个因素的制约:一是理论的指导;二是专业人才的培养。作为司法警官院校教学与研究工作者,作者有一种强烈的使命感——通过自己的教学和研究为我国罪犯心理矫治的发展尽一份微薄之力。

2012年本教材入选第一批"十二五"普通高等教育本科国家级规划教材,本次是第三次修订。根据本套规划教材的要求和司法警官院校专业教学的需要,对原书的内容、体例进行了一定的调整,而且增加了近几年罪犯心理矫治理论和实践领域中较前沿又比较成熟的成果,有的在正文中加以补充,有的通过"延伸阅读"的方式呈现给读者。参与各章撰写的教师及承担的任务如下:

章恩友(中央司法警官学院教授):第一、二、三、四、五章,第六、八、九、十、十一章部分节。

徐晓锋(中央司法警官学院教授、心理学博士):第十二章。

张媛媛(中央司法警官学院讲师、犯罪学博士):第七章,第六、十章部分节。

杜丙立(中央司法警官学院讲师、精神医学博士):第八、九、十一章部分节。

本教材的撰写得到了宋胜尊、李志艳、高畅、于海霞、陈立成等老师的帮助,他们不仅与我们在日常工作中有很好的合作,而且在罪犯心理矫治的理论研究上给予我们极大的支持,本教材在很多方面参考了他们的研究成果,在此表示诚挚的谢意。此外,在写作过程中,我们还参阅了国内外大量的文献,并在最后尽可能一一罗列,在此对原作者一并表示感谢。尽管如此,由于学术水平有限,书中纰漏甚多,敬请读者批评指正。

《罪犯心理矫治》编写组

2024 年 7 月

目录
Contents

第一章　绪　　论

重点提示

罪犯心理矫治是促使罪犯心理行为发生积极变化的心理健康教育、心理评估、心理咨询和心理治疗、心理危机干预等一系列活动的总称。罪犯心理矫治工作不等同于监管医疗、罪犯思想教育等工作,是一种心理学职业行为。开展罪犯心理矫治工作具有重要的理论意义和实践意义。罪犯心理矫治的目的可分为终极目的与具体目的,也可分为矫正的目的与发展的目的。

第一节　罪犯心理矫治的概念和意义

一、罪犯心理矫治的概念

从国内外有关研究资料来看,对罪犯心理矫治这一概念有以下几种界定。

(一)狭义的界定

心理矫治的英文是 psychological treatment,一般被翻译为“心理治疗”(psychotherapy)。也就是说,在西方国家,起初人们把心理矫治等同于心理治疗,是指应用精神医学和临床心理学的知识、方法和技术对有心理问题或心理异常者进行治疗,帮助他们消除心理障碍,解除心理矛盾,达到心理健康的目的。与此相对应地,西方国家在监狱中对犯罪人进行心理矫治,就是将心理学、精神医学知识和技术应用于监狱行刑过程,分析罪犯在服刑过程中出现的心理、行为问题,然后有针对性地进行心理治疗、行为矫正,使其成为能适应正常社会生活的人。这实际上是从医学心理学或临床心理学上界定心理矫治,这对心理矫治工作者在专业技能上要求很高,一般由社会上的心理学或精神病学专家去完成。

(二)广义的界定

20 世纪七八十年代,随着心理学在矫正领域的广泛应用,心理矫治这一概念开始出现广义的理解。这一时期出现了两个比较有代表性的学者：一是美国犯罪学家、法律心理学家罗伯特·威克斯（Robert Wicks），他在其于1974年出版的《矫治心理学——犯罪人矫治中的主题和问题》一书中大大扩展了心理矫治概念的内涵，书中建立的矫治心理学体系包括犯人的分类、罪犯中的心理治疗与心理互动、罪犯行为矫正、监狱暴力和性问题、矫正教育、社区矫正等极其广泛的内容。① 二是我国台湾地区学者蔡墩铭，他在其于1988年出版的《矫治心理学》一书中也采用了广义的心理矫治概念，把基于矫正改造之目的而建立起来的工作系统称为“矫治处遇体系”，该体系的主要工作内容有教化（矫正教育）、作业（监狱劳动）、心理治疗三大项，把专门研究这三个方面心理学问题的学科称为“矫治心理学”。有研究者在总结当前西方发达国家监狱中的罪犯心理矫治的特点时写道：“罪犯心理矫治是一系列相关活动的总称。凡是能够对罪犯产生积极的影响，使罪犯能够发生积极变化的活动，均可以称为罪犯心理矫治活动。罪犯心理矫治活动并不限于比较系统、比较专业化的心理治疗和行为矫正。”②由此可见，当前西方国家的罪犯心理矫治更倾向于广义的概念。广义的罪犯心理矫治概念实际上同我国已有的“罪犯改造心理”概念是一致的，也更有现实应用性。

（三）准广义的界定

我国研究者在出版的论著中，对罪犯心理矫治这一概念给予了多种多样的定义。有的倾向于广义的界定，也有的在实际工作中按照狭义的理解操作，更多的则主张在借鉴西方国家先进经验的基础上，结合我国矫正工作的特点和实际情况，确立有自身特色的心理矫治概念和操作体系。由于后一种主张在内涵和外延上处于上述狭义和广义之间，被称为准广义的心理矫治概念。罪犯心理矫治是指监狱心理矫治专业人员和社会心理学工作者，主要运用心理学的理论、方法和技术，准确有效评估罪犯心理状况，帮助罪犯解决心理问题，治疗心理障碍和心理疾病，矫正犯罪心理，促进心理成长，使其融入社会不再重新犯罪的活动。

罪犯心理矫治这一概念目前在我国监狱学、法律心理学领域已成为一个特定范畴。罪犯心理矫治既有科学的理论体系，也有专门的方法、技术，其理论体系主要是依托心理科学的原理，同时吸收精神医学、监狱学、社会学等相关学科的理论成果建立起来的；其方法、技术具有很强的专业性、综合性和可操作性，在我国监狱等矫正机构发挥着越来越重要的作用。

---

① See Robert J. Wicks, *Correctional Psychology: Themes and Problems in Correcting the Offender*, Canfield Press, 1974, p. xvii.

② 吴宗宪编著：《国外罪犯心理矫治》，中国轻工业出版社2004年版，第4页。

二、罪犯心理矫治的意义

（一）理论意义

从理论上看，罪犯心理矫治的实践必然会带来理论研究的深化，使我国罪犯心理学乃至法制心理学的理论体系得到进一步充实和完善，进而促进矫正教育理论的深化，促进整个监狱科学的发展。当前，在我国罪犯心理矫治工作需要的基础上，从事罪犯心理矫治实践和科研的专业人士不断增加，他们在工作中不断探索，从而具有中国特色的罪犯心理矫治理论体系不断发展，并有效指导实际工作的开展。

（二）实践意义

1. 促进罪犯改造工作科学化的进程。尽管我国的罪犯改造工作在过去几十年取得了很大成就，但总体来看，其现代化、科学化水平亟待进一步提高。运用现代心理科学的原理和技术对罪犯进行心理矫治，使罪犯改造工作得到深化、细化，必将极大地促进其科学化的进程。

2. 促进罪犯改造质量的提高。罪犯走上违法犯罪道路的原因是多方面的，既有客观原因，也有主观原因。就主观原因而言，既有受错误的思想观念支配而犯罪的，也有因情绪障碍、人格异常或行为习惯不良而犯罪的。因此，对罪犯的改造，必须多层次、全方位地进行。通过心理矫治，对全体罪犯开展系统的心理健康教育，适时进行心理评估，有助于罪犯改变错误认知、稳定情绪、完善人格，进而更好地接受改造；针对部分罪犯的心理、行为问题可及时进行鉴别诊断与矫正或调适，必要时配合精神医学治疗，使之恢复心理正常状态，能平稳接受改造。

3. 促进监狱民警整体素质的提高。罪犯心理矫治是一项技术性、专业性很强的工作，从事这项工作的监狱民警不仅是一般的管理者、教育者，而且是矫正岗位上的心理学工作者。他们不仅要掌握一般的法律知识和监狱管理、罪犯教育的理论，而且要深入学习和掌握心理学及罪犯心理学的知识，尤其要掌握心理矫治的原理和技能，还要懂得其他相关学科的知识，如精神医学、统计学、生理学等。不仅如此，罪犯心理矫治工作还对从业者在思想认识、职业道德、心理素质等方面提出了很高的要求。因此，罪犯心理矫治工作的广泛开展，不仅可以提升罪犯心理矫治水平，而且极大地促进了民警队伍整体素质的提高，有利于发挥监狱在社会发展和稳定方面的作用。

第二节 罪犯心理矫治的对象

一、罪犯心理矫治的对象是全体罪犯

罪犯心理矫治工作绝不是针对部分或个别罪犯进行的，而是面向全体罪犯全面展开的。它既要消除部分罪犯的不良心理、行为及其他心理障碍，又要维护和促进全体罪犯的心理平衡与心理健康，增强全体罪犯的生活适应性，肩负起对自己、家庭和社会的责任。

健康心理学研究表明，人的心理健康是一个发展的、相对的概念，任何人的心理健康都是动态的。因此，任何人都需要讲究心理卫生，时刻注意心理保健。常人尚且如此，何况服刑罪犯？根据我国学者近年来对罪犯心理测验的研究报告分析，在我国监狱的在押罪犯中，很多罪犯不同程度地存在社会适应能力低，情绪波动大，焦虑、抑郁、易激惹、自控能力差，人格有不同程度的偏离等心理问题，罪犯的总体心理健康水平明显低于社会正常人群。造成这种状况的原因，除了部分罪犯被判刑入狱前已经形成的不良心理（包括反社会心理）或心理障碍在服刑过程中的延续或恶化之外，更重要的是"监狱化"的过程。"监狱化"一词是由美国社会学家克莱玛（D. Clemmer）在其于1940年出版的《监狱社会》一书中首先提出的，表示在押犯"或多或少地沾染上监狱的生活方式、习惯和一般文化"。[①] 其主要内容包括：（1）对罪犯群体内部的非正式规则和制度的学习与接受；（2）对监狱当局指定的正式规则和制度的学习与接受（出于一种自我保护心理）；（3）对监狱普通文化（如监狱气氛、特有的生活方式和感受等）的学习与内化。克莱玛断言，几乎所有罪犯都要在不同程度上经历监狱化过程，而且刑期越长，监狱化程度越深。它附带于自由刑的执行而产生，只要存在自由的剥夺，以及罪犯之间的"相互影响"，监狱化就不可避免，而且对罪犯的重新社会化过程构成一种不容忽视的障碍。我国台湾地区学者蔡墩铭认为，对于一个监狱化了的罪犯来说，其人格将会发生下列变化：（1）依赖性增强；（2）受暗示性增强；（3）思考能力下降；（4）惰性增强。除此之外，消极认知和偏执思维也会增强，导致负性行为增加，严重影响改造效果和监管安全。

由于罪犯的监狱化现象的普遍性，以及罪犯群体的心理健康状况低于社会正常人群，罪犯心理矫治对全体服刑罪犯具有普遍的适用性，尤其在心理问题预防中

---

① 章恩友主编：《罪犯改造心理学》，法律出版社2021年版，第22页。

的作用更加明显。

二、针对不同心理问题的罪犯采用不同的心理矫治方法

开展罪犯心理矫治工作，并不意味着对所有罪犯必须采用同一种矫治方法，而是针对不同的罪犯需要矫治方法上的针对性、灵活性和有效性，灵活应用不同的罪犯心理矫治技术。

首先，全体罪犯都需要接受心理评估和心理健康教育。心理评估有助于了解与掌握全体罪犯的个性特点、心理缺陷及犯罪心理结构的特殊性等，为后期的咨询、治疗、再犯预测等提供依据。心理健康教育是罪犯心理矫治的基础性工作，向全体罪犯讲授心理健康、心理问题预防及调适等方面的知识，让罪犯正确认识自己、剖析自己、接纳自己，并自觉调整心理状态，积极面对服刑生活，积极参与改造。

其次，对存在心理问题或患有不同程度心理障碍的罪犯进行专业性的心理咨询或心理治疗。心理咨询和心理治疗是专业性很强的矫治方法，需要由专业技术人员完成，主要由监狱心理矫治部门的专业人士进行，必要时可请社会心理治疗专家或精神科医生有效介入。其主要是针对有心理疾病的罪犯，如有的罪犯出现适应障碍、抑郁、焦虑以及严重的精神疾病。对这部分罪犯，需要采取专业性的咨询和治疗措施，加上必要的心理支持和心理援助，有时还要辅以药物治疗，这样才能达到缓解乃至消除心理障碍、恢复心理健康的目的。

再次，对具有以反社会性为核心的不良人格的罪犯，应当通过心理咨询或行为矫正来促进和提高教育改造、劳动改造的效果。这部分罪犯人格中的反社会性不仅是他们产生违法犯罪行为的心理基础，而且是阻碍其改造进程的不良心理因素。反社会性一旦形成，就具有很强的顽劣性，很难通过罪犯自身的觉悟或一般的教育改造措施得以矫正，必须综合运用多种心理矫治手段和方法，融合人本主义、精神分析、认知行为等理论以及家庭治疗和现实疗法等技术。我国监狱在 70 多年的发展历程中，在改造罪犯的反社会性方面积累了包括思想教育、法治道德教育、劳动改造在内的许多宝贵经验。现在，随着监狱法治化、科学化、社会化进程的快速发展，我们必须运用更加科学有效的手段和方法去感化和改造这部分罪犯，提高教育改造的效果。

最后，过失犯也应当是罪犯心理矫治的对象。从心理学角度分析，个体的任何行为都是有原因的，过失犯在注意品质上的缺陷、自我意识和性格品质的不良，是造成他们“疏忽大意过失”或“过于自信过失”的内在心理因素。对这些罪犯的改造，首先要让其认识到其不良心理因素的存在及影响，并运用心理矫治技术，如对

过失犯进行人格测评、开展心理健康教育、进行行为治疗等,提高这部分罪犯的改造效果。

第三节　罪犯心理矫治的性质

罪犯心理矫治是介于监管医疗和罪犯思想教育之间的一种心理学职业行为,具有专业的工作方法和特殊作用。

一、罪犯心理矫治与监管医疗

从罪犯心理矫治的实践来看,以往有不少监狱把心理矫治机构设在犯人医院中,主要由医务人员开展这项工作。众所周知,监管医疗是指医生对罪犯疾病的治疗,治疗的主要是生理上的疾病(包括心理疾病)。罪犯心理矫治(特别是咨询与治疗)似乎也在遵从医疗模式,有治疗罪犯心理疾病的作用,但从总体上看,它并不等同于真正医学意义上的治疗。心理矫治工作者与被矫治罪犯之间的关系也不同于医生与患者的关系。在医疗中,医生给患者治病,医生居于主导地位,医疗方案由医生来制定,一般不必与患者进行协商,患者只需遵从医嘱接受治疗,严格按照医生的要求进行治疗与休息即可,处于被动的服从地位。在罪犯心理矫治中,特别是在罪犯心理咨询的过程中,强调双方共同商讨。咨询员要帮助来询罪犯分析问题,查找问题产生的根源,并提供解决问题的参考意见,在这一过程中来访罪犯居于主体地位,咨询员要激发罪犯的主动性和责任感,这直接关系到矫治的成效。从工作层面来看,监管医疗的工作对象是主动求医的罪犯,而罪犯心理矫治的对象除了主动求助的罪犯,还需要监狱民警主动出击,有时是针对所有罪犯开展心理矫治工作。因此,罪犯心理矫治与监管医疗虽接近,但不能等同。

二、罪犯心理矫治与罪犯思想教育

(一)罪犯心理矫治与罪犯思想教育的联系

首先,二者总体目标一致。在监狱开展罪犯心理矫治的目标与罪犯思想教育是一致的,都是以“改造人”为宗旨。换句话说,都是以解决罪犯精神方面的问题为己任,并以消除犯罪心理、矫正恶习、培养守法公民为终极目的。如果罪犯心理矫治背离了“改造人”这一目标,就失去了它在矫正机构的存在价值。同时,心理矫治工作者对罪犯从心理上进行疏导和帮助时,必须坚持正确的教育方向,将心理上的启发、疏导与帮助罪犯树立正确的世界观、人生观、价值观有机地结合起来。

其次,二者在组织上密切联系。在监狱开展罪犯心理矫治工作不同于社会上的心理咨询,不是以营利为目的,而是为促进罪犯的身心健康和提高改造质量服务。因此,罪犯心理矫治在机构设置、活动组织等方面都需要监狱及相关部门如教育科、狱政科等的认可和支持。罪犯心理矫治工作在组织上可直接隶属监狱,与监狱的各项工作协调一致,共同提高罪犯的改造成效。

(二)罪犯心理矫治与罪犯思想教育的区别

1. 具体目标与任务不同。二者总体目标是一致的,但在具体工作目标上有各自的侧重点。罪犯心理矫治的具体目标是解决罪犯的心理问题,帮助罪犯辨明心理问题的性质及根源,调整心理状态,排除心理障碍,恢复心理平衡。罪犯思想教育的具体目标是解决罪犯意识形态方面的问题,其主要任务是帮助罪犯树立正确的世界观、人生观、价值观,培养其爱国主义、集体主义观念,养成遵纪守法的习惯,提高思想觉悟。

2. 理论基础不同。罪犯心理矫治的理论体系属于心理科学的范畴,主要以心理学的理论为基础。罪犯心理矫治工作的开展要在心理学理论的指导下进行,遵循心理学工作的原则和方法。罪犯思想教育工作属于社会意识形态的领域和范畴,它的理论基础是社会主义的政治理论和道德、法律规范,以及政治学、伦理学、教育学等社会学科。

3. 工作方法与形式不同。罪犯心理矫治侧重于磋商、疏导、宣泄、暗示等方法,多具有引导性和启发性;形式以个别矫治为主,同时配合心理健康教育课程、团体咨询、心理测验等。罪犯思想教育的方法以灌输为主,多具有抑制性和约束性;形式多种多样,如开设思想修养课程、法治教育课程,组织报告会、座谈会,开展批评、表扬和个别教育等。

4. 对工作人员的要求不同。罪犯心理矫治工作要求由受过专门训练、掌握专业技术的心理学工作者或精神科医生来进行,但从现实来看,由于受到各种因素的制约,目前主要由从事教育改造工作的民警兼任,这种状况很容易将罪犯心理矫治混同于一般的思想教育。这就需要在上岗前经过选拔,并接受心理咨询、治疗专业的培训与考核。罪犯思想教育工作具有群众性、广泛性,从业者一般需要具备较高的政治思想觉悟、良好的工作能力和组织能力,掌握有关政治与德育的理论知识。

5. 工作效果的评价标准不同。对罪犯心理矫治工作效果的评价,是依据心理矫治的目的来衡量的，主要看罪犯心理问题的解决程度如何，是否恢复了心理健康。罪犯思想教育的效果是从罪犯思想素质的高度来衡量的，主要看罪犯的认识水平、思想觉悟及改造积极性是否有所提高。

总之，罪犯心理矫治与罪犯思想教育既有区别又有联系，罪犯心理矫治是罪犯思想教育工作的深化、拓展和补充，两者是相互配合、相辅相成的，而不是彼此对立、互相排斥的。在矫正工作中，应当在坚持传统的思想教育经验的基础上，结合罪犯心理矫治的方法和技术，对罪犯进行深层次的改造，这是全面提高改造质量的需要，也是新时期我国矫正工作改革发展的必然要求。

三、罪犯心理矫治是一种心理学职业行为

从本质上讲，罪犯心理矫治是一种心理学职业行为，需要把握以下几点：

第一，罪犯心理矫治是一项职业行为，矫治工作者与被矫治罪犯之间的关系是一种职业关系，而不是一般的交往关系。矫治工作者需要具备较高的个人素养，在掌握了心理学、心理矫治的专业知识和取得从业资格后，才能从事这项职业行为；被矫治罪犯是因为有了心理上的问题或困惑，而自身难以解决，才来寻求心理矫治的帮助。因此，罪犯心理矫治是监狱中的一项专业性很强的职业工作。

第二，罪犯心理矫治解决的是罪犯心理、精神方面的问题。虽然在具体的矫治实践中，矫治工作者不免会遇到帮助罪犯解决一般生活问题的情况，因为罪犯的许多心理问题的产生与生活问题有关，但是解决生活问题绝不是目的，即使生活问题解决了，如果心理问题仍然存在或只是暂时减轻，那么绝不能认为心理矫治的任务已经完成了。罪犯心理矫治的直接目的是促进罪犯心理、行为的改变和人格的成长，不仅使罪犯摆脱心理上的困扰，而且实现人格上的健全和成熟，当罪犯在以后的生活中遇到类似的困扰时，不再出现心理问题或者能够自行解决，更好地适应生活。

第三，心理矫治工作者需要具备心理学职业要求的职业条件和职业素养。心理矫治工作者面对的是心灵上需要帮助的人，其责任重要而艰巨，因此需要掌握心理学职业所要求的专业知识技能和职业素养。心理矫治工作者不仅要具备精湛的业务能力，掌握心理矫治的专业理论，发展多方面的知识结构，积累丰富的实践经验，而且要具备高尚的职业道德和健康的心理素质，真诚善良，富有爱心，乐于助人，善解人意，感情真挚，保持积极健康的心态。

第四节 罪犯心理矫治的目的及其实现

一、罪犯心理矫治的终极目的

罪犯心理矫治作为矫正机构对罪犯开展矫治活动的一项重要内容,其目的的确立,应当服从于整个矫正工作的需要。因此,定位罪犯心理矫治的终极目的,必须与矫正工作中的管理、教育、劳动保持一致,将犯罪者教育改造成为守法公民。在这里,“守法公民”不仅能够认罪服法、悔过自新、遵纪守法、自食其力,而且应该心理健康、人格完善。

明确罪犯心理矫治的终极目的,能够解决实际工作中的诸多困惑。比如,在罪犯心理矫治的具体运作中,矫治工作者面对罪犯的价值观问题,常常感到困惑。根据一般理解,价值观问题是思想政治教育的任务,心理咨询和心理治疗一般不干预来访者的价值观。但是,对于矫正机构的罪犯心理矫治而言,对罪犯的价值问题不能采取“不干预”的态度,这是由罪犯心理矫治必须服从于“改造人”“挽救人”的终极目的决定的。罪犯心理矫治对价值的干预不像罪犯思想教育那样直接,它重在“功能干预”。即在涉及罪犯的价值问题时,以对价值进行功能分析为主要话题,帮助罪犯澄清其价值追求,让他们意识到自己有什么样的价值观,其中是否存在矛盾与冲突;必要时引导罪犯(而不是代替他们)作出价值选择;让罪犯认识其价值观与行为和情感(乃至症状)的联系;领悟前后两种价值观之间的矛盾及其后果,从而作出相应的选择。在这一过程中,矫治工作者要尽可能地避免价值说教,更不能强制性地要求罪犯接受自己的价值观,否则就会偏离罪犯心理矫治的轨道,事与愿违。当罪犯的价值观严重影响其情绪和行为时,可以了解其价值观的性质及形成原因,必要时采用精神分析和认知疗法进行干预。

再如,社会上一般的心理咨询与治疗非常强调保密原则,这是对从业者在职业道德上的基本要求,也是心理咨询与治疗取得成效的前提。矫正机构中的心理咨询与治疗同样要遵循保密原则,但对保密的范围和尺度的把握要服从于实现“改造人”“挽救人”这一终极目的的需要。在罪犯心理矫治过程中,如果矫治工作者发现罪犯有自杀、伤人、脱逃等不利于监管场所安全和矫正工作的倾向,保密原则就可以例外,应当及时取得监狱有关部门的配合,采取措施,防止意外事故的发生。

二、矫正的目的和发展的目的

对于我国矫正机构的罪犯心理矫治而言,还要注意把握矫正的目的和发展的目的。矫正的目的主要着眼于消除罪犯心理的临床症状，克服消极的、不适应的行为；发展的目的侧重于学习新经验、开发潜能和提升生存品质等方面。

国外有些心理治疗理论侧重于追求矫正的目的。如精神分析学派认为，当前症状是来自受压抑的经验和本能欲望，治疗的目的就是要将被压抑的经验与当前的症状联系起来，使来访者领悟，进而使症状消除。行为主义的治疗方法则认为症状是学习（如条件作用）的产物，把直接消除不适当行为或塑造合适行为作为基本的治疗目的。还有一些心理治疗理论侧重于追求发展的目的，如理性—情绪疗法认为情绪症状是信念不合理的结果，因此在治疗上以认知方面为主攻方向，重在让来访者形成一种新的生活哲学。人本主义疗法则注重引导来访者进行自我探索，帮助来访者开发自我潜能，提升生存品质。当前，积极心理学思路是发现和发挥罪犯积极的心理品质，促进其不断完善和自我成长。

我国的罪犯心理矫治工作绝不能只满足于达到“矫正的目的”，更要致力于追求“发展的目的”。罪犯心理矫治工作的对象应当是全体罪犯而不是罪犯中的部分人，罪犯与社会人群中的许多人一样，都需要在心理上获得有效成长，他们的心理成长任务比社会人群更艰巨。这就要求在具体的矫治工作中，综合运用多种咨询、治疗的理论和方法，纠正罪犯的不合理认知，建立良性思维模式，正确认识自己以及与他人的关系，促进他们的人格成长，挖掘其潜能，提升其生存品质，以利于他们更好地适应未来生活。

三、罪犯心理矫治的具体目的

罪犯心理矫治具体的、直接的目的不同于监狱管理、罪犯劳动和传统的教育改造。从心理学意义上讲，罪犯心理矫治的具体目的是帮助罪犯解决心理困惑，消除情绪困扰，改进适应方式，促进自我成长，最终能够面对和处理服刑生活及未来社会生活中的各种问题。简言之，就是促成“改变”，包括促进罪犯认知、情绪、行为、人格等诸多方面的改变。

（一）促进罪犯认知的改变

在认知心理学的影响下，西方犯罪学界出现了认知论犯罪观。这种观点认为，犯罪人的犯罪心理和行为反应与他们的认知偏差和不合理信念密切相关，由于认识上的绝对化、片面化、极端化，他们长期处于不良的情绪状态之中，并经常作出不良的行为反应，久而久之，就会形成不良的人格倾向，甚至形成反社会心理。既然如此，要矫正犯罪人的不良心理和行为习惯，也应当从改变认知入手。

我国犯罪心理学和罪犯心理学的研究表明，许多罪犯存在明显的不合理认知或认知障碍,主要表现为:(1)认知品质不良,诸如认知选择性偏离,认知的绝对化、片面化、极端化等;(2)反社会意识,即与社会所倡导的价值体系相背离,与正常的社会生活相对立,以极端个人主义为核心的各种错误观念;(3)不成熟或歪曲的自我认识,如自我认识、自我评价的幼稚性、歪曲性、盲目性,或愚昧无知,或狂妄自大等;(4)与社会需要相背离的智能结构,有些犯罪人智力水平低,缺乏必要的文化知识,对客观事物的善恶、是非分辨能力差,还有一些犯罪人不仅缺乏必要的生活、生产知识和能力,而且获得了一些从事违法犯罪活动所需要的知识和能力,特别是那些惯犯、累犯和职业犯罪人,其破坏性的知识、能力结构已经专门化、熟练化。这些不合理认知或认知障碍,不仅是犯罪人形成犯罪心理的基础,而且是阻碍其改造进程的重大障碍。罪犯心理矫治,就是要运用心理学原理和方法,采取切实有效的措施,使罪犯的不良认知结构得以改变。在罪犯心理矫治过程中,专业性的心理咨询与治疗中所应用的理性情绪疗法、认知领悟疗法等,主要就是通过改变认知达到矫治效果。

(二)对罪犯情绪的调整

良好的情绪状态是心理健康的重要因素。相反,不良的情绪状态,如焦虑、忧郁、恐惧、沮丧等,会导致各种心身疾病。大量心理测验的结果表明,处在监狱中的罪犯,其情绪状态总体上明显低于正常人水平,大多存在不同程度的情绪问题。罪犯在服刑期间,由于自由受到限制和严格管理,原有的犯罪心理受到压抑,个人的许多需要得不到满足,必然会出现许多否定情绪,如焦虑、烦恼、愤怒、惧怕、痛苦、怨恨、自卑、失望等。这些否定情绪如果得不到及时疏导与矫治,就会影响他们的改造进程。因此,罪犯心理矫治的目的之一就是进行心理健康教育、心理咨询与治疗,使罪犯平息焦虑、消除抑郁,以平静而积极的心态面对现实生活,防止因激情或绝望而出现突发性事故,并在心理矫治的过程中学会如何调节自己的情绪。在罪犯心理矫治过程中,专业性的心理咨询与治疗所采取的某些技巧和方法,如艺术治疗、表达性心理治疗和内观法等,对罪犯情绪调整具有很好的治疗效果。

(三)对罪犯行为的矫正

许多违法犯罪人,尤其是惯犯、累犯,在其犯罪经历中,一次次犯罪行为的实施,不仅强化了其内在的消极体验,而且逐渐形成不良的意志品质(如盲目冒险、顽固执拗、独断专行、见异思迁等)和不良的行为习惯,有些甚至达到病态的程度(如偷窃癖、赌癖、恋物癖等)。这些不良行为或病态行为不仅是他们违法犯罪的直接原因,而且是他们接受改造的重大障碍,常常表现为难以适应监狱的生活,人际关系紧张,经常违规违纪,屡教不改。

根据行为主义的学习理论，人的许多不良行为或病态行为（或称非适应行为）是通过观察学习获得的。如儿童看到成人或电视中的攻击行为，自己就会变得富有攻击性，疑病症的儿童多来自特别关注疾病的家庭等。观察学习虽然有助于人们学会很多重要技能，但也可能会习得某些不良行为。犯罪人的许多不良行为或病态行为是通过模仿学习获得的，也可以通过学习消除那些已习得的不良或不适应行为。罪犯心理矫治的目的之一，就是要根据心理学原理，运用特定的治疗措施或行为训练技术（如行为疗法），矫正罪犯的不良行为或病态行为。对罪犯的行为矫正要特别注意提高其监狱适应能力和对待自身及人际关系方面的心理行为能力，帮助罪犯克服自身发展和生活中遇到的各种阻力，更好地融入服刑及出狱后的生活，预防再次犯罪。

（四）对罪犯人格的完善

一个人的人格是在其社会化过程中形成并发展、变化的，人格一经形成，便具有相当的稳定性，决定着个体发展的趋向和生活轨迹。有学者从社会化的意义上，按照一定的概率分布，将社会全体成员的人格划分为健全人格和不健全人格两大类。健全人格就是社会化程度较高或基本上达到社会化要求的人格，它能较好地适应社会生活，与他人保持协调、良好的关系，行为方式与社会规范相一致。不健全人格就是经历了不完全内化或错误的内化而形成的不成熟人格、矛盾冲突人格和反社会人格。不健全人格的主要特征是：(1)价值取向偏离，甚至与社会整体利益相悖；(2)认知水平低，思维偏激，是非、善恶判断力差；(3)需求层次低，欲望强烈，且不善于通过合乎规范的途径予以满足；(4)道德和法律意识淡漠，由于受反社会不良文化影响，不尊重社会道德与法律，行为既不受良心谴责，对刑罚惩罚也没有恐惧反应；(5)品德不良，由自私、缺乏同情心、行为不端发展到冷酷无情、粗野肆虐，恶习难改；(6)缺乏高级情感体验，道德感、理智感、美感水平低，常常被消极不良的情绪体验占据心头，且缺乏必要的情绪调节控制能力，甚至任其宣泄而对他人和社会造成伤害；(7)缺乏必要的建设能力，具有不利于社会的消极破坏能力；(8)自我意识的缺陷，不能客观地评价与调节自我，要么过于贬低自己，产生自卑感，进而自暴自弃，要么过高评价自己，自高自大，不可一世。① 在社会全体成员中，绝大多数人的人格是健全或基本健全的，不健全人格者只占少数。犯罪心理学研究表明，不健全人格是产生违法犯罪行为的心理基础。许多犯罪人正是由于社会化过程的缺陷形成不健全人格，然后经过道德上的下滑尝试和不良行为的多次反

① 章恩友、宋胜尊主编：《犯罪心理学》（第3版），法律出版社2022年版，第138～139页。

复,引起品德的堕落和质变,最后形成犯罪心理。因此,可以说,绝大多数犯罪人是带着不健全人格走进监狱的。特别是进入监狱服刑的罪犯,由于监狱化过程的作用,他们的人格出现退化、萎缩,甚至形成"监狱人格",有的出现明显的病态。罪犯的这种人格状况,不仅不利于他们接受矫治,而且是他们重新社会化的障碍。因此,罪犯心理矫治把完善罪犯的人格作为重要目的之一,通过开展心理健康教育,提升其心理素质,进行有针对性的咨询、治疗,使他们的人格得到重塑。

以上只是从一般意义上界定罪犯心理矫治的具体目的,在实际矫治工作中,还要针对特定的矫治对象确定"个别目的",即矫治工作者要根据罪犯实际问题的特殊性,在一般目的的指导下,确定具有针对性和有效的矫治目的。

四、罪犯心理矫治目的实现的内在机制

罪犯心理矫治的目的是如何实现的?其内在机制是什么?各种不同的矫治理论和方法中起作用的共同因素是什么?下面用图1-1对罪犯心理矫治目的实现的机制加以概括。

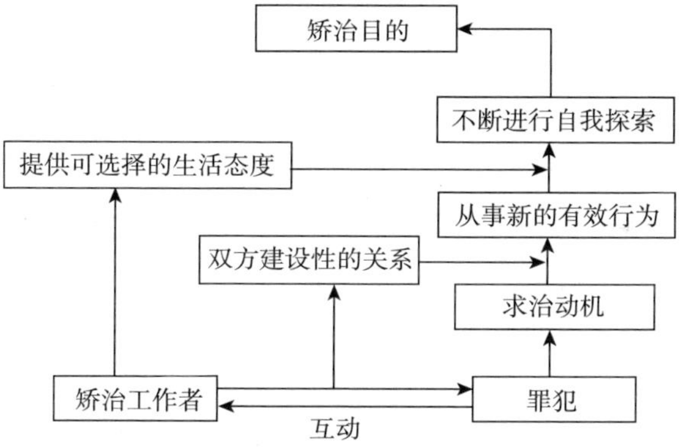

图1-1 罪犯心理矫治目的实现机制

由图1-1可知,从矫治工作者与罪犯发生互动作用到矫治目的的实现,其中有许多重要环节,无论哪种矫治理论和方法都要经历这些环节。下面分别加以介绍。

(一)求治动机

"心病终须心药医,解铃还须系铃人。"在罪犯心理矫治目的实现的过程中,罪犯个人是最重要的因素。只有"改变"在罪犯个人身上发生,心理矫治的效果才会体现出来。所以,矫治目的实现机制的第一条就是罪犯的求治动机,以及他们对心理矫治本身的期待。由于人们对心理问题、心理疾病等存在认识上的偏差,许多罪犯是在心理困扰到了非常严重的地步,或被症状折磨得走投无路、万般无奈的情况

下才走进心理咨询室,心理咨询成了他们的“最后一线希望”。许多罪犯表示,当他们决定接受心理咨询和治疗时,心情就已经显著改善,咨询和治疗还没开始,“病”就已经好了一半。显然,强烈的求治动机以及对心理矫治的期待发挥了重要的作用。罪犯自身的问题不同,对心理矫治的了解不同,其求治动机的强烈程度就不一样,对接受心理矫治的期待自然就有高低之别了。有些罪犯幻想矫治工作者“神通广大”,能够“药到病除”;有的希望矫治工作者做其后盾,帮助其应对困难;有的其实已经是“决心已下”,再来听听专家的意见,以便参考和求得支持;有的在决定接受心理咨询和治疗之前,就已经开始澄清自己的心理问题,管理和控制自己的情绪与行为……所有这些,对罪犯的改变在无形中发挥了作用。

罪犯的求治动机一般不是自发产生的,它需要心理矫治工作者和其他民警一起来共同培养和激发。目前比较有效的做法就是对全体罪犯开展心理健康教育,即通过向他们宣传心理卫生和心理健康方面的知识,启发他们以健康心理的标准为参照系,认识自身不良心理产生的原因、过程和危害,帮助他们认识自己的心理需要、心理困扰和其他心理问题,探索解决问题的途径和方法,从而主动寻求专业人员的帮助,并自觉调整心理状态,增强社会适应能力,逐步达到恢复或重塑健康心理的目的。在此过程中,心理矫治工作者和所有民警的真诚、接纳、理解等个人素养,以及专业水平发挥了重要作用,尤其矫治效果会促进罪犯的求治动机。

(二)双方建设性的关系

矫治工作者与罪犯双方的关系,是各种矫治理论和方法经常强调的一个共同因素。无论是被称作“帮助关系”“支持关系”,还是被称作“治疗联盟”“建设性关系”等,这种关系始终影响着罪犯心理矫治的进程和效果。在这种关系中,首先是罪犯对矫治工作者的信任。这种信任感来自矫治工作者的真诚,来自矫治工作者对罪犯内心世界的投入和理解,对他们无条件地尊重,在照顾到罪犯此时此刻心情的同时考虑到他们的长远利益。用一句话概括来说,就是来自矫治工作者对人性的深刻领悟和对罪犯的积极关注。其次,罪犯在矫治关系中体会到的正性的或矫正性的情绪体验,也是促成改变的重要因素。罪犯在矫治关系中获得了在其他人际场合无法获得的安全感,感到轻松愉快,感到被理解和被尊重,从而萌生希望和信心。他们原有的那些焦虑、紧张、沮丧、孤立、自卑等心情可能会在这种关系中得到减轻。心理冲突者的典型体验是,他们感到无法应对自认为应该能处理的问题,因而感到沮丧和无能为力。罪犯心理矫治的作用之一就在于帮助罪犯摆脱这种沮丧、无能为力和崩溃感。另外,罪犯心理矫治的一项中心任务就是帮助罪犯找回自信和自我效能感,觉察到自我的真实存在,按照自己的生活目的去寻求满足。当然，要做到这一点绝非易事，但这样的矫正性情绪体验，无疑是一种持久深入地起作用的因素。最后，这种关系本身就可以缓解甚至消除症状，罪犯在参与建立和发展这种关系的过程中，可以学会如何与别人建立和发展良好关系，同时体验到建设性关系对他们的意义。

（三）从事新的有效行为

从事新的有效行为，是罪犯心理矫治实现目的的重要环节。例如，在当前主要的心理治疗流派中，行为疗法的着眼点就是来访者的行为，即通过有计划、有步骤的自我训练，矫正不良的行为，学习和掌握适应性的行为；认知疗法在促使来访者产生认知改变的基础之上，也鼓励他们采取新的行为以巩固这种改变；来访者中心疗法也是要发掘人的自我成长、自我完善的潜力，采取某种积极的、有效的行动，以求全面的成长；森田疗法的"为所当为"理论更是自不待言；现实疗法的目的也是促进罪犯回归现实，做当下需要和有意义的事情。

我国的心理咨询专家许又新教授对"从事有效行为"这一点有着自己深刻的理解，他提出这样一个公式：W = D/B。W（worry）表示烦恼、焦虑，D（desire）表示欲望，B（behavior）表示满足欲望的有效行为。公式表述为烦恼和欲望成正比，和导致欲望满足的有效行为成反比。许多来访者看到了烦恼和欲望成正比的关系，企图用"想开""看透"来压抑、消灭欲望，以达到无烦恼的境界，他们的亲友照例也这样劝他们，但实际上这是办不到的。对于生活来说，更重要的是公式的另一面，即烦恼跟导致欲望满足的有效行为成反比。一个人的烦恼，与其说取决于尚未满足的欲望的多少与大小，不如说取决于有无导致欲望满足的有效行动。压抑欲望的人，欲望并没有消失，甚至还反抗性地增强了。压抑的直接结果是把有效行动扼杀在了摇篮里。更糟糕的是，压抑使欲望变得不明确，代之而起的是一大堆"应该"。因此，来访者一开口就是"我应该怎样"，而很少从"我喜欢""我想要""我愿意"出发，这样很容易导致"应该"和欲望这两个对立面构成的心理冲突。来访者领悟到上述解释，才有希望从事新的有效行为，敢于面对现实并勇于实践。

在罪犯心理矫治实践中，矫治工作者启发、鼓励和支持罪犯从事新的有效行为，既可以是公开和直截了当的，包含明确的建议和具体的指导，也可以是含蓄的、间接的和暗示性的。具体而言，在矫治过程中，尽可能通过鼓励罪犯参加活动为他们提供体验成功的机会。一是要为他们提供有效的、能发挥特长的活动机会，如参加体育比赛、歌咏比赛等，并使其获得的成绩能够被观察到，得到他人的认可；二是要给他们制定各种不同难度的劳动和学习任务，由易到难，一步步进行，每完成一个等级的任务，他们就会获得一次成功的体验，从而增强信心，并乐观、主动地去完成下一项任务,逐渐形成正确的自我认识、自我评价与自我控制能力,更加主动地去适应监狱生活。

(四)提供可选择的生活态度

无论采取什么样的矫治策略,“提供可选择的生活态度”被许多理论家公认为是促成“矫治性改变”的一个共同因素。在罪犯心理矫治工作中,为罪犯提供可选择的一种生活态度,可以隐含在矫治工作者的言谈举止和职业态度之中,也可以明确地体现在矫治工作者与罪犯对问题的讨论之中。在整个罪犯心理矫治过程中,矫治工作者的生活态度和对人性的理解,活生生地呈现在罪犯面前并会影响他们,促成他们的改变。例如,罪犯接受心理分析,他们会受到分析师对待本能、心理冲突等认识和态度的影响;在行为疗法中,治疗者认真的生活态度,注重实践的精神,对罪犯耐心的指导和热情的帮助也会给罪犯留下深刻的影响,而不会只限于教会他们一些行为矫正的技术;认知疗法、来访者中心疗法也无一例外地将接受真实的、自我的、积极的生活态度作为促成改变的契机;森田疗法,顺应自然本身就是一种生活态度,当具有神经质症的罪犯真正领悟并贯彻了这一态度时,治疗性的改变才真正发生。矫治工作者的素养、人生态度和有效技术,会潜移默化而深刻地影响着罪犯对人生态度的思考和重塑。

(五)不断进行自我探索

心理健康者,总是在生活实践中不断进行自我探索。随着罪犯自我探索意识的不断扩大,过去觉察不到的内心世界会逐渐呈现,他们对自己的理解才能得以提高或深入。正因如此,来访者中心疗法信任并倡导来访者挖掘内在感受和成长潜力;精神分析疗法通过对“无意识”的洞察或领悟来不断向纵深进行探索,更加清晰地了解自我以及行为背后的原因;通过认知疗法,来访者认识到自己认识情感活动在行为反应的中间环节作用,这也是自我探索和意识扩大的表现;在行为疗法中,新的有效行为意味着丰富了来访者的行为储备,成功的治疗使来访者自信心增强,行为的自觉性和责任感也增强了,这里面蕴含着在实践过程中的自我探索;内观疗法可以促进罪犯观想生活中的关系和情感,森田疗法促进“顺其自然”和接纳现实的心态,二者有机结合能够促进罪犯的不断探索和提升。

罪犯心理矫治是一个互动的过程,以上关于罪犯心理矫治目的实现机制的五个方面,需要双方共同参与和努力。一个成功的矫治工作者,不仅要掌握丰富的心理矫治专业知识和技能,他的“做人”的功底也必须扎实而深厚。当代心理咨询和心理治疗的实践有着强烈的整合倾向,对以上五个方面加以有机整合,将在罪犯心理矫治实践中发挥越来越大的作用。

延伸阅读

关于罪犯心理矫治的概念问题

在过去的30多年里,经过我国监狱系统有关学者的理论探讨和实际工作者的实践探索,罪犯心理矫治得到了较大的丰富和发展,已初步形成包括定义、性质、定位和组成在内的一套概念体系,2003年颁布的《监狱教育改造工作规定》正式采用了这一概念。但是,关于罪犯心理矫治概念的科学性问题,目前仍然存在较大的争议。

有研究者认为,①尽管"罪犯心理矫治"的提法及发展对促进心理学在监狱工作中的应用发挥了巨大的、历史性的作用,但不可否认的是,"罪犯心理矫治"的提法实际上不够科学严谨,其概念体系无论在理论上、实践运作上还是从发展角度来说均存在较为严重的缺陷和不足。因此,十分有必要对"罪犯心理矫治"的提法进行修正,用"监狱心理学服务"的提法来代替现行的"罪犯心理矫治"的提法。所谓监狱心理学服务(psychological services in prison),简言之,是指应用心理学的原理、方法和技术服务于监狱各项工作的总称。具体来说,在适用对象上,监狱心理学服务既包括面向罪犯提供的心理学服务,如对罪犯开展心理健康教育、心理测量、心理咨询和心理治疗等,也包括面向民警提供的心理学服务,如对民警开展心理健康教育、心理测量、心理咨询和心理治疗等,还包括面向监狱本身提供的心理学服务,如参与监狱民警的招募、选拔与培训工作,为监狱管理与发展方面的政策制定与实施从心理学角度提出建议,参与营造积极向上的监狱文化氛围和团队精神,直接参与罪犯的分类、个案管理与教育或为之提供心理学方法技术等。采用"监狱心理学服务"的新提法来代替现行的"罪犯心理矫治"的提法能够较好地克服或消除后者在理论上、实践运作上和发展角度上存在的缺陷和不足。这一概念大大拓展了监狱心理学应用的范围,促进了心理学应用与包括教育改造在内的所有监狱工作的有机结合,加速了监狱心理学应用向深度发展,特别是在提高教育改造质量这一监狱工作的核心领域发挥其应有的作用,有利于监狱心理学应用得以全面而健康地发展。此外,使用"监狱心理学服务"的提法是与国际接轨的需要。

---

① 周勇:《"罪犯心理矫治"提法的不科学性及其修正》,载《犯罪与改造研究》2004年第9期。

研究与思考

1. 试析罪犯心理矫治的内涵和意义。
2. 如何理解罪犯心理矫治的对象?
3. 试论罪犯心理矫治的性质。
4. 如何理解罪犯心理矫治的目的?

第二章　罪犯心理矫治的产生和发展

重点提示

在西方国家，涉及罪犯心理与矫治问题的研究已经有100多年的历史。20世纪90年代以来，罪犯心理矫治在许多国家的矫正机构中得到更快的发展。新中国成立70多年来，罪犯改造工作成效卓著，建立了有中国特色的监狱制度，其中尤为注重对罪犯的思想教育，罪犯心理矫治工作也得到重视和发展。进入新时代，罪犯心理矫治作为监狱工作科学化的重要方面和深化教育改造工作的关键环节，正在以良好的态势，朝着本土化、专业化、社会化和规范化的方向发展。

第一节　西方国家罪犯心理矫治的历史与现状

一、西方国家罪犯心理矫治的历史考察

从目前能够查阅到的文献资料来看，在西方国家，涉及罪犯心理与矫治问题的研究已经有100多年的历史。这类研究是在人类社会刑罚思想的不断进步、监狱行刑制度和观念的变革、对犯罪人进行改造或者治疗观念产生和发展的背景下出现的。

在西方国家，对罪犯进行改造或治疗的观念由来已久。在古代文献中，就已经包含了矫治罪犯的萌芽。古代对待罪犯的态度，很长一个时期内是在报应原则和改造运动之间摇摆的。如古代印度教吠陀教义的经典《奥义书》，伊斯兰教经典《古兰经》，犹太教、基督教经典《摩西律法》等作品中，包含了对罪犯进行报应的思想；在基督教经典《新约全书》中，则包含了改造罪犯的思想。改造罪犯思想的进一步发展，就产生了对罪犯进行改造和心理治疗的观念。

18世纪，随着犯罪学中古典学派的产生，改造罪犯的思想有了进一步的发展。以意大利犯罪学家切萨雷·贝卡利亚（Cesare Beccaria）和英国哲学家、犯罪学家杰

里米·边沁(Jeremy Bentham)为代表的古典学派学者认为,犯罪是个人自由意志的表现,是个人自愿选择作恶的结果。因此,要预防犯罪,就要对犯罪人判处刑罚,使刑罚造成的痛苦大于犯罪带来的快乐,这实际上包含了通过改变犯罪人的思想预防犯罪的含义。

19世纪,随着犯罪人类学派的兴起,治疗罪犯的思想得到迅速发展。犯罪人类学派的创始人、意大利精神病学家龙勃罗梭(Cesare Lombroso)将精神病学的理论和方法引入犯罪学研究,发展了治疗犯罪人的系统学说,促进了对待犯罪人的医学模式的初步产生。后来,随着西格蒙德·弗洛伊德(Sigmund Freud)创立的精神分析学说的传播,利用心理学方法治疗犯罪人的理论得到了空前的发展。瑞士精神病学家奥古斯特·艾希霍恩(August Aichhorn)可能是第一个全面利用精神分析学观点探讨少年犯罪问题的人。他不仅运用精神分析学观点解释少年犯罪产生的原因,而且在20世纪初期创建并领导了教育违法犯罪少年的专门机构,卓有成效地开展了对少年犯罪人进行心理治疗的实践。此后,对犯罪人的心理治疗不断增多,逐渐从少年教养机构推广到成年犯监狱。

20世纪20年代前后,监狱的心理矫治活动在西方国家普遍开展。1913年,纽约妇女感化院首先对成年罪犯进行心理测验。第一次世界大战后,由受过训练的临床心理学家对罪犯进行团体心理测验的做法逐渐流行起来。1918年,美国新泽西州监狱系统建立了第一个罪犯分类计划,要求心理学家发展一项全州性的罪犯分类计划,以便在该州广泛使用。随后,精神病学家也逐渐参与监狱中罪犯的心理治疗工作,从兼职的专业人员变成监狱工作人员的组成部分。1929年,美国律师协会通过了一项决议,呼吁在少年法庭、刑事法庭和每个刑罚与矫正机构中提供精神病学服务,美国医学会、美国精神病学会也支持这一决议。第二次世界大战之后,监狱的心理矫治工作有了长足的发展。1946年以后,英格兰和威尔士拥有了自己的监狱心理学服务。在欧洲大陆的其他国家,随着战后经济的复苏和社会的发展,心理学在监狱领域的应用逐渐得到发展,罪犯心理矫治工作不断推广开来。随着社区矫正的发展,心理矫治工作也在社区矫正罪犯中得到广泛应用,很多缓刑犯、假释犯在社区中接受临床心理学服务。

自20世纪50年代开始,医学模式在罪犯矫正中得到普遍接受,罪犯心理矫治工作有了进一步发展。许多新的心理治疗方法在监狱和社区矫正系统中得到应用和推广。但是,罪犯心理矫治人员的数量有限,心理矫治计划也不多。20世纪70年代中期,美国社会学家、犯罪学家罗伯特·马丁森(Robert Martinson)提出了矫正效果"无效"的评价,对美国很多地区的罪犯心理矫治工作产生了很大的负面影响,引发了整个刑事司法领域中“强硬政策”的盛行，使矫正领域中对罪犯的态度变得更具有惩罚性。但是，罪犯心理矫治工作并没有土崩瓦解，仍然在继续发展。

在西方国家监狱对罪犯心理矫治工作进行积极探索的过程中，不断有相关的研究报告和论文出现，但这方面的著作并不多。值得一提的是，美国的罗伯特·威克斯于1974年出版的《矫治心理学：犯罪人矫治中的主题和问题》一书受到广泛重视，许多研究者在谈到有关罪犯矫正问题时，通常会引用这本书的资料和观点。西方的矫治心理学有多种名称，如“监狱心理学”（psychology in prison）、“监禁心理学”（psychology of imprisonment）等，它被视为“司法心理学”（judicial psychology）的一个分支，是“刑罚心理学”（penal psychology）的延伸。

二、西方国家罪犯心理矫治的现状和特点

（一）西方国家罪犯心理矫治的现状

自20世纪90年代以来，罪犯心理矫治在许多国家的矫正机构中得到了更快的发展。1991年，英国大约有200名心理学家定期对犯罪人开展工作，他们中大约有一半人是临床心理学家，受雇在最高警戒度医院或地区司法精神病学服务机构工作，其余的人受雇在英国监狱心理学服务机构中工作。①

在美国，随着监狱中罪犯人数的不断增加，为罪犯提供心理学服务的心理学家的数量不断增加。1992年，美国各州和联邦矫正机构中雇用的专职心理学家仅为1144名，到1995年年初增加到1656名。此后，在监狱中专门从事罪犯心理矫治的人员数量继续增加。2000年6月30日，美国联邦司法部司法统计局对美国各州矫正机构中的罪犯心理学服务情况进行了调查，结果发现，在全美1558所州立矫正机构中，有1394所（占总数的89.5%）矫正机构开展某种或某几种形式的犯人心理学服务工作。心理学服务的形式包括罪犯入监甄别、精神病学评估、24小时心理健康监护、心理咨询与治疗、精神药物治疗等。②

在其他一些国家，罪犯心理矫治工作也在普遍进行。其中，加拿大联邦监狱系统的罪犯心理矫治活动水平较高，研究工作和组织工作也进行得较好。根据加拿大《矫正局长令第840号：心理学服务》的规定，加拿大所有的矫正机构都应当向犯罪人提供心理学服务，加拿大矫正局应当促进在社区中附条件释放的犯罪人能够接受必要的心理学服务。心理学服务的类型主要包括：（1）评估（assessment）；

---

① ［英］R. 布来克本：《犯罪行为心理学：理论、研究和实践》，吴宗宪、刘邦惠等译，中国轻工业出版社2000年版，第285页。

② 吴宗宪编著：《国外罪犯心理矫治》，中国轻工业出版社2004年版，第11页。

(2)治疗干预(therapeutic intervention);(3)危机干预(crisis intervention);(4)矫正计划的制订、提供和评价(program development,delivery and evaluation)。

(二)西方国家罪犯心理矫治的特点

总体而言,当前西方国家的罪犯心理矫治主要有以下特点:

1. 从心理矫治活动的对象来看,并不局限于监狱内的罪犯,在许多情况下,还针对社区内的矫正人员。

2. 从心理矫治的目的来看,是让罪犯产生积极的变化,即产生符合社会需要和法律监规要求的、有利于罪犯个体身心健康的变化。

3. 从心理矫治活动的形式来看,不仅仅指系统的、专业化的心理治疗和行为矫正,而是一系列相关活动的总称。凡是能够对罪犯产生积极影响,使罪犯发生积极变化的活动,都可以称为罪犯心理矫治活动,主要包括罪犯心理咨询、罪犯心理治疗、罪犯行为矫正、罪犯集体治疗等。

4. 从心理矫治活动的主体来看,在西方国家为罪犯提供心理学服务的不是监狱管理人员,而是临床心理学家、精神病学家,有专职的,也有兼职的。他们或是社会有关部门派来的志愿者,或是应聘到监狱为罪犯提供心理学服务的。

西方国家罪犯心理矫治的许多理念和措施,如促进罪犯积极变化的目的、心理矫治的系统性活动、有效性的评估标准、工作人员的专业性以及活动对象的广泛性等,都值得我们学习和借鉴。

延伸阅读

奥古斯特·艾希霍恩

奥古斯特·艾希霍恩(August Aichhorn,1878 ~ 1949)是瑞士精神病学家、精神分析学家和少年犯罪研究者。在少年时代,艾希霍恩就通过与那些在他父亲的面包房周围闲荡的流氓青少年狂欢嬉闹,对他们有了一定的了解,产生了同情。后来,他成了一名小学教师,能够更加仔细地观察具有攻击性的儿童和少年,并且成功地教育了一些攻击性儿童和少年。这方面的经历使他创建并领导了两个少年教养院,第一个是 1918 年在奥伯—霍拉布隆(Ober – Hollabrunn)建立的,第二个是 1920 年在圣安德拉(St. Andra)建立的。

艾希霍恩教育违法犯罪青少年的工作,给弗洛伊德的女儿、精神分析学家安娜·弗洛伊德(Anna Freud)留下了深刻印象。安娜向艾希霍恩建议,如果他用精神分析的理论和方法对这些少年儿童进行训练，将会取得更大的成就。于是，他到了维也纳精神分析研究所，在那里接受训练。1992年，艾希霍恩在维也纳少年法院建立了教育诊所。之后，他又担任维也纳精神分析协会附设的儿童诊所的所长。第二次世界大战后，艾希霍恩成为维也纳精神分析协会的第二任会长。

艾希霍恩对少年犯罪的精神分析学研究，在精神分析学理论的发展史上占有重要地位。霍尔·威廉斯（Hall Williams）指出："奥古斯特·艾希霍恩可能是第一个全面地用精神分析学观点探讨少年犯罪问题的人。"更有人提出了这样的观点："尽管弗洛伊德对精神分析心理学的贡献是巨大的，但是他几乎没有具体地探讨犯罪问题。正如我们后面将要看到的，奥古斯特·艾希霍恩是犯罪的精神分析学观点的创始人之一。"

艾希霍恩是犯罪的精神分析学理论发展中一个承先启后的开拓性人物，他系统地将精神分析学理论引入少年犯罪领域，不仅提出了有创建性的少年犯罪原因理论，而且进行了矫治少年犯罪人的成功实践，促进了对少年犯罪人的环境疗法的应用与发展。

第二节　中国罪犯心理矫治的产生与发展

一、中国罪犯心理矫治的产生

新中国成立70多年来，罪犯改造工作成效卓著，在监管改造罪犯的实践中，建立了有中国特色的监狱制度。其中，注重对罪犯的思想教育，是中国监狱制度的重要特点之一。在罪犯思想教育过程中，广大监狱民警一直在自觉或不自觉地运用心理学的原理和方法改造罪犯，并积累了许多宝贵的经验。特别是20世纪80年代以后，随着改革开放的不断深入和国际国内形势的变化，罪犯的构成发生了很大变化，出现了许多新的特点。在这种背景下，中国的监管改造工作在政策和方法上作了重大调整，逐步推行了累进处遇、分押分管分教、百分考核等一系列措施。同时，罪犯的心理问题引起了广泛的重视。1981年9月召开的全国第八次劳改工作会议明确提出要运用心理学等科学知识改造罪犯，掀起了监狱民警学习心理学知识的热潮，促进了心理学知识在罪犯改造领域的运用，罪犯心理矫治工作在这种背景下应运而生。

1985年，监狱系统的一些有识之士开始运用心理测验量表对罪犯进行测量和研究。1987年，上海市少年犯管教所率先在未成年犯中开设心理诊所，开展心理测验和心理咨询工作。1989年召开的全国监管改造工作会议提出,罪犯教育改造要解决心理缺陷和心理障碍问题,开展心理咨询活动,建立罪犯心理矫治工作制度。此后,罪犯心理矫治工作在上海、北京、山东、辽宁、黑龙江、河北等地广泛开展起来。特别是后来在司法部监狱管理局下达的创建现代化文明监狱的标准中,把开展罪犯心理矫治工作作为验收现代化文明监狱的必备条件之一,引起各级领导的高度重视,加强了对这项工作的组织领导,从而推动罪犯心理矫治工作向纵深发展。

1994年,《监狱法》颁布实施,虽然在法律条文上没有关于开展罪犯心理矫治的直接规定,但其中对监狱执行刑罚目的的规定,对保障罪犯人权的规定,对教育改造地位的强调以及重视女犯、少年犯的生理、心理特点,强调分类管理、分类施教的规定等,都蕴含着对罪犯心理矫治工作的内在要求,罪犯心理矫治在各地监狱迅速发展起来。在2003年6月司法部发布的《监狱教育改造工作规定》中,专列一章对"心理矫治"进行了较为具体的规定。2003年12月,《司法部关于进一步推进监狱工作法制化科学化社会化建设的意见》第14条明确规定:"从入监开始,就要通过心理测试等手段……科学制定罪犯的个别改造方案和分阶段实施的具体改造目标,并以此为基础,探索建立健全罪犯改造质量的评估、反馈、控制体系。在改造过程中,要充分发挥罪犯心理咨询和心理治疗的作用,将心理矫治作为改造罪犯的重要内容。"2009年,司法部监狱管理局下发了《关于加强监狱心理矫治工作的指导意见》,对加强监狱心理矫治工作的重要意义、指导思想、主要目标、主要内容和要求及保障措施等作了系统而详尽的规定。2015年7月,全国监狱工作会议对心理矫治工作提出明确要求,要求加大心理、行为矫治力度,促进教育管理专业化等,极大地促进了罪犯心理矫治工作的发展。

进入新时代,罪犯心理矫治作为监狱工作科学化的重要方面,深化教育改造工作的关键环节,正在以良好的态势蓬勃发展。目前,监狱开展罪犯心理矫治工作的内容主要包括:(1)心理健康教育。面向全体罪犯开展心理学、心理健康知识的教育,提高罪犯维护自身心理健康的自觉性。(2)心理评估。利用心理测验等各种评估手段,分析诊断罪犯的心理状况与特点,评价其危险程度,为犯人分类、教育矫治、危机干预以及重新犯罪预测提供依据。(3)心理咨询与治疗。对存在心理问题、适应不良或患有各种心理疾病的罪犯,运用现代咨询、治疗理论和方法,改变其不良认知与行为,帮助其解除心理疾病、增强自我控制和社会适应能力,重塑健康人格。(4)心理危机干预。对那些因重大变故心身失衡,因不良情绪积累有自杀危险,因性情暴躁、矛盾冲突有凶杀危险,因适应不良有严重心理困惑的罪犯,及时有效地提供心理支持、认知指导,调动其内在防御机制,培养其应对挫折的技巧,从而缓解心理冲突,防止心理问题进一步恶化,避免意外事故的发生。

二、中国罪犯心理矫治的发展趋势

中国罪犯心理矫治的发展趋势,主要表现在本土化、专业化、社会化和规范化等方面,下面分别加以分析。

(一)罪犯心理矫治的本土化

所谓罪犯心理矫治的本土化,是指在引进国外有关心理矫治的理论和方法的同时,考虑中国的社会背景、传统文化、社会价值取向和中国人的人格特征,结合中国罪犯改造工作的成功经验和现实状况,构建适合中国国情的罪犯心理矫治理论和方法体系。只有经过本土化的过程,才能形成自己的理论框架、研究方法和知识体系,使罪犯心理矫治形成自己的特色;也只有经过本土化的过程,罪犯心理矫治理论和方法才会扎根于中国社会,成为改造罪犯的有效手段。

1. 对西方罪犯心理矫治的理论和方法要加以改造和调整

脱胎于西方社会的心理矫治理论和方法,深受西方文化与社会习俗的影响。中国的社会文化,在历史沿革、文化传统、社会结构、经济条件、价值观念、生活习俗等许多方面都与西方国家有诸多不同。与此相联系,中国罪犯的人格特点、心理困惑等,与西方监狱的罪犯相比,差别也很明显。因此,在中国监狱开展心理矫治工作,就不能机械地套用西方的理论和方法,而要根据中国罪犯改造的实际情况,对其进行改造和调整。例如,以移民为主体的美国社会,文化环境相对松散、开放,人们崇尚自由与独立,因此,产生于美国的现代人本主义心理学强调心理咨询与治疗的"非指导性"原则,主张以患者为中心。相较之下,长期受到中国传统文化熏陶的中国公民,强调生活的自律化与行为的规范化,人们习惯于克制和依赖。因此,注重个人中心的西方心理矫治方法能否有效地解决中国人的问题就值得推敲。再如,与注重个人价值的西方人不同,中国人的价值取向常指向社会、集体和家庭,因此,中国人的心理问题除与当事人自身的价值观念有关之外,往往还与难以摆脱的外部压力有关。所以有人认为,在美国,心理咨询师面对的是求询者个人,而中国的心理咨询师则要面对求询者的整个社会环境。有鉴于此,在对罪犯进行心理矫治时,既要注意尊重罪犯的主体地位,培养其自助能力,也要给予适当的指导性帮助,启发罪犯全面而深入地认识其犯罪心理、人格障碍及其他精神疾病产生的根源。

2. 对中国传统文化中的宝贵遗产要加以继承和弘扬

中国传统医学在长期探索和发展中积累了一笔丰富的遗产,如战国时期的医学名著《黄帝内经》中就有较为丰富的心理病理和心理治疗思想，其中有许多心理治疗方法（如情治法、暗示治疗等）与现代心理矫治中所采用的方法相对应或有相通之处。在中医理论中，有关“悲胜怒、恐胜喜、喜胜忧、怒胜思、思胜恐”的心理疗法，也是极其珍贵的精神遗产。中国传统文化中还有许多优秀思想，都对开展罪犯心理矫治具有重要作用，对此，我们应该责无旁贷地去继承、研究和弘扬，以此丰富和发展现有的罪犯心理矫治理论。

3. 对中国监狱改造罪犯的成功经验要加以延续和发展

中国监狱 70 多年来改造罪犯的实践，积累了许多宝贵的经验，尤其是广大监狱民警自觉或不自觉地运用心理学的原理和方法改造罪犯的成功经验，如在教育改造中采用的感化法、说理法、行为训练法、因人施教法等，更应当成为当前开展罪犯心理矫治工作的基础。另外，中国监狱在长期实践中还积累了丰富的罪犯思想教育工作经验，造就了一大批思想教育工作者，尽管他们无法替代心理咨询和治疗专家的工作，但他们可以和心理矫治专家一起构成连续的服务体，共同帮助罪犯消除反社会心理和其他心理问题，塑造健全人格，真正将罪犯改造成为能够适应社会的守法公民。

4. 逐步建立有中国特色的罪犯心理矫治理论与方法体系

要想真正实现罪犯心理矫治的本土化，最终必须建立和运用有中国特色的罪犯心理矫治理论与方法体系。为此，既要继续借鉴和吸取国外罪犯心理矫治的先进经验，引进科学的方法和技术手段，又要充分考虑中国的国情，尤其要深入分析中国监狱工作的实际和当前罪犯的心理特点。近年来，在罪犯心理矫治实践中，经过广大专业人员的不断实践，已经探索出一些有自身特色的方法和技术手段，如广泛应用“中国罪犯心理评估系统”（COPA），建立静省室、疏导室等疏泄和调节罪犯不良情绪，结合自身文化特点开展访谈、内观等活动，运用中国传统文化对罪犯进行心理矫治，均取得很好的效果。

（二）罪犯心理矫治的专业化

心理矫治作为一项专业性很强的工作，其成效在一定程度上依赖于矫治工作者的专业性及运用专业方法的有效性。罪犯心理矫治的专业化体现在以下几点：

1. 把握不同治疗流派方法和技术的原理与精髓

心理治疗流派纷呈、方法繁多，在实际矫治过程中要结合实际，谨慎使用，既不能原样照搬，也不能脱离基本的治疗原理和精髓。

精神分析疗法不宜直接运用。精神分析学派的理论和技术重在挖掘来访者的无意识和早年经验，通过自由联想、释梦、分析来访者的抗拒和移情以及解释等方法,使来访者的无意识冲突意识化,从而领悟心理疾病的原因,增强自我面对现实的力量,战胜心理疾病。在罪犯心理矫治中,不宜直接运用精神分析疗法进行治疗,这是因为:第一,精神分析的技术复杂、深奥,不容易掌握,更不用说运用;第二,精神分析疗法的运用特别强调治疗师分析的经验和专业分析训练,而目前中国监狱绝大部分咨询员不具备这些经历;第三,精神分析学说中的泛性色彩有其不足之处,不容易被整体文化水平较低的服刑罪犯理解和接受;第四,精神分析的治疗需要一个长期分析和疗愈的过程。但是,精神分析理论能够帮助矫治工作者运用精神分析的视角,更加深刻地认识罪犯心理疾病和人格特点的成因,以及罪犯存在于无意识中的心理冲突。对领悟能力较高的罪犯,在适当的时候、运用适当的语言向他们阐释,也能获得一定的效果。

行为治疗的方法和技术要注意人性化使用。行为疗法建立在学习理论的基础上,认为人的不良行为也像良好行为一样是通过学习得来的,因而可以通过学习予以消除或减少。行为疗法注重对被治疗者外显不良行为的改变,通过系统脱敏法、厌恶疗法、代币法、生物反馈法等具体方法和技术,改变被治疗者的不良行为。在罪犯心理矫治中,行为疗法常用来治疗罪犯的不良行为习惯,如吸毒、某些性变态行为、恐怖症、焦虑症等,具有实用、简约、有效的特点。但由于行为疗法不主张探讨被治疗者的动机和情绪,也不注重他们以往的生活史,容易导致为治疗而治疗、忽略人的感受和体验的局面。在罪犯心理矫治中,如果运用行为疗法,要注意人性化,防止过度使用对罪犯造成消极影响。比如,在使用厌恶疗法之前,要向罪犯讲明这种方法的过程和原理,如果有必要可以让罪犯了解一些痛苦的反应,让罪犯有心理准备。在治疗过程中,治疗师要及时了解罪犯的感受和想法,对易导致消极影响的行为治疗技术,要慎用或者不用。总之,在罪犯心理矫治中运用行为治疗技术,要特别注意人性化和人本化。

正确把握和运用人本治疗法。人本治疗法秉承人本主义的观点,以当事人为中心,重视当事人的人格尊严,将心理治疗的过程视为治疗者为当事人设置的一种自我成长的教育机会。治疗者并非指导者,而是以同等地位对待当事人,确认当事人具有觉醒的能力;只要给他提供自然的、和谐的、良好的环境氛围,当事人最终会实现自我振作、重建自我观念,乃至达到自我实现。人本治疗法的关键是通过对当事人的接纳、真诚、尊重和信任等态度,为当事人提供良好的人际氛围和成长环境,从而促使当事人开放真实的自我、找回失去的信心,进而得到自我成长。在中国罪犯心理矫治实践中,人本疗法运用得并不充分,而且很多时候运用未能建立在把握其精髓的基础上。很多矫治工作者扮演的是一种指导者、教育者、训导者的角色,在咨询过程中给予罪犯太多的指导、训诫、评价、判断甚至是批评,无法深入罪犯的内心世界,并未给来访罪犯提供自我开放的氛围,也无法给予来访罪犯调动自身潜能战胜疾病的机会。在进行罪犯心理矫治时,矫治工作者要从内心真正接纳罪犯,尊重人性,相信罪犯是可以变好的,给予其真诚关怀,倾听他们的倾诉,对他们的行为不作过度解释、干涉或控制。在这种人本的环境中,罪犯能说出内心的症结所在,也能获得对自己清楚的了解,内部的潜能得到很好的发挥,从而达到治疗的效果。

认知疗法要与启发罪犯领悟相结合,注重改变深层观念。认知疗法认为造成个体情绪和行为问题的主要原因不是客观环境刺激或既成事实,而是个体所持的观念和看法;认为心理异常的原因来自个体对客观事件不自觉持有的错误观念和解释。因此,治疗者的责任在于纠正来访者对事件本身产生的错误观念,以达到治疗的目的。认知疗法在罪犯心理问题的治疗中如果运用不当,很容易演变成对罪犯错误观念的质疑和批判,从而导致罪犯产生逆反和抗拒心理。因此,在实际运用中要遵循认知疗法的程序,发挥罪犯在咨询过程中的主体性和主动性。咨询员要时刻注意,来访罪犯要想获得改变,必须自己获得领悟,这个过程是凭借启发而不是灌输来实现的。需要注意的是,罪犯的错误观念常常以结构的形式存在,就像一棵树,他表达出的错误观念恰如树的枝叶,而这些枝叶又都有自己所归属的树杈和主干的分支。也就是说,咨询员要善于帮助罪犯领悟表面错误观念背后的那些基本的、核心的观念,这样才能触及罪犯心理问题的实质。

2. 把握具体方法和技术实施过程的严谨性与科学性

在实际罪犯心理矫治中,可以选择和运用的具体方法和技术很多,如运用心理测验对罪犯进行心理评估的技术,咨询中的倾听、提问、共情、解释、表达等技术,心理治疗中的放松技术、关注技术、与不合理信念的辩论技术等。在实际运用中必须提高这些具体的、常用的方法和技术的严谨性和科学性。

心理评估技术是认识来访罪犯心理问题及其人格特点的重要一环,从实践来看,目前主要存在不准确性、随意性、静止性的问题。不准确性,是指心理评估不能很好地把握来访罪犯的两大问题:第一,来访罪犯的心理问题属于什么性质的问题,是精神病问题还是神经症问题,或者是一般问题。由于多数咨询员没有经历过精神病学知识的学习和训练,不能很好地辨识精神病罪犯和有一般心理问题的正常罪犯,盲目对不适合进行咨询的罪犯进行咨询,其后果可能直接导致病情的延误。第二,来访罪犯心理问题的类型、程度和表现是什么。回答这个问题是为进一步制定和实施咨询方案提供详尽资料。目前在这一问题的评估上,由于咨询员不太注重病史资料的收集，这一过程显得短促而匆忙，不易得出准确的判断。不准确性还突出体现在诊断和评估工具的选择上，评估工具需要根据罪犯的实际情况选择，不能不加选择地运用现有的几个心理测验。如明尼苏达多项人格测验（MMPI）主要用来测查来访罪犯的病态倾向，常用于鉴别精神疾病。假如来访罪犯只是表现出一般的适应性问题，则不必使用。焦虑自测量表主要评定的是罪犯的焦虑程度，只有罪犯存在焦虑情绪时才适用，否则便不适用。即便运用这些量表，由于常模是为社会一般人群制定的，直接用它作为比较罪犯的标准，也会产生偏差。随意性，是指评估的过程简单任意，没有建立在科学客观地收集资料、细致分析、追踪调查的基础上。对罪犯的评估需要收集大量资料，如来访罪犯的人口学资料、支持系统、家庭情况、人际关系、平时表现、心理发展历史、健康和医疗史等，这些资料对全面、正确认识罪犯至关重要。随意性诊断在心理矫治中常见的表现有：罪犯在寥寥几句情况介绍后，咨询员在回答中就根据这几句话作出"你得了焦虑症"或"你得了强迫症"的诊断，显得过于草率、随意和不负责任。静止性，是指将评估看作一次性完成和了结的事情，主要通过心理测验的几项简单数据下结论，而且该结论在心理咨询档案中固定下来，成为认识和评价罪犯的静止性依据，忽略了来访罪犯心理状态的动态变化。实际上，罪犯心理评估应该贯穿心理矫治的全过程，只有这样，才能及时、准确地把握罪犯心理在矫治过程中的变化情况和罪犯心理问题的消解过程，并根据这些变化及时调整矫治方案。

心理咨询方法和技术的运用要到位。罪犯心理咨询中的方法和技术包括三大类：第一类是与来访罪犯建立良好咨询关系的技术，包括真诚、无条件关注和共情；第二类是参与性技术，包括倾听、反应、澄清、具体化等；第三类是影响性技术或干预性技术，包括表达、解释等。目前这些技术在罪犯心理咨询过程中很常用，但是最常见、最主要的问题是运用不到位。例如，共情，与其说是一种技术，不如说是一种态度，是咨询员设身处地体验对方内心世界、陪伴来访罪犯共同面对他的困难和问题的态度。共情在咨询员与来访罪犯建立咨询关系中扮演着重要角色。监狱咨询员虽然面对的对象是罪犯，但同样需要共情的投入和参与，因为没有共情，咨询员就不会与罪犯建立起良好的关系；没有共情，罪犯就不会袒露心扉；没有共情，咨询和治疗进程就无法顺利展开，进而取得良好的效果。但是，在咨询实践中，很多咨询员不能真正体验对方的内心世界，在咨询中虽然常常说"我很理解你的心情"，但是对罪犯的痛苦、惧怕、焦虑、担忧、失望等，却很难做到切实理解并陪伴其一起面对。在罪犯心理咨询中，咨询员要善于运用倾听、提问、解释等技术。就倾听技术而言，绝不仅仅是一般意义上的听和听到，而是全然地、全神贯注地、完整地、积极地倾听，不仅听到字面意思，而且听到字面背后所隐含的情绪情感、体验和感受。倾听时，咨询员的目光、表情、姿势和动作都包含着对罪犯的关切和理解。倾听的状态直接影响之后的干预性技术。再如解释技术，咨询员要超出当事人表面的陈述和认识，从心理学专业的角度为罪犯的行为、想法或情感赋予一种新的意义、原因和说明，使罪犯从一种新的角度来看待自己的问题，从而达到顿悟。

心理治疗的方法和技术要谨慎运用。心理治疗的方法和技术不经过专门培训以及不断学习实践，是无法运用到矫治工作中的。当前社会上比较常用的技术很多，如行为疗法的放松技术、格式塔疗法的空椅技术、合理情绪疗法中的与不合理信念辩论技术，还有角色扮演技术、自信训练技术、催眠技术、心理剧等。大多数心理技术还未被治疗实践运用，主要原因是罪犯属于特殊群体，他们的生活现状、社会支持、认知及情绪稳定性与社会人群存在一定的差异，在罪犯心理治疗领域运用时，要持相当谨慎的态度，如果运用不当，可能会产生消极后果。因此，在选择和运用心理矫治技术时，要考虑罪犯的特殊性和技术的针对性，并且实施人员需要进行专业学习，热爱这份工作且具备专业的敏感性。

3. 注意区分专业化与非专业化的心理矫治方法和技术

首先，从方法的选择来看，专业化方法和技术的运用建立在对来访罪犯的个性特点、问题情况、所拥有的资源、领悟能力等因素进行充分思考的基础上，体现出对来访罪犯的个体适切性，并能根据罪犯在矫治过程中的变化作适当的调整。非专业化方法和技术的选择则表现出一定程度的刻板性和定式化，如简单地询问、匆忙下结论、专心教导等。

其次，从来访罪犯的体验来看，专业化方法和技术的运用能够让罪犯切实体验到咨询员发自内心对他的关切、陪伴和尊重，他有一种不由自主想开放自己、诉说自己的愿望和畅快感，因而，往往当一次咨询或治疗过后，他有一种再次得到咨询员帮助的渴望。非专业化方法和技术的使用则很难让罪犯产生以上的体验和感受，他敏感地觉察到咨询员对他以及他的倾诉并不感兴趣，因此没有表达自己内心深处的愿望，当咨询结束时，来访罪犯会礼貌地与咨询员再见，但不想再次寻求咨询员的帮助。

最后，从咨询过程来看，通常非专业的做法是既不善于倾听，也不善于探索性或商讨性提问，咨询员对来访罪犯似乎没有什么情感卷入，而只是急于根据起病诱因的生活事件对来访罪犯的症状作肤浅解释，一旦罪犯未能接受或表面上接受但病情并不见好转时，便会感到束手无策。专业化方法和技术的运用则处处体现为来访罪犯着想，完整而耐心地倾听，细致而周到地询问，对罪犯非言语和言语行为以及内心感受的敏锐观察，对来访罪犯模糊叙说的澄清，谨慎地解释，等等，这个过程是一个陪伴来访罪犯心理历程、体验他的内心世界的过程，也是罪犯体验和表现真实的自己从而获得正确积极的自我认识和人格成长的过程。

4. 提高罪犯心理矫治队伍的专业化水平

实现罪犯心理矫治的专业化归根结底是要提高心理矫治队伍的专业化水平，但现实情况是我国心理咨询和治疗专业人才缺乏，矫正机构更是如此，监狱一般是自行选择咨询员，这种选拔方式几乎很少考虑个人对矫治工作的适切性问题，而且人员流动性很强。虽然监狱系统广开渠道对咨询员进行培训，但培训的力度、广度、深度、可操作的程度都存在各种问题，缺乏切实有效地适合监狱罪犯心理矫治工作的培训机制，难以使这支队伍得到壮大和成长，导致实际工作中心理矫治的专业性不强、矫治效果不佳。因此，心理矫治专业人员的选拔和培养，是目前矫治工作亟待解决的问题。

（三）罪犯心理矫治的社会化

行刑社会化提倡一种面向社会、依靠社会、服务社会的行刑模式，是现代刑罚执行制度发展的必然趋势。这种行刑理念强调矫正活动要与道德教育、心理健康教育、劳动技能培养等紧密结合，提高罪犯的“社会性”，使其刑满释放后能尽快融入社会。所谓“社会性”，即人生活于社会上应有之人格特征。只有高度重视罪犯的社会性培养，才能使罪犯回归社会后尽快适应社会。因此，罪犯心理矫治不仅要重视罪犯心理问题的解决，而且要注重罪犯健康人格的培养和发展，以有利于其更好地回归社会。

罪犯心理矫治的社会化，就是在行刑过程中，为了塑造罪犯健全的人格，提高罪犯的社会适应性，使之顺利回归社会，在心理矫治工作中提倡社会资源的广泛参与。目前，在罪犯心理矫治的社会化问题上，基本上处于摸索阶段。在监狱环境的设置上，很多监狱非常注重环境的绿化、整洁和美化，像监狱外的社会环境一样，赋予监狱更多自然和生命的内容，减少监狱的封闭性和隔离性，从而降低罪犯的社会隔绝。在罪犯管理和改造过程中，拓宽罪犯与社会的联系，发挥亲情修复和社会帮教的作用，提高罪犯的社会认知和社会素养，培养其人际交往和工作技能。在罪犯矫正的狱外模式方面，主要体现在发展社区矫正模式，改变传统的刑罚执行方式，建立社区矫正体系，增强矫正对象的社会适应性，使其更好地回归社会。此外，出狱保护制度是我国罪犯改造工作成效的重要保证，是行刑社会化的狱外模式和狱内模式的中介和桥梁，出狱前的教育、指导，以及出狱人的安置和保护是巩固改造成果的重要环节。

总之,我国监狱改造罪犯的最终目的是促进其顺利回归社会,因而在罪犯心理矫治的理念和方法上,就要把塑造罪犯成为合格的社会公民作为根本目的。加强心理矫治工作的社会化,目的就在于使罪犯形成更符合社会要求的良好人格特点,提高其社会适应性,刑满释放后能更快更好地融入社会,不再作出危害社会的行为。

(四)罪犯心理矫治的规范化

罪犯心理矫治的规范化,是指按照有关规定和基于实践的需要而形成的统一标准或准则,去组织引导、协调约束罪犯心理矫治活动的方式和过程。罪犯心理矫治的规范化包含三层含义:第一,规范化是基于实践的需要和心理学职业行为的要求;第二,要有统一的标准,国家有关部门要以法规性文件或行政命令等形式颁布实施,对全国的罪犯心理矫治工作具有较强的约束力和指导性;第三,规范化的目的是加强这项工作的标准化、科学化,提高工作质量和水平。

罪犯心理矫治的成效不仅依赖于矫治工作的专业性,还依赖于运用专业方法和技术的准确性、科学性、规范性。然而,在罪犯心理矫治实际工作中存在的不规范现象是比较严重的。由于专业人才缺乏,在很多情况下是由经过简单培训的兼职人员从事这项工作,导致实际工作中出现许多失范现象。比如:在罪犯心理咨询方面,咨询员角色不清;咨询室职能模糊;过分注重来访者对事件情节的描述,对其内心感受的共情不够;指导较多,倾听不足;对非言语行为的观察和表达重视不够;咨询次数少,时间短,层次浅;对自我心理投射不敏感,主观性强;忽视对咨询效果的评估;等等。罪犯心理健康教育、心理评估、心理治疗、心理危机干预等工作中都存在失范现象,这些失范现象还会导致其他问题的产生,如咨询员的安全问题,咨询员的角色认同问题,测量过程的非标准化导致诊断失真问题,滥用测量结果导致保密性缺失问题,工作成效低导致监狱和罪犯对矫治工作不认可、不配合问题,等等。因此,我国的罪犯心理矫治工作亟待进行规范化建设。

罪犯心理矫治的规范化是一个过程,必须在理论与实践的结合上反复验证、不断探索。2003 年,司法部颁布的《监狱教育改造工作规定》第七章(共 7 条)是关于心理矫治的内容,对罪犯心理矫治的工作内容、机构设置、人员配备等作出规定,体现了国家主管机关对监狱心理矫治工作的重视,对这项工作的规范化运作起到极大的促进作用。2009 年,司法部监狱管理局印发《关于加强监狱心理矫治工作的指导意见》,这是一个专门规范监狱心理矫治工作的指导性文件,对促进罪犯心理矫治工作的规范化建设起到了重要作用。

此外,2013 年 5 月 1 日正式实施的《精神卫生法》(于 2018 年修正),对规范精神疾病的治疗具有十分重要的意义。这部法律将心理健康教育、心理咨询、心理治疗等内容纳入调整的范围，对罪犯心理矫治工作的法治化和规范化具有促进作用，主要表现为：将罪犯心理健康教育纳入法治化轨道，心理援助工作有了法律规定；罪犯心理咨询工作有法可依，法律明确规定监狱机关对服刑罪犯应当开展心理咨询工作，同时明确了司法行政机关在预防精神疾病中的作用。心理咨询导致来访者“人身、财产或者其他损害的，依法承担法律责任”的规定，将规范罪犯心理矫治工作的有序开展，监狱机关相关人员不作为导致罪犯健康权受到侵害的将面临责任追究。

因此，监狱机关应当组织民警认真研究相关法律法规，加快罪犯心理矫治工作的法治化、规范化进程，结合监狱工作实际，进一步完善罪犯心理矫治工作制度，科学界定罪犯心理矫治的性质，建立和完善监狱心理矫治工作人员的准入制度，规范罪犯心理矫治工作流程，监督罪犯心理矫治工作实施，切实保障该项工作的规范实施和专业效果。

延伸阅读

心理治疗和心理咨询的发展历史

心理治疗和心理咨询有不同的历史渊源，只是到了20世纪40年代以后，二者才逐渐融合。

西方对异常行为的认识和治疗的曲折发展历程与整个西方文明的发展大体是同步的。宗教神学在西方历史上的长期统治地位，严重压抑了心理治疗的进步。远古时代的人一般持泛灵论信仰——相信世间万物皆有灵魂。一切不能以熟悉的经验了解的现象都会用某个超自然的灵异体进行解释，精神异常也一样。人如果出现精神异常，就是有魔鬼附体，控制了这个人的行为。古希腊人受当时认识能力的限制，一般也是从超自然的观点看待异常行为。当时的人相信，心理障碍要么是由于精灵附体，要么是神对人的惩罚。希波克拉底（Hippocrates）是首位以理性态度对异常行为进行研究和治疗的医生。他摒弃了从无形的神那里寻找心理障碍起因的想法，把心理障碍归结为人自身身体上的原因。他还强调环境和社会压力对人的活动和心理异常的作用。罗马人征服希腊以后，希腊理性精神得以持续。罗马医生继承希波克拉底的传统，把对异常心理的唯物主义理解和治疗研究继续下去。罗马帝国时期的希腊医生盖伦（Galen）继承和发展了用身体原因解释心理障碍的理性精神,他认为心理障碍应该通过身体治疗来克服,并对异常心理现象作了自己的分类。然而,古希腊、古罗马的理性精神并未持续下去,随着中世纪的到来,神学和宗教统治与一切科学思想为敌,西方对心理障碍的研究和治疗也在劫难逃。一直到文艺复兴时期,随着科学和医学的发展,对心理障碍的认识和治疗才开始进步。一些学者认为,异常行为有自然原因,应该用观察和实验的方式进行研究。这一时期对精神病患者的照管也逐渐从修道院转到精神病院。真正的改变发生于18世纪末。法国的菲利普·皮内尔(Philippe Pinel)医生在改革精神病治疗的历史上是一位划时代的人物。他开始以科学和人道的态度对待精神疾患的治疗。1793年,在法国革命的背景下,他作为比塞特医院的院长,为医院的病人解除了镣铐,给病人自由、阳光和新鲜空气,使精神病院的面貌大为改观。伴随着对待精神病人的人道主义改革,19世纪的西方对异常行为的认识研究也有较大进展,这种研究大体有两个方向,即医学方向和心理学方向。在医学方向上,德国著名精神病学家克雷佩林(E. Kraepelin)作出了重要贡献,因此被认为是现代精神医学的奠基人。从心理学角度来认识和治疗心理障碍,实际上在18世纪已经开始,这条路径的发端与维也纳医生弗朗兹·麦斯麦(Franz A. Mesmer)的名字联系在一起。他的治疗要素其实就是我们后来所说的催眠作用,但当时的科学界还不能理解,他因此被斥为江湖骗子。催眠现象直到19世纪40年代才由于英国医生詹姆斯·布雷德(James Braid)的研究被科学界接受。19世纪后半叶,对精神病和神经症的研究和治疗在法国取得很大进展。法国医生的成就直接影响了弗洛伊德。弗洛伊德在心理治疗的历史上是一位划时代的人物,他创立的精神分析体系是心理治疗的第一个完整体系,标志着现代心理治疗的真正开端。这一治疗体系以及由此衍生出来的支系,从19世纪末到20世纪50年代在心理治疗领域一直占据着统治地位。自20世纪40年代以来,继精神分析体系之后又陆续出现了行为主义、人本主义和认知行为主义等心理治疗体系,围绕各体系又形成了多种心理治疗流派,使今天世界范围内的心理治疗呈现百家争鸣的景象。

如果说现代心理治疗发源于欧洲,心理咨询就是地道的美国产物了。一般认为,心理咨询有两个源头,都发轫于20世纪初,一是所谓的指导运动,二是心理卫生运动。前者主要在学校系统发展,后者主要在社区发展。在指导运动中,最有影响的人物是弗兰克·帕森斯(Frank Parsons),后人称其为指导运动之父。1913年,美国的全国职业指导协会成立,两年后出版了第一份专业杂志《职业指导》。此后,“指导”(guidance)一词作为学校咨询的一个专门术语,一直沿用超过50年。心理咨询的另一源头——心理卫生运动的发起人,不是学者,不是社会改革家,而是一位曾数年罹患精神病的青年学生，名叫克利福德·比尔斯（Clifford Beers）。1908年，比尔斯写了一本名为《一颗找回了自己的心》的书，再现了自己在三所治疗机构中的遭遇，以自己作为一名精神病人的切身体验，揭示出媒体和公众对精神病人的误解和歧视。比尔斯的书和呼吁得到著名心理学家威廉·詹姆斯（William James）和著名精神病学家阿道夫·迈耶（Adolf Meyer）的大力支持，也激起了公众要求对精神病患者以人道对待和对心理疾病进行科学研究的呼声。由此开始了一场由美国发轫，最后遍及全世界的心理卫生运动。20 世纪 40～50 年代，发生了心理咨询发展史上最深刻的转变，即指导运动向当代咨询的转变。这场转变的结果，是从指导运动和心理卫生运动中最终整合出心理咨询这门专业，同时咨询专业跟心理治疗越走越近。20 世纪 40 年代中期到 50 年代中期，也是咨询专业完善学科组织建设，使咨询师的专业训练正规化，并使咨询的专业地位最终获得学术界和社会确认的时期。1946 年，美国心理学会成立第 17 分会，即咨询心理学分会，同时，美国心理学会推荐由全美考试委员会主持对咨询心理学家的专业考试。此后，咨询心理学家与临床心理学家、精神科医生、社会工作者密切合作，不断拓展其服务领域，学科和专业队伍获得迅猛发展。20 世纪 60 年代前后，心理咨询开始走出美国，在世界范围内发展。

研究与思考

1. 当前西方国家的罪犯心理矫治主要有哪些特点？
2. 中国罪犯心理矫治的发展趋势是什么？
3. 如何理解和促进罪犯心理矫治的本土化？
4. 如何理解和促进罪犯心理矫治的专业化？

第三章　罪犯心理矫治的学科基础

重点提示

罪犯心理矫治以心理学、哲学、社会学、精神医学和监狱学为基础。不同的心理学流派直接影响人们对犯罪人、犯罪行为的态度及矫正的策略与方法。我国的罪犯心理矫治工作以马克思主义哲学为指导,建立在辩证唯物主义哲学原理之上。罪犯改造工作是一项社会系统工程,作为罪犯改造工作的一部分,罪犯心理矫治必然要以社会学的有关理论为基础。罪犯心理矫治减轻乃至消除罪犯的各种心理问题和精神疾患,离不开精神医学的理论和方法。同时,罪犯心理矫治是监狱学的组成部分,监狱学的发展和不断完善为罪犯心理矫治理论与方法体系的构建奠定了学科基础。

第一节　罪犯心理矫治的现代心理学基础

科学心理学诞生与发展只有100多年的历史,在心理学发展过程中,精神分析学派、行为主义学派和人本主义心理学派,由于其理论、技术与方法论的独特作用,被称为现代心理学三大流派。20世纪60年代末兴起的认知心理学呈现出了蓬勃生机。不同的人性观直接影响人们对犯罪人、犯罪行为的态度及矫正的策略与方法;关于人类攻击行为本质的理解和社会控制的观点都直接影响到犯罪观,成为矫正理论的一部分。本节首先介绍三大流派关于犯罪行为的观点及其矫治理论,其次对认知理论和其他心理学的犯罪观及其矫治理论进行探讨。

一、精神分析学派的犯罪观及其矫治理论

精神分析学派是由奥地利精神病学家弗洛伊德于19世纪末创立的,它既是一种神经症的治疗方法和理论,又是一种潜意识心理学体系。20世纪20年代,这一

理论扩展到社会科学的各个领域,发展成为无所不包的人生哲学,是20世纪影响人类文化最大的理论之一。精神分析学派的犯罪观是精神分析学派关于犯罪的理论。弗洛伊德运用性压抑、性发展障碍所引起的人格异常来解释犯罪和犯罪行为的原因。荣格认为力比多内倾型的人比外倾型的人易出现反社会行为;阿德勒认为早期不良教育形成不适当的克服自卑感的生活方式易形成犯罪;新弗洛伊德主义代表人物霍尼、弗罗姆、沙利文等人则主要以情绪障碍来解释犯罪现象,认为犯罪来源于得不到满足的愿望和欲求。

(一)弗洛伊德的犯罪观

弗洛伊德对人类的巨大贡献在于他创立了精神分析理论,虽然并没有系统地研究犯罪行为,然而,在弗洛伊德的许多著作中均涉及对犯罪问题的分析。1915年,他在《由于罪恶感而犯罪的人》一文中,初次应用精神分析的观点解释犯罪问题,为犯罪学中精神分析学派的形成奠定了基础。关于犯罪行为产生的原因,以弗洛伊德为代表的精神分析学派从本能、人格和罪恶感等方面作出了解释。

1.本能与犯罪。本能理论是弗洛伊德精神分析理论的一个重要组成部分。在早期,弗洛伊德把本能分为性本能和自我本能。性本能也称力比多,被看作人的行为的内在潜力,这种本能促使人通过各种方式获得满足;自我本能则是害怕危险,保护自我不受伤害。第一次世界大战给人类带来的巨大灾难影响到了弗洛伊德的思想,他认为人性中可能存在某种侵略本能或自我毁灭本能。弗洛伊德据此修正了他以前的本能理论,认为自我本能和性本能虽然各有其不同的直接目的,但最后都指向生命的增长和增进,所以可合成一个生的本能,生的终极是死。弗洛伊德引用哲学家叔本华的话说,一切生命的目标都是死亡,因此他又提出了死亡本能,死亡本能最重要的衍生物是攻击。

根据弗洛伊德的理论,攻击是指向外部对象而不是指向自身的一种自我毁灭的需要,人类本能中这种攻击性和破坏性的肆意满足就会导致犯罪。弗洛伊德认为,残酷、自杀、谋杀以及攻击都受死亡本能的驱使。人类社会中犯罪的根源在于与生俱来的本能,因为犯罪就是违反了为了文明的存在而确定的各种禁律,而这种禁律是违反人类本性的。

性本能与犯罪也有一定的关系。弗洛伊德认为,性本能是人类最强大的力量之一,性欲的力量必然会严重冲击文明社会为限制它而制定的各种禁律。儿童恋母(父)情结的存在,就意味着他们很早就有这种反对文明的乱伦倾向。按照弗洛伊德的看法,儿童是作为犯罪人出生的,只是他们没有责任能力和行为能力,他们的暴力破坏、攻击行为才不被认为是在犯罪。一旦长大成人,他们的行为就会被社会视为犯罪。社会中的很多犯罪来自其潜在的本能,并且力量非常强,有时犯罪人都很难意识到。

2. 人格与犯罪。弗洛伊德把人格分为本我、自我、超我三个部分。他认为,虽然本我中的原始本能是犯罪的根源,但在一般情况下,人们不会去犯罪,是因为人格中的自我和超我是人的行为中的两个重要控制系统,人们会根据现实社会道德法律的要求约束和控制自己。如果自我和超我不完善,存在缺陷,已有的道德观念无法抵御本能冲动的诱惑,或者本我的力量过于强大,压倒了现实原则所带来的抑制力量,就可能导致犯罪行为的发生。弗洛伊德运用人格理论解释犯罪,对后继者用精神分析理论解释犯罪影响很大,同时为罪犯矫治提供了思路。

3. 罪恶感与犯罪。罪恶感又称道德恐怖症,指的是人类有意或无意产生一些不切实际的想法,或者曾经做过错的事情,因害怕受谴责,从而出现的道德恐怖症。无意识罪恶感,是在人格发展过程中,由于力比多的固着与倒退,个体对父母产生了不正常的恋母(父)情结,是在超我的监督作用下产生的。这种很深的无意识罪恶感可能会引起犯罪或其他不良行为。对这些人来说,当犯罪发生并得到应有的惩罚之后,他们反而会感到欣慰和心满意足。在许多罪犯身上,特别是在青年罪犯身上,人们可能发现在犯罪以前就存在非常强烈的罪恶感,所以罪恶感不是犯罪的结果,而是犯罪的动机。

(二)阿德勒的犯罪观

阿尔弗雷德·阿德勒(Alfred Adler)是奥地利精神病学家,曾经是弗洛伊德的忠实追随者,后来因在精神分析学的一些基本问题上与弗洛伊德发生分歧,于1911年离开弗洛伊德,创立了影响深远的“个体心理学”。阿德勒反对弗洛伊德的本能犯罪论,认为犯罪既不是由先天遗传本能决定的,也不是由后天环境决定的,而是由以下三类因素引起的:个人的自卑感、低劣的社会经济条件和错误的家庭教育。个人的自卑感主要源自个人的身体缺陷,如体弱多病、丑陋畸形、器官缺陷等;低劣的社会经济条件在一定程度上会促进犯罪的发生;错误的家庭教育是指父母对孩子冷酷无情或溺爱娇惯等。一般人会采取符合社会要求的、适当的补偿行为克服自卑感,而那些身体有缺陷、受过错误教育以及社会经济地位低的人,受自身条件的限制,很有可能采取不符合社会要求的、过度补偿行为来克服自卑感,这往往会触犯社会禁律,导致犯罪。阿德勒的犯罪观全面评估了犯罪的主客观因素。

(三)埃里克森的犯罪观

埃里克森(E. H. Erikson)的自我同一性理论认为,青少年若不能形成自我同一性,则会产生角色混乱或同一性危机,这样的青年人不能正确地选择生活的角色,或在选择生活的角色上缺乏一致性和连贯性，对未来没有正确的信念，这样的青年人不能明确地意识到自己是谁，有哪些区别于他人的特点，属于哪个阶层、哪个群体，过去怎样，今后朝向哪个方向发展。为此，他们体验到比以往更多的痛苦、焦虑、空虚和孤独。在这样的混沌状态下，他们感觉自己要对自己的未来作出明确选择，但他们不能，然而又觉得父母和社会逼迫他们作出选择，于是他们反抗，以保护自尊心不受伤害。许多青少年犯罪与同一性危机有关，这些青少年的逻辑是，与其做个不伦不类的人，不如做个臭名昭著的人。

埃里克森是一个性善论者，他认为就青少年内在的倾向来讲，每个人都能克服危机，达到自我同一性的平衡，但社会文化急剧变迁所带来的价值观方面的矛盾使他们无法适应，导致内部的冲突与危机；另外，父母和其他老一辈人本身缺乏牢固的信念基础，无法给青少年提供适当的指导，也是造成青少年同一性危机的原因之一。因此，自我的同一性不仅影响个体心理健康，而且是犯罪的潜在因素，而这离不开社会环境的状态和个人的努力程度。在罪犯心理矫治中，需要塑造良好环境和促进个体自我同一。

（四）沃伦等人对精神分析学派犯罪观的概括

美国犯罪学家玛格丽特·沃伦（M. Q. Warren）和迈克尔·欣德朗（M. J. Hindelang）在分析了精神分析学家对犯罪行为的解释之后，将精神分析学对犯罪的解释归纳为五种：（1）犯罪行为是神经官能症的一种状态，这种形态基本上不同于任何其他的神经官能症（例如，一些神经官能症患者拼命工作，另一些神经官能症患者纵火）；（2）犯罪人经常被一种强迫性的追求惩罚的需求困扰，以便减轻从无意识的欲望中产生的罪恶感和焦虑；（3）犯罪行为可能是获得在家中得不到满足的需要和欲望的替代性满足的一种手段；（4）犯罪行为往往是由外伤事件引起的，这种事件使个人的记忆受到抑制；（5）犯罪行为可能是置换性敌意（displaced hostility）的一种表现。沃伦和欣德朗认为，所有这些解释都表明，尽管最初的犯罪原因是在儿童早年的环境中产生的，但是到犯罪行为发生时，这些犯罪因素同时在犯罪人身上发生作用。

另外，布朗纳（A. F. Bronner）曾对违法青少年的情绪体验与情绪性态度特征进行概括：（1）在爱情关系中得不到满足的强烈的感情；（2）由于自我表现愿望、儿童期受到损害而产生的异常愿望及青春期愿望受到妨碍而引起的深刻体验；（3）在家庭、学校、交友方面的强烈不满情绪；（4）家庭不和及双亲控制错误所引起的强烈不满情绪；（5）对兄弟姐妹的嫉妒感；（6）内心压抑产生的不幸感。

（五）精神分析学派的矫治理论

弗洛伊德虽然没有直接研究犯罪的防治问题，但在他的有关理论阐述中认为，法律对防止犯罪有重要作用,提倡运用认同作用和升华作用等方式矫正和防治犯罪。所谓认同作用和升华作用,是精神分析学家运用的概念,是防卫机制中成熟的防卫行为的两种方式。认同作用又称自居作用,自己的动作或行为像另一个自己所认同的人;升华作用是经过社会允许的途径,满足原为社会所不能允许的本能行为。弗洛伊德认为,防止人们犯罪倾向的最重要办法,就是运用认同作用来发展人们的“目标被抑制的爱”,在这种广泛的爱的基础上发展人们的超我和道德心。

阿德勒十分重视对犯罪的预防和对犯罪人的矫治。他认为,犯罪人选择与社会相悖的方式克服自卑,与他们在三大生活领域(友谊、职业、爱情)的失败有关。这些人生活中没有友谊,至多只是同流合污的朋友,他们不能和正常社会的一般人为友;大多数罪犯是不学无术、无一技之长的人,他们认为工作很辛苦,不能像其他人一样和困难搏斗,缺乏合作精神;他们没有美好的爱情生活,对他们来说,性生活是征服、是占有。他们最根本的问题是缺乏社会兴趣和合作的技能。有鉴于此,预防犯罪的有效途径就是要找出罪犯在儿童时期所遭受的合作障碍,培养他们的社会兴趣,教会他们怎样与人合作,从而降低犯罪率。

精神分析疗法的主要目的,是经过对治疗对象的心理分析,将压抑在内心深处的冲突和痛苦释放出来,使当事人彻底领悟自己以往不同于他人的原因。弗洛伊德精神分析在实际操作中通常遵循下列步骤:自由联想—释梦—移情分析—抗拒分析—阐释。自由联想,是指诱导治疗对象在毫无拘束的情境下,尽情地说出心中所想的一切,无论是痛苦的还是快乐的,抑或存在于内心中荒诞不羁的观念或思想的过程;释梦,是治疗师根据治疗对象在意识状态下所陈述的梦,去解析在他潜意识状态下所做的梦,其目的是使治疗对象了解他梦中所见的一切所代表的真正含义;移情分析,可以了解治疗对象以往的人际关系及情感经历,并帮助治疗对象从不真实的感情世界中解脱出来;抗拒分析,是治疗师对治疗对象在分析治疗中表现出的不合作态度和表现的分析,因为潜意识中不合理欲望浮现到意识层面时会感到羞愧而焦虑,从而导致治疗对象在谈话中出现抗拒表现,通过对抗拒表现的分析,可使治疗对象内心中压抑的矛盾与冲突得到倾诉,从而缓解其紧张情绪;阐释,是治疗师根据治疗对象前四个阶段的一切资料,耐心、真诚地向治疗对象解析,使其领悟到治疗师所阐释的内容。

另外,一些精神分析学家认为,少年犯罪主要是由于缺乏爱,缺乏认同,现实自我不强以及没有真正形成正常的超我所引起的,所以,对犯罪少年和儿童进行治疗的核心,就是为他们提供幸福、快乐的生活环境,使他们在这种环境中对成年人(教育者)重新产生依恋、信任和认同,从而重建自我理想,形成正常超我。这种思路也可以应用到成年犯罪个体分析和矫正中,在其成长过程中爱的缺失以及固着,其现实自我不强和超我缺乏,尤其潜意识中压抑的情绪和需要,会促使其成年后以异常的行为去表达和寻求,甚至走向犯罪道路。

二、行为主义学派的犯罪观及其矫治理论

行为主义心理学是由美国心理学家华生(J. B. Watson)于1913年创立的,[1]以其对人类和动物的行为进行严格的实验研究而闻名于世,并影响世界达半个世纪之久。

(一)行为主义学派关于人的行为学习理论

1. 经典性条件反射学说。经典性条件反射学说是由俄国生理学家谢切诺夫(Ivan Mikhailovich Sechenov)和巴甫洛夫(Ivan Petrovich Pavlov)等人发展起来的理论。其核心观点认为,当对某种本能反射本来没有作用的一个中性刺激出现时,由于总是伴随着能够引起这种本能反射的有效刺激,多次重复之后,这种中性刺激也能引起这种本能反射。这里的"条件",就是中性刺激与引起本能反射的有效刺激之间的多次结合。

2. 操作性条件反射学说。操作性条件反射学说是由美国心理学家伯尔赫斯·弗雷德里克·斯金纳(Burrhus Frederic Skinner)创立的一种学习理论。该学说认为,在一定的刺激情境中,如果个体的某种行为反应的后果能够满足其一定的需要,那么,以后出现这种行为反应的概率就会增加。在这种情况下,满足个体需要的行为反应后果,实际上对这类行为反应产生了强化作用。因此,要增加这类行为反应,就要提供可以满足个体需要的强化。

3. 社会学习理论。社会学习理论是由美国心理学家班杜拉发展起来的一种学习理论。这种理论认为,社会行为是通过观察和模仿他人的行为而形成的,人们更有可能模仿别人的那些受到鼓励或者奖赏的行为。这种理论强调行为与环境的交互作用,强调认知过程的重要性,强调观察学习和自我调节过程。

1962年,英国心理学家戈登·特拉斯勒(Gordon Trasler)在其《对犯罪性的解释》一书中提出了一种犯罪的学习理论。特拉斯勒理论认为,犯罪行为是通过条件反射作用学会的,幼年时期不恰当的教养活动往往使个人形成不正确的条件反射联系,使个人为了追求快乐和避免痛苦而进行犯罪行为。

---

① 1913年,华生发表了著名的论文《行为主义者眼中的心理学》,这篇论文被认为是行为主义诞生的正式宣言。

4. 认知行为学说。认知行为学说是由很多人发展起来的，核心观点认为，人们的行为是由人们的认知决定的；个人作出什么样的行为决定，实施什么样的行为，更多的是由个人的认知，即对环境的理解和解释决定的，而不是由外部环境决定的。

（二）行为主义学派的犯罪观

行为主义学派的犯罪观是行为主义心理学派的犯罪学说。其主要观点如下：（1）违法犯罪与S（刺激）—R（反应）理论中与赏罚相联系的“效果律”和“强化原理”所发挥的作用相关。多数违法犯罪青少年过去缺少有效奖赏和赞美的机会，而更多地受到无益的惩罚和斥责，导致不良情绪反应性强化作用。（2）违法犯罪与“泛化原理”的作用有关。根据西尔士（R. R. Seras）对幼儿园孩子进行的实验研究，儿童在家对母亲产生攻击行为与受处罚的恐惧有关，这种恐惧关系泛化到家庭及以外的场合，随着儿童的成长，就可能在更广泛的社会环境中进一步泛化到与别人（如教师、民警、上级等）的关系上，实施攻击行为，走向违法犯罪。（3）社会化的条件反射过程未完成者容易犯罪。

英国心理学家艾森克（H. J. Eysenck）根据巴甫洛夫的古典性条件反射学说，认为“良心”是通过从小形成的条件反射培养的；“社会化”即“朝向正确方向”的条件反射的形成，它是学习社会规范、对道德性和社会性行为的条件反射，没有完成这个过程的人就容易成为犯罪人。他认为，越是内向性的人越有困难，原因在于内向性的人易受良心约束而遵守道德。外向性的人不为规范所约束，是积极而执拗的，易发生反社会行为。有神经质倾向的人因情绪过分激动，易采取激烈行动而引起犯罪。他还认为实际犯罪的时间和社会处罚该罪犯的间隔时间过长，就不能建立条件反射，因此许多惯犯尽管多次入狱但仍然会继续犯罪。

美国犯罪学家西格尔（L. J. Siegel）认为，社会学习理论家发现了四种易于导致暴力行为的因素：（1）增强情绪唤醒的事件，如人身攻击和言语侮辱；（2）攻击技能，即通过观察别人学会的习得性攻击反应；（3）预期的结果，即认为攻击行为会受到奖赏的信念，这种奖赏包括减轻紧张或愤怒，获得一定的物质利益，建立起自尊，获得别人的赞许等；（4）行为与价值观的一致性，即认为攻击行为在当时的情境中是正当的、合适的信念。这些因素的发现为采取相应的矫治措施提供了重要理论依据。

（三）行为主义学派关于犯罪行为的矫治理论

按照行为主义学派的观点，犯罪人与守法者之间的差别不在于个人自身，而在于个人的行为与环境之间的关系。因此，需要改造或矫治的，不是犯罪人的心理或情绪，而是犯罪人的行为。所以，在运用行为矫正方法对犯罪人进行矫治时，要识别那些助长问题行为或者犯罪行为的环境条件，然后设法改变这些环境条件。基于行为主义理论的行为矫正，遵循下列有关人性的基本假设：

1. 人性本质上是非善、非恶的，个人有可能表现出各种各样的行为。

2. 人能够对自己的行为加以概念化和控制。

3. 人有能力获得或学习新的行为。

4. 人可以自己影响自己的行为，也可以影响别人的行为，还可以受别人行为的影响。

5. 人的行为是经过学习获得的，行为的宿命论或者历史决定论是不能成立的。

6. 人类的行为是复杂的，但是几乎所有的行为都是以相同的原理学习而来的。

7. 行为可以经过反学习（unlearned）的过程加以改变，个人的行为并不是持久不变的，但是行为的改变需要时间和情境的配合。

8. 不良的行为也是经过学习获得的，是个人对环境刺激的反应。

9. 行为是在环境中学习获得的，也可以应用学习原理加以调整或者改变。

10. 人的行为方式有其一致性，并且受个人目标与社会要求的引导。

行为治疗是基于经典条件反射理论和操作条件反射理论以及班杜拉的社会学习理论提出的行为矫正与训练的方法。其包括多种具体的矫正治疗方法，如系统脱敏法、厌恶疗法、满灌疗法、行为塑造法、代币治疗法、暴露疗法、松弛疗法、生理反馈疗法等。行为疗法有以下共同特征：

1. 行为治疗的理论基础是条件反射，认为个体的一切行为都是经过条件反射建立的习惯性反应。

2. 行为治疗的目的在于消除个体的不良习惯。

3. 要消除不良习惯，就必须重新学习，即在某一特定刺激条件下，重新建立刺激与反应关系，用另一种适当的反应代替刺激所引起的不适当反应。

4. 行为治疗的目标在于改变个体在现实行为表现上的不良习惯。这种习惯是外显的、可观察和测量的。

行为治疗强调的是现在习惯性行为实质上的改变，而不重视个体以往的生活史，也不强调内在压抑的释放或内心冲突的解决。

行为主义心理学的研究为犯罪学者研究犯罪行为开辟了一条新的途径。行为主义直接研究人和动物的行为，社会学习理论家直接研究人类的社会行为，犯罪行为作为人类若干社会行为之一，在一定程度上可以运用行为主义者发现的行为规律（包括行为的习得、启动、保持、调节机制）直接或间接解释人类的犯罪行为。但是人是社会人,不能直接照搬行为主义在动物研究中得出的理论,在对罪犯进行矫治应用时要考虑罪犯的认知、情绪和意志等特点,同时遵从应用的伦理性。综合考虑人的社会性时,行为治疗才会显示更好的效果,尤其在罪犯心理矫治中,更要考虑罪犯的成长背景、内心需求和当前认知等社会属性。

三、人本主义心理学派的犯罪观及其矫治理论

人本主义心理学是20世纪50~60年代产生于美国的一种心理学思潮和革新运动,其主要创建者为马斯洛(A. H. Maslow)和罗杰斯(C. R. Rogers)。它反对精神分析生物还原论思想和行为主义环境决定论,主张研究人的本性、潜能、经验、价值、创造力及自我实现等,被称为心理学的第三大势力。

(一)人本主义心理学的犯罪观

人本主义心理学的犯罪观是犯罪心理学理论之一,建立在人性论的基础上,是关于个人的尊严、价值和福利的一种理论,该理论把罪犯看作社会不公正安排的牺牲品。其认为犯罪是社会因素导致的,所以改造罪犯是一个重新社会化的过程。在犯罪原因论上,提出犯罪不是由遗传决定的,而是意志自由选择的结果。马斯洛的人本主义心理学激烈抨击了精神分析理论和行为主义的观点,反对侵犯行为的本能论和动物化观点,指出侵犯行为的根源在于文化而不在于遗传,一部分人由于缺乏爱,没有爱他人的感觉,所以可以伤害甚至杀害他人。这种理论的核心观点是,没有任何人生来就是一个罪犯,所以绝大部分罪犯是可以改过自新的;要改变犯罪心理,就要使犯罪人在内心的潜意识里建立起对他人的尊重,接受包括“爱”在内的道德准则。

(二)人本主义心理学的矫治理论

人本主义心理疗法是以现象学和存在主义为哲学基础、依据人本主义心理学原理创建的治疗方法。人本主义心理治疗的目标在于人性的实现和人格的改变。真诚一致、无条件积极关怀和设身处地地理解是实现这一目标必备的三个条件。在人本主义心理治疗中,罗杰斯的“以人为中心的治疗”已成为重要内容,他给治疗过程明确了以下12个步骤:

1. 来访者主动求助。来访者有改变自我的需要而求助。

2. 治疗者说明情况。治疗者向来访者介绍治疗过程,强调来访者的作用。

3. 鼓励来访者自由表达情感。治疗者不管来访者表达什么样的情感,含混的或敌意的,均应以诚恳、友好的态度对待。

4. 治疗者要能够接受、认识、澄清对方的消极情感。治疗者要在倾听的同时,

深入来访者的内心世界,注意发现对方影射或暗含的情感。

5. 促进来访者的成长。一旦对方将消极情感表达、暴露出来,模糊的、试探性的、积极的情感便不断萌生出来。

6. 接受来访者的积极情感。治疗者只需要不加评价地接受对方的积极情感,促使对方自然领悟与自我了解。

7. 来访者开始接受真实自我。由于治疗者对来访者的理解和接纳态度,来访者便有机会重新认识自我,并接受真实自我,为来访者的自我整合奠定基础。

8. 帮助来访者采取决定。新的整合意味着新决定与新行为的产生,治疗者的角色是协助澄清可能作出的选择。

9. 疗效的产生。来访者通过自我领悟,实现了对问题的新的认识,某种积极、尝试性的行动便应运而生。

10. 扩大疗效。在已有尝试的基础上,治疗者应帮助对方发展更深层次、更大范围的领悟。

11. 来访者全面成长。来访者克服了对选择的恐惧,勇于探索自我发展的新行动。

12. 治疗结束。来访者感到无须再寻求帮助时治疗结束。

在人本主义心理治疗中,治疗者的态度和治疗气氛特别重要,而治疗者本身是治疗成功的最重要工具;共情式倾听是治疗的主要方法,通过积极认真的倾听动作表达出对来访者的深切同情。在罪犯心理矫治中,矫治工作人员采用真诚的态度,接纳和尊重来访罪犯,相信他们可以成长,这种心理环境对罪犯的心理矫治具有重大的作用。

四、认知理论的犯罪观及其矫治理论

认知心理学开始于20世纪50年代中期,60年代之后迅速发展。1967年美国心理学家奈瑟(U. Neisser)《认知心理学》一书的出版,被认为是认知心理学发展的一个重要事件,标志着认知心理学作为一个流派立足于心理学界。

(一)认知心理学的犯罪观

根据K. 勒温和E. C. 托尔曼的认知结构理论,多数有违法犯罪行为的少年具有以下特征:(1)在生活空间领域中的分化未成熟或停滞、衰退,各领域间的分化不平衡;(2)在时间性因素上,缺乏与过去和将来的纵向联系,容易受目前状况左右;(3)缺乏批判力、内省力、自觉性、预见性、适应力等,处理复杂事物有困难;(4)易感情用事,一旦产生犯罪欲望萌芽便难以抑制。与少年犯罪人相反,某些成年犯罪人在一些特殊方面乃至整个领域内都是成熟的。所有犯罪人的共同特点是通向犯罪的道路和与之有关的领域是异常的。

皮亚杰(J. Piajet)的道德和认识发展理论认为,人之所以犯罪,是因为其道德发展水平低下。由于道德发展水平低,他们对社会道德规范的理解有偏差,对个人的道德控制力较弱,会产生违反道德准则和法律规范的违法犯罪行为。

哈佛大学心理学教授科尔伯格(L. Kohlberg)则认为,人们在成长过程中经历不同的道德发展阶段,每个阶段对道德问题有不同的道德判断理由。犯罪人的道德发展可能不同于守法者的道德发展。

按照费斯廷格(L. Festinger)的认知失调理论,认知失调是一个人的态度和行为中认知成分的相互矛盾,从一个认知推断出另一个认知时产生的不舒适、不愉快的情绪。费斯廷格认为,人们通常采用三种途径来减少不协调:(1)改变行为,使主体对行为的认知符合态度的认知;(2)改变态度,使主体的态度符合他的行为;(3)引进新的认知元素,使之与原有的认知成分协调一致。这一理论的犯罪观认为,有些犯罪人对认知失调的忍耐性低,在认知事物的过程中不能保持"折中"反应,往往简单地下片面极端的结论。有些犯罪人对自己行为的认知绝不改变,且不允许引进新的认知因素,对环境的认知则是忽左忽右地改变。

社会认知理论则认为,处理人际冲突的图式和脚本少,容易引发暴力侵犯行为。当一个新的事件发生时,先前获得的脚本在指导当前的行为反应时起着重要的作用。脚本的含义是,当环境中的事件发生时,个体对这些事件如何作出行为反应,这些行为会产生什么后果的模式。一个人备份的脚本越多,在解决问题时就会有越多的策略可供选择。

社会认知能力缺乏,可预测青少年的犯罪与暴力。有研究结论证明,认知能力缺失与反社会行为和侵犯行为的相关系数分别是0.35和0.40。在生活早期进行适当的认知技能训练,有助于预防犯罪行为的发生,即使后来把儿童暴露在犯罪风险因素影响的环境中。有证据表明,许多违法者在基本的社会适应方面认知技能缺失,也有相当多的经验研究支持认知能力匮乏和犯罪之间的相关关系;从另一个角度来看,儿童的社会称许信息加工技能的发展是重要的保护因素,可减少几种类型的问题行为,包括药物滥用、青少年团伙犯罪和暴力行为。①

(二)认知心理学的矫治理论

认知心理学关于心理治疗的方法统称认知疗法。认知疗法强调认知过程在决

① See S. Bennett, D. P. Farrington & L. R. Huesmann, *Explaining Gender Differences in Crime and Violence: The Importance of Social Cognitive Skills*, Aggression and Violent Behavior, 263 – 288(2005).

定行为中的重要作用，认为行为和情绪多半来自个人对情境的评价，而评价受到信念、假设、形象、自我交谈等的影响。认知疗法有三个共同的假设：(1)行为和情绪是通过认知过程发展起来的；(2)在学习理论基础上建立起来的治疗程序，能有效地影响认知过程；(3)心理医生应作为一个“诊断家和教育家”，发现不良适应的认知过程，并组织安排学习来改变它们。

现代认知疗法有三个主要范围：(1)认知的重建，包括重新建立假设、信念或自我言语过程。(2)适应技能，包括两种：一种是“隐蔽的模型化”，在实际生活中进行作业训练，训练心理病人对困难的作业进行心理复述；另一种是“系统地去敏感化”，治疗专家先诱导病人产生焦虑，然后训练他们有效地应对它。适应技能主要是教给病人适应技能，通过操作认知，摆脱焦虑。(3)问题解决，不恰当的解决问题的技能与挫折、仇视、焦虑和忧郁等负面情绪密切相关，而构建解决问题的模型，就能使病人有效减少这种焦躁情绪。

现代认知疗法在戒毒、行为训练方面取得了一些成效，例如，通过适应技能训练，使已经戒断生理毒瘾的吸毒人员学会如何面对过去的“毒友”；通过问题解决疗法，训练暴力攻击型罪犯学会解决人际冲突的方法。在罪犯心理矫治中采用认知疗法，共同了解情绪和行为背后的认知因素，分析认知因素产生的原因，与过去和解，带着成熟的视角建立新的认知，接纳和面对现实。

五、其他心理学理论的犯罪观①

(一)发展理论

发展理论是指用人的心理与社会方面的发展和成熟程度的差别来解释犯罪行为产生原因的一组理论。这组理论的基本观点认为，个人之所以犯罪，是因为在其心理与社会方面的发展中没有达到成熟程度，犯罪人的发展程度和成熟水平低于非犯罪人。发展理论主要包括下列分支：

1. 道德发展理论。该理论认为，个人犯罪，是由其道德发展水平低造成的。由于道德发展水平低，对社会道德规范的理解有偏差，对个人行为的控制力较差，会进行违反道德准则和法律的违法犯罪行为。

2. 人际成熟水平理论。该理论运用人际关系方面的成熟水平来解释犯罪(特别是少年犯罪)的产生原因，并根据不同人际成熟水平来对犯罪人进行分类和矫治。这种理论的基本观点认为，犯罪行为产生，是由人际关系方面的成熟水平低造

---

① 章恩友、宋胜尊主编：《犯罪心理学》(第3版)，法律出版社2022年版，第33～35页。

成的;根据犯罪人的人际成熟水平对他们进行不同的矫治。

3. 人格成熟理论。该理论的基本观点认为,犯罪是由不成熟的人格引起的。由于人格不成熟者在情绪、社会性等方面都有问题,难以适应社会,他们很容易在社会生活中产生适应不良,与别人发生冲突,从而有可能进行大量的违法犯罪行为,人格不成熟预示着个人有犯罪的危险性。

(二)社会心理学理论

犯罪的社会心理学理论,是指借用社会心理学的理论和方法研究犯罪问题的理论或学说,主要有以下三种理论:

1. 不同预见理论。不同预见理论属于社会心理学的犯罪理论,是对"不同交往理论"的修正。丹尼尔·格拉泽(Daniel Glaser)在其1978年出版的《我们变化着的社会中的犯罪》一书中提出:"一个人犯罪或者抑制犯罪,是由他对犯罪行为进行预期的后果决定的。"根据格拉泽的见解,"预期决定行为",当个人预见从犯罪中获得的利益大于犯罪给自己造成的损失时,才会决定实施犯罪(理性选择)。有关犯罪或者不犯罪的决策,受个人的社会联系和个人与其他人关系的质量的制约(社会控制理论),同时受以前的学习的影响(学习理论)。由此可知,犯罪行为是否实施,主要是由个人对犯罪结果的预先期望决定的。根据格拉泽的论述,犯罪人的预见来源于以下三个方面:(1)亲犯罪的(procriminal)和反犯罪的(anticriminal)"社会联系"(social bond)。格拉泽用它来说明对个人的犯罪行为和合法行为的相应惩罚和奖励,特别是当这种社会联系与遵从其他人的行为标准有关,以便取悦而不是疏远其他人时,这种社会联系对个人的犯罪预期的制约作用更大。(2)对期望从犯罪行为或者合法活动中获得满足的滋味、技能和合理化的不同学习。当个人曾经体验到合法行为能带来更大的满足,自己有这方面的技能,从心理上也更有理由进行合法行为时,他们就不会进行犯罪行为。相反,当个人曾经体验到犯罪行为能够带来更大的满足,自己有从事犯罪行为的技能,也能从心理上消除因从事犯罪行为而产生的焦虑、紧张、罪恶感等心理现象时,他们就会进行犯罪行为。(3)所认识到的机会,对从事犯罪行为或合法行为所冒的危险和成功的可能性的预见。

2. 中和技术理论。中和技术理论是由美国犯罪学家格雷沙姆·赛克斯(Gresham Sykes)和戴维·马茨阿(David Matza)提出来的。他们在合写的论文《中和技术:一种少年犯罪理论》中指出,大多数犯罪人并不完全信奉犯罪的价值观,也不把自己看成犯罪人,他们大多具有传统的价值观和态度,因此,当他们准备进行犯罪行为时,就与这种传统的价值和态度发生矛盾。为了顺利实施犯罪行为,他们学会了一些抵消或中和其行为的犯罪性质、将其行为合理化的技巧,通过运用这种技巧消除心理上的罪恶感。因此,中和技术理论实际上是论述如何将其犯罪行为合理化的一种理论。

3.漂移理论。漂移理论(drift theory)是戴维·马茨阿在中和技术理论基础上发展起来的一种少年犯罪理论。漂移理论的基本观点认为,大多数少年犯罪人是一些漂移者(drifters),他们既有可能进行犯罪行为,也有可能进行守法行为,即在犯罪行为和守法行为之间漂移,他们究竟从事哪种行为,取决于行为当时的情境和他们的心理或情感。少年犯罪人并不赞成少年犯罪行为,甚至在他们深深地陷入这种行为的时候也是如此。马茨阿和赛克斯认为,在任何情况下,少年犯罪人都不是真正的犯罪人,而是社会中"地下价值观"①的遵从者,这种地下价值观不言而喻地鼓励青少年追求刺激和进行不负责任的行为,帮助少年犯罪人将其犯罪行为合理化,因为持这种价值观的少年会发出这样的疑问:每个人都这样做,我为什么不这样做呢?

以上各种理论观点,不仅有助于了解和预防犯罪,而且在罪犯心理矫治中具有重要作用,在矫治过程中可以就某些因素进行补充或矫正,促进罪犯心理行为不断完善,更好地适应生活,预防再次犯罪。

延伸阅读

巴甫洛夫

巴甫洛夫(1849~1936)是俄国伟大的生理学家,他在继承和发展谢切诺夫关于"心理是反射"思想基础上通过实验建立起来的经典条件反射理论,对心理科学研究具有广泛而深刻的影响。在20世纪中期,巴甫洛夫学说曾经被当作辩证唯物主义的学说体系,在国际哲学界、生理学界和心理学界产生了广泛的影响。特别是该学说被移植到心理科学的研究领域之后,就被奉为心理学的自然科学基础,并出现了以巴甫洛夫学说改造心理学的运动。在我国,20世纪80年代以来,巴甫洛夫学说一直被认为是对"心理活动给予了唯物的科学解答""是科学真理,是真理性的认识",经典条件反射理论被认为"是支撑现代心理学发展的理论之一"。

巴甫洛夫学说把动物和人类的心理活动归结为"暂时神经联系"的形成。也就

① "地下价值观"(subterranean value),是指人们之间心照不宣地知道其内容,但是并无明文规定或文字记载的一套非正式的价值规范。

是说，他用一整套关于大脑高级神经活动的学说，即用大脑高级神经活动的兴奋、抑制、扩散、集中和相互吸引来打通一条条神经通路的设想，去解释各种心理现象和心理活动。

近年来，随着心理学的进一步发展，人们逐渐认识到巴甫洛夫学说的致命缺陷甚至谬误，有人明确提出关于“巴甫洛夫学说终结”的一系列观点。批评者的观点可以归纳为：巴甫洛夫学说使心理学的研究背离了辩证唯物主义认识论的轨道；将心理学带入了机械论的泥潭和还原论的窠臼之中；使心理学陷入空洞的形式主义之中，使人们将心理活动的形式和内容割裂开来，导致心理学只研究心理活动的形式而不研究心理活动的内容。

第二节　罪犯心理矫治的哲学基础

100多年的心理学发展史表明，心理学总是在自觉或不自觉地接受哲学的指导。正确的哲学为心理学提供恰当的方法论，指引心理学沿着健康的方向前进，而错误的哲学会将心理学的发展引入歧途。罪犯心理矫治作为心理学的应用领域，自然也离不开哲学的指导，而且毫无疑问，我国的罪犯心理矫治工作必然要接受马克思主义哲学的指导，其存在、发展和效能的发挥都应建立在辩证唯物主义哲学原理的基础之上。

一、存在决定意识

自有人类历史以来，马克思主义哲学第一次正确地解决了意识和存在的关系问题，马克思曾明确指出：“不是人们的意识决定人们的存在，相反，是人们的社会存在决定人们的意识。”“……观念的东西不外是移入人的头脑并在人的头脑中改造过的物质的东西而已。”由此可知，存在决定意识，世界上不存在完全独立于客体的主体意识，任何主体意识都是对客观世界的反映。意识有正确与错误之别，但它们都是对客观事物的某种反映。罪犯作为具有特殊身份的主体，其意识乃至犯罪意识同样是对客体即社会存在的反映，其意识的内容来源于客观存在。罪犯心理矫治的直接对象是罪犯业已形成的反社会心理及其他心理问题。所有这些都是罪犯个体意识的重要方面，就其实质而言，除了一部分生理原因和脑病变原因影响之外，是对客观世界的反映，只不过这种反映是在罪犯的个体生活实践中，对客观世界的不正确乃至歪曲的反映，是罪犯对个人与自然、个人与社会、人与人之间的关系加以错误认识的结果。

罪犯的反社会心理及其他心理问题一旦形成,就具有一定的稳定性或顽固性,但这种稳定性是相对的,在一定条件下是可变的,而且其可变性是绝对的。既然"存在决定意识",那么存在的改变早晚会引起意识发生相应的改变。正如马克思所说:"人们的观念、观点和概念,一句话,人们的意识,随着人们的生活条件、人们的社会关系、人们的社会存在的改变而改变……"罪犯心理矫治之所以可能,正是因为矫治工作者(包括监狱民警和积极参与改造罪犯的社会人士)通过改变或创设一定的情境和条件,改变罪犯周围的人际关系,即改变其所处的周围环境,使其反社会心理、心理障碍、行为障碍等逐渐得以改变。

坚持"存在决定意识"这一辩证唯物论的基本观点,是我们正确认识罪犯心理及其形成原因、克服一切唯心主义思想影响的前提和保证,也是矫治罪犯心理的思路和方法。

二、意识对存在能动的反作用

马克思主义哲学在强调存在决定意识的同时,并不忽视意识对存在能动的反作用,这是辩证唯物主义区别于一切旧唯物主义的基本点。人对客观现实的反映不是消极、被动的反映,而是积极、能动的反映。意识的能动性表现在两个方面:(1)人不仅能通过感官感知事物的表面现象,而且能够通过思维认识事物的本质和规律,形成一定的认识,表现出自己的态度,并且会有计划、有目的、有预见性地改造客观事物;(2)人具有自我意识,能够认识、评价、控制、调节自己的心理活动,即在改造客观事物的过程中,不断在实践中检验、修正自己的认识,控制、调节、完善自己的心理活动。

对罪犯的心理矫治,就是人的意识能动性的表现,其中,既包含着矫治工作者意识的能动作用,也包含着矫治对象——罪犯意识的能动作用。

首先,就矫治工作者而言,作为罪犯心理矫治活动的主体,其在矫治活动中起着主导作用,把握着整个矫治活动的方向,其主观能动性发挥的程度直接影响罪犯心理矫治的进程。矫治工作者把自己已经掌握的专业的心理咨询、心理治疗的理论知识、基本技能,以及改造罪犯的经验等意识内容,通过恰当的语言、表情、姿态、行为等转化为客观刺激物,有计划、有目的地影响罪犯的认知、情绪和行为,调动罪犯自我改造的积极性,解决罪犯的反社会心理及其他心理问题。在此过程中,矫治工作者的知识、技能和经验也得到检验、修正或提高。

其次,就被矫治的罪犯而言,他们既是矫治活动的对象,又是自我矫治的主体。

罪犯是人,在矫治活动中必然具有自由、自觉的意识和意志,具备作为主体的条件和特征,其主体地位主要表现在自身意识能动作用的发挥上。罪犯并不是消极被动地接受矫治者施加的各种影响,而是根据自己的知识、经验和个性特点对外在刺激加以能动选择,并在已经形成的“我要将自己改造成为新人”这一理念的支配下进行自我认识、自我锻炼、自我调控等,不断培养起自我主宰意识,这是矫治工作取得成效的关键环节。因此,在罪犯心理矫治活动中,承认和尊重罪犯的主体地位,充分发挥他们自我矫治的能动作用,真正把罪犯作为具有主观能动性和自我意识的人来对待,是辩证唯物主义理论的必然要求。在制订矫治计划和实施矫治行为时,要注意对罪犯主体性的研究,力争把矫治目的与罪犯的主观能动性有机结合起来,使罪犯产生更多的自我矫治意识,真正使罪犯心理矫治过程成为既有矫治工作者的积极影响、主动干预,又有罪犯积极配合的双边活动过程。在这一过程中,矫治工作者和被矫治者双方意识的能动作用都得到充分的发挥。

综上所述,马克思主义哲学关于存在和意识辩证关系的基本原理是我国罪犯心理矫治工作的哲学基础。罪犯的反社会心理及其他心理问题既然是后天形成的,就可以由心理矫治工作者通过一定的专业方法,创设种种有利条件,有计划、有目的地加以矫治,并充分调动罪犯不断自我完善的主动性,这是人的意识的能动性在矫治罪犯心理方面的体现。不承认“存在决定意识”,就忽视了罪犯心理形成的客观原因,否定了罪犯心理矫治的可能性;不承认人的意识的主观能动性,就否定了人在矫治罪犯心理上的主观能动性和创造性。

第三节　罪犯心理矫治的社会学基础

社会学是一门对人类社会进行总体性综合研究的社会科学,它注重研究人的社会化,社会生活、社会结构以及人际之间的相互关系等。犯罪是一种非常重要、颇受关注的社会现象;犯罪人犯罪心理和其他不良心理的形成、犯罪行为的发生受到社会因素的重要影响;监狱是一个特殊的社会环境,罪犯改造工作是一项社会系统工程,而对罪犯的心理矫治是这一系统工程中的子工程。因此,罪犯心理矫治必然要以社会学的有关理论为基础。

一、犯罪人的心理问题是接受消极社会信息影响的结果

在社会学中,社会化是一个极为重要的概念,是指个体通过与社会的交互作

用,适应并吸收社会的文化,成为一个合格的社会成员的过程。在这一过程中,个体不仅获得了能够适应社会的知识经验、行为方式,以及一定的社会生活角色和社会地位,而且形成了自己独特的、稳定的、具有一定倾向的个性。正是在这种意义上,日本社会学家松本润一郎在对比了社会化与个性化之后指出,"社会化寓于个性化之中"。通俗一点来讲,个体的社会化过程也是个性化过程。人与人之间在社会化的过程中是存在个体差异的,事实上,并非每一个人都能实现十分完全的和充分的社会化。当然,绝大多数社会成员的社会化程度是基本符合社会要求的,形成了健全的或基本健全的个性。尽管他们存在这样或那样的缺陷和不足,反映在个性上也会出现这样或那样的缺点,但并不妨碍他们成为合格的社会成员,他们能较好地适应社会生活,与他人保持协调和良好的关系,其行为方式与社会规范相一致。但是,也有少数人,他们在社会化过程中存在严重的缺陷,即出现了不完全的社会化或错误的社会化,形成了不健全、不成熟的个性,甚至形成了反社会的个性,造成适应社会不良,内心经常出现矛盾、冲突、焦虑、紧张和挫折感,行为方式与社会规范相抵触,不能自觉地与他人保持协调的关系,未能掌握一定的社会生活技能,甚至获得了反社会的知识与技能。不健全个性尤其是反社会个性的形成,是产生违法犯罪行为的心理基础,犯罪者大多是在这一基础上,经过道德上的"下滑"尝试,最后走上违法犯罪的道路。

个体的社会化过程会出现差异,有健全个性与不健全个性乃至反社会个性的不同,究其根源,一方面是因为不同个体处于不同的社会信息的影响之下,另一方面是因为不同的个体对社会信息进行了不同的选择。我们所生活的外界现实十分纷繁复杂,人们所接触的外界信息多种多样,既有积极的,也有消极的。因此,选择什么样的信息进行内化,对人的心理意识的形成和个性的发展具有重要的意义。例如,品德优良的青少年对学习科学文化知识、健康的文体活动感兴趣,对与此有关的信息加以选择和吸收,其个性必然会沿着健康的轨道发展。品德不良的青少年一方面更多地生活于不良的环境之中,受到更多的不良社会信息的影响;另一方面,就其主观而言,他们对诸如赌博、偷窃、打斗、淫秽物品等感兴趣,故而主动选择、吸收此类信息。结果,其个性必然会偏离正确的方向,出现不健康甚至反社会的倾向,如果进一步下滑,就会演变成为犯罪心理。

由此可知,犯罪人的反社会心理及其他心理问题的形成,从社会学的角度看,是在社会化过程中接触不良环境和接受消极社会信息影响的结果。

二、新的社会信息对罪犯心理的积极作用

既然犯罪人的心理问题是接受消极社会信息影响的结果,那么,输入新的社会

信息势必会引起其心理问题的改变。事实上，罪犯被判刑入狱后，导致其形成反社会心理及其他心理问题的不良社会信息源已基本被切断（罪犯之间还存在交叉感染），此时，如果及时注入新的"营养"，输入新的、健康的社会信息，那么就会给罪犯的心理带来积极影响。

罪犯心理矫治工作中常用的文化道德教育、心理健康教育、咨询和治疗技术，很多时候就是通过输入新的社会信息，在被矫治的罪犯领悟之后，改变其认知结构、情绪状态、态度和行为方式，从而达到矫治的目的。例如，我国著名精神病学专家钟友彬先生经过长期探索和大量的临床实践创立了"中国式心理分析：认识领悟心理疗法"，其中就包含治疗者通过输入新的信息影响患者心理障碍的过程。钟友彬虽然遵循了传统心理分析的某些理论和原则，如他也认为患者病症的"根源"在于儿童时期受过的精神创伤，但他放弃了经典心理分析的治疗方法（如自由联想、梦的解析、移情作用等），自行创造了一套适合中国国情的治疗方法与解释。他认为，要消除患者的心理障碍，治疗者首先必须给病人灌输新的信息，即对患者的症状进行新的分析和解释，如将症状解释为幼稚的、不符合成年人思维逻辑规律的感情或行动，是以幼年的方式来解决成年人的问题等，当然具体的解释还要结合患者的实际情况。但是，患者心理障碍的真正消除，还在于患者对治疗者解释的信任和领悟，只有患者真正接收了新的信息，自感以前的想法及行为可笑，才会主动抛弃原有的态度和行为，使障碍得以消除。

在罪犯中，有很多心理问题是由于对某一问题的错误认识或认识不清，如果矫治工作者能够利用新的信息使罪犯客观全面分析，改变其错误认知，就会收到良好的效果。例如，提升罪犯的文化水平、法律知识素养等，可以帮助罪犯用新的正确的视角看待问题，也会起到心理矫治的作用。

三、人际关系对罪犯心理的影响

社会交往和人际关系是社会学的基本范畴。所谓社会交往，是指个人与个人、个人与团体或团体与团体之间的交互作用、交互影响的方式和过程。社会交往是构成社会关系的基础，而人际关系是社会关系的个性方面或心理方面。所谓人际关系，是指人们在社会活动过程中所形成的建立在个人情感基础上的相互联系。良好的人际关系是维持个体心理平衡和个性正常发展的重要条件。一个人只有在各种社会群体中具有良好的人际关系，得到温暖、关怀、友谊、信任和理解，心理需要获得满足，才能保持心理平衡，个性得以健康发展。否则，就会产生挫折感、孤独感、自卑感等，进而影响心理健康。不良的家庭关系、同伴关系和社会关系在一定程度上导致个体走向犯罪道路。

在罪犯心理矫治过程中，建立良好的人际关系是矫治取得成功的重要环节。矫治工作者不仅要指导罪犯在与他犯交往中保持协调的人际关系，更重要的是，矫治工作者与被矫治的罪犯之间也要建立一种充满情感和相互信任的关系，这正是罪犯心理矫治区别于其他常规改造方法的显著特点。同时，需要重新建构良好的家庭关系，正确处理个体与社会的相互关系。正是这一特点，使心理矫治比其他改造方法更能触及罪犯的深层心理，促进罪犯心理的健康发展。

尽管学界对心理治疗和心理咨询的解释众说纷纭，但其中一个共同的要素就是治疗者（或咨询者）与患者（或来访者）之间的关系以及对这种关系的体验。通过这种关系，患者可以让治疗者理解他的感觉、态度和经历，而治疗者以温暖、理解、接纳和支持的态度对待患者，不去为难、苛求和裁判他，尊重患者的人格和价值。对罪犯心理矫治中矫治工作者和被矫治罪犯之间的关系，我们需要作以下理解：（1）这种关系要建立在“共情”的基础上。共情是指矫治者为了达到理解罪犯的目的，而进入一种带有浓厚感情色彩的境界，去体验他们当时的感受。共情能够解除罪犯对矫治过程的精神顾虑与负担，使矫治得以顺利开展。但是，矫治工作者为了能够更客观地观察罪犯及其问题，需要保持清醒和某种超脱感，不要陷入罪犯的精神世界而完全受其情绪的左右。（2）这种关系还要建立在“信任”的基础上。不言而喻，如果一个罪犯不是因为信任而把他的问题和观念倾吐出来，那么矫治工作者将无从下手改变其精神世界。例如，对罪犯的心理咨询本身就包括罪犯自我宣泄，来访罪犯的自我宣泄是在有人替他分担痛苦、恐惧、抑郁等感觉的情况下进行的，其间往往有一种信任感在起作用。（3）这种关系带有“专业性”。矫治工作者与被矫治罪犯的关系不同于一般的人际关系，它带有专业性。罪犯因为十分痛苦或感到无能为力，才来寻求专业人员的帮助；矫治工作者作为一个被社会认可和正式受命的专业人员，应有坚定的责任感去提供他本身的职业技能，以帮助罪犯摆脱心理问题的困扰。

由此可知，从个性社会化、信息传递和人际交往的角度看，罪犯心理矫治有着充分的社会学基础。在对罪犯心理进行矫治时，应考虑罪犯原有的社会化过程、信息系统和人际关系，从而补充新的正确信息，构建良好的人际关系，重塑社会化。

第四节　罪犯心理矫治的精神医学基础

精神医学是临床医学的一个分支，是以研究各种精神疾病的病因、发病机理、临床表现、疾病的发展规律,以及治疗和预防为目的的一门科学。心理矫治之所以能够减轻乃至消除罪犯的各种心理问题和精神疾患,达到重塑罪犯人格的目的,从精神医学的角度看,是因为心理因素能够引起和治疗各种心身疾病。

一、心理因素能够导致罪犯产生各种心身疾病

临床实践证明,罪犯在服刑过程中所患的许多躯体疾病和精神疾病,就其病因来看,都与一定的心理因素有关。这些心理因素包括以下三个方面:

(一)认知因素

不良的认知因素能够导致疾病,在医学理论界早已达成共识。美国著名心理学家戈布尔(F. G. Goble)在谈到神经症、精神病的致病原因时说:“自我实现的人的一个很重要的特点就是他能从现实的态度认识世界。相反,精神错乱的人不但感情上有毛病,他的认识也是错误的。”人本主义心理学的创始人马斯洛也认为:“神经症、精神病、成长障碍等,也都是认识上的病症,它们毒化了人的认识、学识、记忆力和思维。”罪犯的很多心身疾病是由于对事物、对他人、对自己、对人际关系、对社会现实的错误认识或消极认知,如恐惧症、抑郁症、反社会人格障碍和各种适应不良的病态行为(如偷窃癖、赌癖、施虐狂、杀人狂)等导致的。不良的认知因素容易导致犯罪,同时服刑期间不良的或错误的认知又会影响其改造,了解和改变罪犯的不良认知对其改造具有积极的作用。

(二)情绪因素

我国古典医学早已总结出人的情绪状态对身体器官功能的影响。如中医认为,喜伤心、怒伤肝、忧伤肺、思伤脾、恐伤肾等。西方也有很多学者进行过这方面的研究,并得出了类似的结论。罪犯的很多心身疾病的产生、发展,与其情绪状态有着密切的关系。良好的情绪状态,如愉快、喜悦、乐观、开朗等,可以改善身体各器官的功能,促进新陈代谢,提高肌体的耐受性和抗病能力;不良的情绪状态,如焦虑、忧郁、恐惧、愤怒、沮丧等,会抑制消化功能,使代谢功能紊乱,久而久之则会产生各种身心疾病。

(三)意志因素

意志是人自觉地确定目的,并支配行动去克服困难以实现预定目的的心理过程。意志是人类特有的心理现象,也是人的意识能动性的表现。在服刑罪犯中,不良的意志因素导致的心身疾病主要表现在以下两个方面。

1. 意志品质不良，使一些罪犯产生正确意志衰退、病态意志亢进、意志倒错[①]等心理障碍。

2. 一些缺乏意志力或没有坚强意志的罪犯，经受不住强烈的社会心理刺激和各种社会压力，久而久之便形成器质性病变，导致焦虑症、强迫症、恐惧症、抑郁症、神经衰弱等精神疾病和其他躯体疾病。

二、运用心理因素能够治疗罪犯的心身疾病

不良的心理因素能够导致罪犯产生心身疾病，利用一定的心理因素也能够治疗罪犯的心身疾病。下面，我们同样从认知、情绪和意志三个方面来分析心理因素对罪犯心身疾病的治疗作用。

（一）认知因素

我们在罪犯心理治疗中所运用的认知行为疗法、认知领悟疗法等，就是利用认知因素治疗心身疾病的有效方法。如前文所述，罪犯的许多适应不良的病态行为，如偷窃癖、赌癖、施虐狂等，是由于认识的错误从社会生活环境中习得的。对这些疾病，可以让罪犯长期坚持某种正确的学习方法，纠正过去的错误认识，用习得的正确行为取代病态行为，从而达到减轻、消除这些心身疾病的目的。常用来治疗焦虑症和恐惧症的暴露疗法，就是利用认知因素治疗疾病的方法，该疗法是把致病因子重新暴露在病人面前，使病人正确认识致病因子，以达到耐受、消除致病因子所引起的病态表现的目的。如我国古代名医张子和就曾有这样的医案：某妇人因半夜受惊吓而得了声音恐惧症，多方求医，服药治疗，毫无效果。后经张子和诊治，他让两个佣人扶着患者坐在预先安排好的高椅子上，令患者聚精会神地看她面前的茶几。张子和乘其不备，突然用榔头猛击茶几发出巨响，患者吓得向下坠落。张却说道："我敲这茶几，有啥可怕？"边说边敲，直至患者不再惊恐、面部露出笑容为止。仅这一次治疗，患者不药而愈。张子和就是把病人置于致病环境中，对致病因子进行再认识，用对致病因子的正确认识取代错误认识，从而达到治愈的目的。

美国心理学家马斯洛认为，只要是比较成功的精神疗法，都能使患者进一步认识自己，增加、鼓励他们的本能需要，并且暴露、减少甚至完全消除他们的病态需要。如果治疗成功，患者的认知、情感、动机、对人对己的态度、性格等都会发生深刻的改变，甚至连他们的智商也会得到提高。内观疗法能够提高罪犯的对内认知，

---

① 意志倒错，是指意志的自觉性、果断性、自制性、坚韧性等优良品质缺乏，而盲目性、独断性、冲动性、顽固性等不良品质亢进。

森田疗法能够促进罪犯对外界环境的积极认知。

由此可知,对罪犯进行心理矫治的本质就在于帮助他们自己解剖自己,发现自己对良好行为的需要,真正认识自己、认识社会、认识人际关系,能用正确的认识和行为代替错误、病态的认识和行为,进而成为身心健康的人。

(二)情绪因素

精神医学研究表明,积极、乐观、稳定的情绪状态能增强肌体的耐受性和抗病能力,起到治病、防病的作用。我国古典医学中关于"悲胜怒、恐胜喜、喜胜忧、怒胜思、思胜恐"的原则,就是利用情绪因素治疗疾病的典型。名医张子和的医案中也有这样的典型例子:某妇人二年不寐,长期用药医治无效。经张子和诊断,认为该妇人的病是由于思虑过度。张子和征得其丈夫同意,决定以"怒胜思"的方法治之。他在病人家里大吃大喝数日,索取高昂的诊断费,不开药方而去。该妇人对张子和的举动大为恼怒,但当天夜里休息得很好。此后,这个妇人不仅一直睡眠很好,而且食欲大增,病竟然痊愈了。此外,国外在心理治疗中常用的音乐疗法、色彩疗法等也是通过改变人们的情绪状态,影响人的生理功能,治疗心身疾病的有效方法。优美的音乐和艳丽的色彩能陶冶人的情操,消除烦躁不安情绪,引起松弛、愉快和舒适的感受,起到改变心血管功能、促进代谢、增强大脑皮层和皮层下活动的协调、改善植物性神经和内分泌系统功能的作用,从而更好地协调各种器官的正常活动,达到治病、防病的目的。

在罪犯心理矫治中,利用情绪因素调整罪犯的心理状态,矫治各种心理障碍,是经常采用的方法。如让罪犯参加一定的文娱或艺术活动,使他们受到音乐、美术等艺术作品的感染,通过改变他们的情绪状态,缓解和消除其内心冲突,协调罪犯与周围环境之间的各种关系,减轻精神压力,从而达到矫治心理障碍的目的。同时,监狱环境的布局和色彩也会对罪犯的情绪产生潜移默化的作用,从而影响罪犯的改造。良好的心理环境也可以提高罪犯的积极情绪感受,从而让其积极参加改造。

(三)意志因素

在罪犯心理矫治中,充分利用意志因素矫治罪犯的反社会心理及其他心理问题也是不容忽视的重要方面。尽管运用意志来治病、防病的机理目前尚不清楚,但越来越多的临床实践已经证明,意志坚强的病人比意志薄弱的病人有更多的治愈疾病、恢复健康的机会。英国皇家学院的癌症研究人员曾对 57 位接受过切除手术的癌症患者进行了长期的研究。他们在研究报告中说,具有坚强意志、富有战斗精神的 10 个妇女,有 7 人在 10 年后仍然活着,3 人死亡,死亡率为 30%;听到诊断结果后感到绝望的5个妇女,有4人已经死亡,死亡率为80%;对诊断结果采取"听天由命"态度的42人中,有24人死亡,死亡率占57%。① 当今世界上出现的"精神神经免疫学",就是专门研究心理态度、意志对人体抵抗疾病与免疫系统之间关系的新兴学科。有关专家已经掌握了确切的数据,证明意志这种心理因素对人体免疫系统具有强烈的影响。这门学科的发展,将会逐步揭示意志因素治疗、防治疾病的机理,阐明意志因素在治疗身心疾病中的巨大作用。

罪犯在服刑期间意志力的性质以及程度直接影响其心境状态,良好的意志力会促进罪犯的良好情绪以及改造,不良的意志力或者意志力缺乏严重影响其情绪,甚至会导致抑郁、焦虑、人格障碍甚至精神分裂症的产生,因而需要了解罪犯的意志力及其成因,并培养其积极改造、改过自新的意志力。

"心病终须心药医",其实,无论是心因性疾病,还是躯体疾病,心理因素的治疗作用均不容忽视,这一点已经被精神医学的研究成果证实。在罪犯心理矫治工作中,必须充分调动人的心理结构中的认知、情感、意志等因素,有效地治疗罪犯已经形成的各种心理障碍和躯体疾病。对躯体疾病要在药物、手术治疗的基础上,辅以心理治疗,增强其疗效;对心因性疾病的治疗,应以心理治疗为主,辅以药物治疗,以增强心理治疗的效果。

第五节 罪犯心理矫治的监狱学基础

监狱学是研究监狱、监狱法制、监狱行刑以及对罪犯实施惩罚与改造这一社会现象及其规律的科学。罪犯心理矫治以服刑罪犯为工作对象,以改造罪犯为最终目的,从这个意义上讲,罪犯心理矫治是监狱学的组成部分。因此,监狱学的发展和不断完善为罪犯心理矫治理论与方法体系的构建奠定了学科基础。

一、罪犯心理矫治适应了监狱工作改革发展的趋势

我国七十多年的监狱工作取得了举世瞩目的成就,形成了一套具有中国特色的监狱制度和工作体系。进入新时代,国际国内形势发生巨大变化,监管安全和罪犯改造均面临较大压力,监狱工作改革不断深化。以教育改造为中心,不断提高罪犯改造质量,已成为监狱工作的主题。提高改造质量是一个系统工程,需要各种改

① 李运亭:《论心理对生理的能动作用》,载《河北学刊》1992年第4期。

造方法和技术的综合运用,既要发挥好传统的监管改造、劳动改造和教育改造三大手段的作用,又要运用国际社会普遍采用的罪犯改造方法。罪犯心理矫治就是在这样的背景下发展起来的,成为中国监狱工作新时期走上科学化道路的重要标志之一。罪犯心理矫治在我国监狱运用二十多年来的实践证明,无论在维护监管安全方面还是在促进罪犯改造方面,罪犯心理矫治都发挥了不可替代的作用。

二、罪犯心理矫治适应了罪犯构成的变化

改革开放以来,我国监狱罪犯构成发生了很大变化,以普通刑事犯为主,青少年罪犯越来越多,罪犯的心理问题、心理健康状况日趋严重,这种现实要求监狱的罪犯改造工作必须发挥心理矫治技术的作用,确保他们不会因为其他因素(如实际服刑年限的延长等)产生负面心态,以致在回归社会后出现报复性再犯罪。这也是我国监狱目前面临的新的责任和担当。

罪犯群体是心理问题和心理疾病高发、易发的特殊群体,在他们中间,心理不健康问题不仅普遍存在,而且比较严重。一方面,几乎每一名罪犯走上犯罪道路,要么是因为其反社会人格或不良情绪恶化,要么与其心理素质较低、心理状况较差有关。也就是说,每一名罪犯都可以在心理方面找到他的犯罪原因。另一方面,监狱的特殊环境和漫长的监禁生活又容易使罪犯产生新的心理疾病或人格障碍。监狱是一个与外界相对封闭隔离的特殊场所,监狱的强制规定与措施以及“触犯刑律、接受惩罚”的客观现实使罪犯往往出现悲观消沉、对立抵触、孤独无助等不良心理,漫长煎熬的刑期会进一步加重这些问题,甚至形成孤僻、逆反、极端等监狱化人格。这些心理问题往往成为罪犯改造的障碍,有时甚至成为狱内安全事故的诱因,极大地影响了罪犯改造质量的提高。要解决这些问题,单凭以往的劳动改造和思想教育显然是不够的,必须运用心理矫治技术,从深层次去了解和改造罪犯。

三、罪犯心理矫治是《监狱法》的内在要求

《监狱法》虽然没有明确提出罪犯心理矫治的概念,但其基本精神蕴含着对罪犯心理矫治的内在要求。

第一,《监狱法》关于监狱执行刑罚目的的规定,蕴含着开展罪犯心理矫治工作的要求。《监狱法》第 1 条规定:“为了正确执行刑罚,惩罚和改造罪犯,预防和减少犯罪,根据宪法,制定本法。”第 3 条规定:“监狱对罪犯实行惩罚和改造相结合、教育和劳动相结合的原则,将罪犯改造成为守法公民。”由此可知,我国监狱执行刑罚所要达到的目的是将罪犯改造成为守法公民以及预防和减少犯罪。对“守法公

民”,我们应作整合的理解。为达到守法的要求,罪犯经过服刑改造,不仅应认罪服法,真诚悔过,能够遵纪守法、自食其力,而且应该具有健康的心理、健全的人格,有应对和处理各种生活事件的能力。为此,监狱在运用监管、教育、劳动等手段改造罪犯的同时,必须对罪犯进行心理矫治,消除他们原有的不良认知和其他心理问题,因为心理问题或不健全人格往往是诱发犯罪行为或进一步演变为犯罪心理的基础。

第二,《监狱法》关于保障罪犯人权的规定,要求我们必须对罪犯进行心理矫治。我国以往的监管法规规定了罪犯在执行刑罚中的权利,而《监狱法》对此规定得更加全面。《监狱法》共78条,其中涉及保障罪犯权利的就有20多条,最明显和突出的是第7条第1款的规定:“罪犯的人格不受侮辱,其人身安全、合法财产和辩护、申诉、控告、检举以及其他未被依法剥夺或者限制的权利不受侵犯。”该法还规定了罪犯的其他权利,如罪犯的生活、学习、劳动、休息、娱乐以及通信、会见权利,等等。《监狱法》对罪犯的人权保障,充分显示了我国监狱工作的历史性进步,标志着我国监狱制度进入一个民主、文明的新阶段。对罪犯的心理矫治,运用现代心理学和精神医学的理论与技术,治疗罪犯的心理障碍、人格失调及其他精神疾患,消除其反社会心理,重塑健全人格,提高社会适应能力,正是我国监狱运用现代科学的先进成果治疗罪犯的各种身心疾病、保障其身心健康、尊重其人权的生动体现。罪犯有着比常人更多的精神需求和心灵困扰,他们更需要接纳、支持、解惑和援助。心理咨询与治疗是帮助罪犯摆脱心灵的苦境、走向希望彼岸的金桥。因此,注重对罪犯的心理矫治,就是对其生命的极大爱护和对其人格尊严的极大维护,罪犯心理矫治应当成为我国监狱对罪犯实行人道主义、保障罪犯人权的重要内容。

第三,《监狱法》对教育改造地位的强调,要求必须开展对罪犯的心理矫治。《监狱法》不仅在总则中提出了“教育和劳动相结合的原则”,而且单列两章(第五章、第六章,共17条)专门规定“对罪犯的教育改造”和“对未成年犯的教育改造”。《监狱法》对教育改造地位的强调,一方面,反映了立法者刑罚观念的进步,体现了现代监狱行刑的世界性趋势;另一方面,它要求我们在新形势下,必须加强对教育改造的理论研究,吸收其他学科的先进成果,不断增强教育改造的科学性和有效性。罪犯心理矫治在我国监狱的展开,恰恰适应了这种要求和趋势,它作为教育改造手段的深化和补充,以其独特的视角和方式,促进对罪犯的改造。罪犯心理矫治是一种科学的、先进的改造方法,使教育改造的目的性、针对性、深刻性和系统性大大增强,它已经并将继续在我国监狱的罪犯改造工作中发挥独特的作用。

第四,《监狱法》十分重视根据罪犯的生理、心理特点开展监管改造工作,也表明对心理矫治工作的要求。例如,《监狱法》第39条第1款规定:“监狱对成年男犯、女犯和未成年犯实行分开关押和管理,对未成年犯和女犯的改造,应当照顾其生理、心理特点。”第75条第1款规定:“……未成年犯的劳动,应当符合未成年人的特点,以学习文化和生产技能为主。”第61条还提出:“教育改造罪犯,实行因人施教、分类教育,以理服人的原则……”上述规定要求在监管改造工作中必须考虑罪犯的年龄特征、性别差异和犯罪类型特点,采取有针对性的改造措施,这实际上就包含着对罪犯开展心理矫治工作的要求。

研究与思考

1. 罪犯心理矫治的现代心理学基础是什么?
2. 试析罪犯心理矫治的哲学基础。
3. 为什么罪犯心理矫治要以社会学的有关理论为基础?
4. 精神医学对罪犯心理矫治的发展有什么作用?

第四章 罪犯心理矫治的体系与实施

重点提示

罪犯心理矫治运作体系的建立,要依据现代心理学的有关原理,并且反映我国罪犯改造工作的实际情况和现实需要,坚持科学性、逻辑性、实操性和有效性的原则。运作体系包括内容体系和工作体系两部分。中国监狱的罪犯心理矫治工作尚未形成一套成熟的模式,实践中的模式主要包括发展模式、医疗模式和改造模式。为提高罪犯心理矫治效果,在具体实施过程中应坚持专业性和规范性,由专业工作人员开展,遵循严格的工作程序,进行科学的管理,并注意及时总结和提高。

第一节 罪犯心理矫治的运作体系

罪犯心理矫治运作体系的建立,一方面要依据现代心理学的有关原理,另一方面要反映我国罪犯改造工作的实际情况和现实需要,本着既有科学性、逻辑性,又要具有实操性和有效性的原则进行。罪犯心理矫治的运作体系包括内容体系和工作体系两部分,下面分别进行阐述。

一、罪犯心理矫治的内容体系

(一)罪犯心理健康教育

罪犯心理健康教育是罪犯心理矫治的基础工作之一,属于心理发展、心理预防性的教育,是针对全体罪犯开展的教育活动。罪犯心理健康教育的目的,旨在提高和培养罪犯的心理素质,预防心理问题产生。通过向罪犯宣传心理学、心理卫生和心理健康方面的知识,让罪犯学会认识自己、剖析自己、接纳自己,从而自觉调整心理状态,积极面对服刑生活,提高罪犯自我教育和接受改造的自觉性。

罪犯心理健康教育内容主要包括心理学、心理健康基础知识教育,认知模式、积极情感、意志力和生活方式优化教育,人格健全教育,自我意识教育,人际和谐教育,心理调适等。对于不同服刑阶段和不同类型的罪犯,心理健康教育的内容应有所侧重。具体而言,就是帮助罪犯正确认识自己与外界事物,恰当地调控自己的情绪,有效地面对各种压力,学会与他人相处,维护心理健康和人格完善,积极参与改造。

罪犯心理健康教育多采取集体教育的方式,其具体方法应当从改造工作和罪犯的实际情况出发,灵活多样。常用的方法有正规的课堂教育、利用传播媒介(如广播、电视、黑板报、小报等)开展宣传教育、开展专题讲座、环境教育、罪犯的自我教育等。在实际工作中,也可以采用个别谈话法,通过监狱民警与罪犯交谈,帮助罪犯澄清问题、解除障碍,使他们以良好的心态进行改造。在罪犯心理健康教育工作中,要做到针对性和有效性,即心理健康教育的内容和方式要适合教育对象,确实可以提高罪犯的心理健康水平,预防心理问题的发生,而不是形式主义或者人云亦云,要考虑到年龄、性别、犯罪类型等差异,工作人员要确实了解罪犯的心理特点和心理需求。

(二)罪犯心理评估

对罪犯进行心理评估,是心理矫治工作的基础,指的是对罪犯的人格特点、心理健康状况和心理危险性等所作的鉴定活动。它是评估者根据综合的评估资料,对罪犯个体或群体的心理特性作出有意义的解释和科学的价值判断。罪犯心理评估有助于获得罪犯较为真实、准确、深层次的信息,为进一步开展罪犯矫治和重新犯罪预测提供依据。

罪犯心理评估是面向全体罪犯进行的,可分为入监评估和矫治效果评估两个方面。入监评估就是对新入监罪犯的个性特征、社会心理方面的缺陷及其他心理问题进行诊断的过程。评估有助于建立罪犯心理档案,制订矫治计划,为进一步实施矫治打下基础。矫治效果评估又分为阶段性评估和后期评估,前者是对服刑一定阶段罪犯的矫治成效进行不定期的评价,为改进矫治计划提供依据;后者是对服刑后期即将出狱的罪犯进行综合性的心理评价,为重新犯罪的心理预测、预防及社会帮教提供依据。

其中,罪犯危险性评估在监狱管理工作中具有重要作用,指的是对罪犯的行凶、脱逃、自杀等心理和行为以及其他危险倾向进行系统科学的评估,可分为狱内危险行为评估和再犯危险评估。狱内危险行为与再犯危险对于一个特定的罪犯而言可能是同时存在的,是由诸多因子决定的,反映了罪犯在社会化过程中走向犯罪的综合体验。①

（三）罪犯心理咨询

罪犯心理咨询，是指监狱在行刑背景下运用心理学的原理和方法，帮助来访罪犯发现自己的心理问题及其根源，从而挖掘其自身潜在的能力，改变原有的认知结构和行为模式，以提高对改造生活的适应性和应对各种事件的能力，起到促进矫正的作用。

罪犯心理咨询的内容十分广泛，涉及罪犯在改造过程中的各种问题引起的心理困惑，如学习问题、交往问题、劳动问题、家庭问题、职业问题、适应问题、心理健康问题、回归社会问题等。罪犯心理咨询在形式上与社会一般意义的心理咨询相比，既有相同之处，也有自身的特殊性，必须考虑监狱特殊的环境条件和改造罪犯的特殊需要。心理咨询师除具备一定的资质外，还应该具备良好的素质和丰富的工作经验，在咨询过程中保持接纳、共情和价值中立的态度，在技术选择上需要考虑罪犯的适应性。目前，常采取的咨询形式主要有门诊咨询、团体咨询、电话咨询、书信咨询、现场咨询和宣传咨询等。

罪犯心理咨询有助于及时发现罪犯群体中的消极因素和个别罪犯存在的心理危机，起到预防突发事件的作用。

（四）罪犯心理治疗

罪犯心理治疗，是指应用临床心理学和精神医学的理论和技术，由专业人员在与被治疗罪犯之间建立一种职业关系的基础上，通过语言、表情、文字、动作等媒介，采用专业的心理治疗技术，消除或缓解罪犯的各种心理障碍和异常行为，促使罪犯恢复心理健康，重塑健全人格的过程。

罪犯心理治疗主要适用于那些适应不良的、患有各种心身疾病和形成不良癖好的罪犯，目的是帮助他们解除心理疾病、消除不良行为、增强自我控制和社会适应能力，重塑健全人格。

与心理咨询相比，心理治疗是一项专业性、技术性更强的工作，虽然它只适用于少数患有心理疾病的罪犯，但它在整个罪犯心理矫治内容体系中的重要性和复杂性是不容忽视的。从目前我国监狱的实际情况看，开展专业性的心理治疗还存在诸多困难和局限性，大多需要社会专业机构的介入。有的监狱与当地精神专科医院建立合作联系，开展罪犯心理治疗工作；有些省份建立了监狱医院，对出现身体疾病和精神疾病的罪犯进行治疗。这些监狱医院集监管医疗、疾病防控、医疗鉴

---

① 张庆斌：《论罪犯评估》，载《中国监狱学刊》2016 年第 2 期。

定、突发公共卫生事件处置、监狱医疗培训等功能于一体,其中就包括罪犯心理治疗。

(五)罪犯心理危机干预

罪犯心理危机干预,是指在发现征兆与诊断预测的基础上,采取心理诱导、危机调停和劝解等措施,以缓解心理冲突,平息焦虑,防止其演变为严重的精神疾病和突发事故。监狱中很多恶性案件是由罪犯心理危机爆发而未能及时发现、未能采取干预措施引起的,因此,进行罪犯心理危机干预,对防止狱内安全事故的发生具有重要意义。

二、罪犯心理矫治的工作体系

罪犯心理矫治需要建立完备的工作体系,以有利于进行有效的决策、参谋、执行、监督、管理、反馈等,保证工作的有序运转。根据我国监狱系统的实际情况,从现实与未来发展的角度综合考虑,罪犯心理矫治的工作体系应由以下几部分组成。

(一)成立全国罪犯心理矫治指导中心

经司法部批准,从司法行政系统的高等院校或研究机构抽调专门的教学、研究人员,并适当吸收实务部门的业务骨干作为兼职研究人员,成立全国罪犯心理矫治指导中心,该中心的主要任务是:

1. 研究制定全国罪犯心理矫治工作规章制度;

2. 开展罪犯心理矫治理论与技术方面的调查研究;

3. 开展基层心理矫治专业人员的选拔、培训工作;

4. 做好基层心理矫治实践的技术指导与评估工作;

5. 定期组织开展全国性的学术研讨和经验交流活动。

(二)省(自治区、直辖市)成立罪犯心理矫治工作指导中心

该中心设在省(自治区、直辖市)监狱管理局,主要职能是:

1. 落实司法部监狱管理局和全国罪犯心理矫治指导中心的要求,制订省(自治区、直辖市)罪犯心理矫治工作计划;

2. 为全省(自治区、直辖市)各监狱的心理矫治工作提供理论和政策上的指导;

3. 组织全省(自治区、直辖市)范围内的业务培训、经验交流;

4. 组织和协调全省(自治区、直辖市)的罪犯心理矫治工作,并有计划地举行学术研讨会。

(三)监狱成立心理矫治机构

监狱成立专门的心理矫治机构,成员应包括3~5名心理学或相关专业本科以

上学历、有丰富的矫正工作经验、热爱心理矫治工作的监狱民警。主要职责包括：

1. 根据全国罪犯心理矫治工作相关规章制度，制定符合本单位实际的工作制度；

2. 根据省级罪犯心理矫治工作指导中心的总体安排，制订本单位的矫治工作计划；

3. 在本监狱范围内开展罪犯心理健康教育、心理评估、心理咨询与治疗、心理预测和心理危机干预等工作；

4. 对监区（分监区）从事心理矫治工作的辅导员进行业务培训和指导；

5. 对罪犯心理互助组的成员（罪犯）进行集中培训与管理；

6. 协调各监区（分监区）之间的业务关系，组织经验交流；

7. 定期举办本监狱范围内的心理矫治理论研讨会；

8. 对疑难个案进行集体会诊，研究矫治措施；

9. 及时总结监狱心理矫治工作的成效及经验教训，定期向省级罪犯心理矫治工作指导中心报告；

10. 定期参加全国罪犯心理矫治指导中心的工作培训和督导。

（四）监区（分监区）成立罪犯心理矫治辅导站

辅导站要配备 1 ~ 2 名经过专业培训的监狱民警作为辅导员，主要职责如下：

1. 参加罪犯心理矫治工作的学习、培训和交流研讨；

2. 对罪犯进行心理健康宣传教育与心理支持，鼓励有需要的罪犯接受心理帮助；

3. 参与罪犯心理评估工作，提出对罪犯心理档案的修改和补充意见；

4. 深入罪犯群体，发现罪犯中的心理异常者，及时与监狱心理矫治部门取得联系；

5. 为监狱心理矫治部门提供有关罪犯各方面的信息资料。

（五）在罪犯中成立心理互助组

罪犯心理互助组，是在罪犯自觉自愿的前提下，经监狱心理矫治部门审查后批准成立的，一般由 3 名以上身心健康、具有高中以上文化程度、表现较好、热爱心理互助的罪犯组成。主要任务是：

1. 利用业余时间组织、辅导罪犯学习心理学知识；

2. 收集罪犯对心理矫治工作的体会、意见和要求；

3. 对重点矫治对象进行照顾与帮助；

4. 当其他罪犯出现心理异常时，及时与监区（分监区）心理矫治辅导站民警联系；

5. 协助监狱心理矫治部门和监区（分监区）心理矫治辅导站做好心理矫治方面的其他工作。

第二节 罪犯心理矫治的运作模式

所谓模式，是指某种事物的标准形式或可以照着做的标准样式。与传统的改造手段相比，我国监狱的罪犯心理矫治工作尚未形成一套成熟的模式。目前在罪犯心理矫治实践中，以下几种模式比较具有代表性。

一、发展模式：健康导向，平等关系，着眼发展，重视潜力

发展模式是以健康心理为导向，帮助罪犯挖掘心理潜力，注重提高罪犯自我认识和生活质量的矫治模式。发展模式将罪犯的很多心理问题不看作疾病而看作正常发展状态的偏差或偏离，将罪犯的一些适应性问题，如因妻子提出离婚感到烦恼和痛苦、与他犯的人际矛盾、对劳动和狱内生活的不适应等，看作罪犯与其特殊身份和特殊环境相互作用的正常反应。所以，发展模式不将罪犯当作病人看待，充分接纳和信任他们，挖掘他们战胜自身的潜力、能量和资源，帮助他们不断成长。

在发展模式的运作中，矫治工作者因持发展的、健康的观点认识和对待罪犯，因此更容易以平等的身份与罪犯建立良好的咨访关系，尊重罪犯的人格，倾听他的倾诉；矫治工作者虽然也有诊断意识，但绝不会随意给罪犯贴上一个“某某疾病”的标签，从而给罪犯造成人为的负担；矫治工作者虽然也给罪犯以适当的指导和解释，但注重将这种指导和解释建立在充分倾听、与罪犯讨论以及罪犯能够领悟的基础上，而绝不会将自己装扮成一个专家、医生或教师、父母的身份，强行向罪犯灌输自己的理论、看法和价值观念；在发展模式中，矫治工作者注重发挥罪犯的主体作用，并为罪犯发挥这种作用搭建舞台、创造环境、设置条件，而不是自己当演员、主角，将罪犯当观众、配角，矫治工作者不会占据咨询和治疗的大部分时间，也不会让罪犯只有听的份儿而没有倾诉的机会和时间。

发展模式的矫治效果着眼于罪犯偏离的回归、心理免疫力的增加和自我人格的成长，着眼于以后罪犯运用较高的自我尊重、客观的自我认识和良好的心态为人处世、生活工作。

发展模式的运作方式基本遵循普及心理健康知识—增加罪犯自我认识能力并

产生寻求帮助的自觉性—发展性心理咨询—使罪犯提高自尊、自信，获得人格成长这一路径。这种运作方式体现了以人为本的态度，充分尊重罪犯人格，接纳和信任罪犯，不会轻易说他有“病”或认为他“有病”而强迫他进行咨询，也不会让罪犯感觉到因心理上的困扰而低人一等，等等。举例如下。

有一个平日很少讲话、总是默默独坐的中年男性罪犯，在监区民警的建议下到咨询室寻求帮助。

来访罪犯：（坐在椅子上，伛偻着背，低着头，眼睛盯着地板，既不看咨询员，也不说话）

咨询员：请问李×，有什么需要我帮助吗？

来访罪犯：（没有讲话，没有抬头，身体微微扭动了一下）

咨询员：我知道你身体微微动了一下是想跟我讲话，你放心，我会为你的话保密，这是我的职业原则，如果你信任我，尽管跟我说。

来访罪犯：（没有抬头，也没有动）没什么事，不会有人在意我的。

咨询员：你是否感到很孤独，而且你觉得说出来没有什么用，没有人能够，也没有人愿意关心这些事情。

来访罪犯：（抬头看了一下，很快又低下头）我根本没想到这儿来，是他们动员我来的。

咨询员：你不想来这里，你想让大家都忘了你。

来访罪犯：（又抬头看了一眼，短暂的目光接触后又低下了头）记得我有什么用，没有人关心我。

咨询员：你感到很孤单，没有人关心你。你相信只要是街上有一个人关心你，你也会快活一些。

来访罪犯：（抬头，时间稍长，又低头）我没有朋友，父母相继去世。

咨询员：你确实感到孤独和被抛弃，既然父母离你而去，你肯定更希望有一些朋友。

来访罪犯：（没有抬头，眼中出现泪痕，长时间沉默）

咨询员：一个人孤独是不好受的，一个朋友也没有，你也希望有人理解你、善待你。

来访罪犯：（很快抬头，又低下头）没有人能理解我，没有人能注意我。

咨询员：而这使你为自己难过，但你还是希望能有人关心你，理解你现在的状况。

来访罪犯：（抬起头，短暂目光接触后又移开，但没再低头）父母去世后，总觉得打不起精神，心里空落落的，也想找人说说，但每个人都在顾自己的事情，谁也不会听我的唠叨。

咨询员：看来，你只是想找人说说，但考虑到别人不会听就没说，说老实话，我很理解你的处境，我相信你的同伴中也会有人理解你。我们一起来看看，有什么办法向你的同伴倾诉一下你自己。

本例属于发展模式的一个咨询片段，可以看出，咨询员如何对待一个不爱讲话的罪犯，如何促成一个开放、真诚、关心、有利于成长的环境，如何设身处地敏锐地体察罪犯，并适时指出问题的实质：罪犯虽然渴望友情，却并没有付出行动。本例中，咨询员既没有像医生一样给来访罪犯贴标签“我怀疑你是否患了抑郁症”，也没有性急地给罪犯作指导、开处方，如“我建议你多参加活动，多与人谈心，别老惦记着不愉快的事情”（事实上，在还没有共情和理解的前提下，这种语言几乎没有作用）。

二、医疗模式：病理导向，医患关系，着眼疾病，重视技术使用

医疗模式是指以病理心理为导向，矫治专业人员作为医生和专家的角色，把罪犯视为病人，注重对病人心理疾病的诊断和分析，在此基础上制定和实施治疗方案，直到病人病情有转机或痊愈的过程。

医疗模式与发展模式的区别突出地表现在治疗者和来访罪犯的关系上，发展模式中咨询员或治疗师与来访罪犯之间是平等、友好、尊重的关系，而在医疗模式中，医生是主动的、主事的，甚至是主宰的，诊断和各项医疗措施完全由医生做主，不需要与病犯商量，病犯相对处于被动的、无助的状态。在医疗模式中，医生也给病犯提出建议，但这种建议是命令或嘱咐，病犯要执行医生的嘱咐，无条件地服从医生的决定。

一般来讲，精神科医生大多遵循医疗模式，心理咨询员大多遵循发展模式，但因为国内咨询员的培训教程和培训师资大多倾向于医疗模式，持病理学导向，即便是非精神科出身的监狱心理咨询员也经常不自觉地遵循医疗模式，将来访罪犯当作病人，自己则作为心理医生的角色，在诊断、咨询和解释的过程中，比较喜欢用“症状”“病因”等医学用语。

罪犯心理矫治医疗模式的运作方式与医治一般躯体疾病的运作方式是相似的，基本过程是病犯主动求医或被劝导求医—症状分析与诊断—主要由治疗者拟定治疗方案—进行治疗。举例如下。

来访罪犯：（满面愁容，皱眉）医生，我这些天得了一个怪病，怎么也找

不着原因。

咨询员：都有哪些症状呢？

来访罪犯：我觉得嗓子里长了点什么东西，老觉得堵得慌。

咨询员：你做过身体检查吗？

来访罪犯：队长领着我去监狱医院看过两次医生，但医生每次都说没什么。

咨询员：那你是怎么想的？

来访罪犯：（有些委屈）我认为医生骗我。我明明觉得堵得慌，怎么能没有东西呢？

咨询员：医生为什么要骗你呢？是你自己疑心吧。

来访罪犯：我感觉他们就是骗我。有一次还是院长给我做的检查，但我问他（我的病）怎么回事，他不吱声，还给队长交换了一个眼神，我觉得这里面有鬼。（说着竟哭了起来）医生，不瞒你，我这个病特别折磨我，有时晚上也睡不好觉，不信你瞧瞧，（他张着嘴，指着自己的咽喉部）这里面的东西好像是个绦虫似的，我一咽吐沫，它就缩回去，我不咽东西的时候，它又冒出来。

咨询员：依我看，你可能得了疑病症，疑病症是神经症的一种，简单地说就是患者并没有生病，但是患者自己因为偶然的不舒服总是注意到身体这个不舒服的部位，越是注意它越是觉得有病。

来访罪犯：这个疑病症还有救吗？

咨询员：我想给你一些建议和方法，你只要遵照执行，肯定会有一些成效。

在本例中，咨询员致力于给罪犯一个诊断，随后就给罪犯开了如何行动的处方，不管其结果究竟如何（显然，咨询员的诊断且不说正确与否，但时机过早了些，不容易让罪犯信服），其遵循的是医疗模式，咨询员关心的是对方得了什么病，有什么症状，如何用一些方法来治疗，而对来访罪犯的情绪体验感受不深，对其自身潜能挖掘还不够。

在医疗模式中，也存在互相参与型的方式，医生与来访罪犯共同参与对心理疾病的治疗，医生是参谋，与病犯商量共同作出决定或提供咨询意见，让病犯自己帮助自己，双方权利平等，尤其适合在智力、学历、年龄和生活经验等方面都与医生相似，希望自己了解病情并参与治疗的罪犯。如果矫治师受过心理治疗的良好训练，具备体察和通情的能力，即使采用医疗模式，同样能够实现对病犯人格的尊重和积极的倾听，尊重罪犯的主体性。

三、改造模式：思想导向，教导关系，着眼安全，重视探测不良思想

改造模式是目前监狱心理矫治中的常见模式，它将心理咨询、法治教育、思想教育融为一体，属于广义的心理矫治范畴，可以是心理矫治专业人员深入对罪犯的教育改造工作中，也可以由监区指导员和从事教育改造工作的人员来完成。心理矫治的改造模式以心理辅导和思想教育为主导，以咨询、谈话、教导为主要方式，与罪犯谈话或进行心理咨询，主要在于摸清罪犯的心理状况和思想脉搏，以便有针对性地对其进行矫治和改造，从而达到维护狱内安全、提高改造质量的最终目的。近年来，监狱押犯构成的不断变化，新时期押犯监管改造难度的增加，以及对改造质量要求的不断提高，促使不少监狱民警学习心理学和心理矫治知识，客观上促进了这一模式的形成、发展和普及。

心理矫治的改造模式将心理矫治视为监管改造的手段和工具，从监狱和民警的出发点以及所取得的成绩看，应该说收效很大。但是，如前文所述，罪犯心理矫治与罪犯思想教育在性质、理论基础、双方关系、操作方法以及具体目标等方面都存在不同，个性、情绪方面的障碍与思想和意识形态方面的问题属于不同的领域，这一点已达成共识。改造模式将这两种性质不同的事物掺杂在一起，有可能在一定程度上混淆了罪犯的思想状态和心理问题，有时导致措施不对和效果不好，罪犯不信任，从而限制罪犯心理矫治的专业化发展。

下面一例虽然是咨询员对来访罪犯的咨询，但遵循的是改造模式。

来访罪犯：（吞吞吐吐，目光游移，没有讲话）

咨询员：你有什么事吗？不妨说说看。

来访罪犯：（张了张嘴，但仍未讲话）

咨询员：有什么困难你尽管说，或许我能帮助你。

来访罪犯：（脸红，低头）我怕说出来你笑话我，但我心里实在难受。

咨询员：你没说出来怎么知道我会笑话你。

来访罪犯：（声调很低）这些天来我晚上一直无法入睡，心里老是猫抓似的，特别难受。

咨询员：你都想些什么呢？

来访罪犯：（声音更小，低垂着头）满脑子里都是王×的身影，想过来想过去都是他。

咨询员：王×不是三车间那个负责维修机器的大个子吗？你想他干

啥？是不是想搞三亲两好(注："三亲两好"即同性恋的意思)？

来访罪犯：(沉默)

咨询员：你知道在监狱里这意味着什么吗？

来访罪犯：我也知道这样想不好，但心里总放不下。

咨询员：你知道不好就好，我不提倡你这样做，当然也是为了你好。好在现在还没有什么事，趁早打消了这个念头，如果任其发展的话那是非常危险的。我想不用我多说，你也会知道怎么做更好。

本例中，咨询员的语气、语调虽然不是命令性、训诫性的，但也没有很好地体现出一名专业咨询员应该具有的素质，即忽略了来访罪犯的感受和体验，最起码没有做到耐心细致地倾听，咨询员的反应和回答实际上是关闭了来访罪犯的心扉，而不是开启了这扇门。这种情况就是改造模式在实际操作中存在的问题。

为了对比，下面列出另一段相似内容的咨询片段，可以体会发展模式与改造模式的不同。

来访罪犯：我来之前就反复琢磨，心里矛盾斗争了很长时间，我有点儿担心说出来你会怎么看我和赵×的关系。

咨询员：如果你说出来你们之间的关系，你担心我不会接受，为此你心里有些不安？

来访罪犯：是的(停顿)，现在仍然是，我现在还担心你会不会觉得我很奇怪或不正常，或劈头盖脸给我一顿批评，我拿不定主意是否该跟你谈论这个问题。

咨询员：我能感觉到你此时的冒险感，但我真正关心的是帮你把握你的内部情感和选择——我对你人格的尊重不会因为你的某些想法和做法而改变。

本例中，短短几句话，体现出咨询员对来访罪犯心态的理解、把握和人格的尊重，很容易让罪犯感受到这种关切和尊重，并开启他的心扉。

在罪犯心理矫治工作初创时期，在心理学专业人员缺乏的情况下，采用这种改造模式应该说是一种现实的选择，它既能调动监狱民警自觉运用心理学知识改造罪犯的积极性，又能发挥我国监狱对罪犯进行思想改造的优势，使教育改造工作出现新的突破。但是随着矫治工作的发展和矫治队伍的壮大，改造模式需要提高专业性和针对性。

在以上介绍的三种模式中，医疗模式属于狭义的心理矫治模式，专业性强，难度较大，主要由专业人员从事矫治工作，其目的直接着眼于罪犯心理疾病的缓解和消除，以及罪犯人格的成长。改造模式属于广义的心理矫治模式，主要由经过一定培养训练的监狱民警从事矫治工作，实际上是心理学和心理矫治的理论与方法在改造罪犯工作中的运用，其目的是运用心理矫治的原理和方法为改造工作和监狱安全服务。发展模式属于准广义的心理矫治模式，这是根据心理学原理和方法的要求，结合我国监狱工作实际提出的一种较为理想且比较容易实现的模式。

在实际运用中，从心理矫治规范化和专业化的角度讲，对大多数有一定心理问题的普通罪犯，提倡运用发展模式；对有心理障碍和精神疾病的罪犯在运用医疗模式的同时，提倡发展模式中尊重病犯人格、挖掘病犯潜能的思想；至于广大监狱民警学习心理学和心理矫治知识，并在改造实践中探索出一些有实际效能的心理矫治工作模式，是值得提倡和鼓励的，但需要进一步规范化、专业化。

第三节　罪犯心理矫治的组织实施

为提高罪犯心理矫治效果，在具体实施过程中应坚持专业性和规范性，由专业工作人员开展，遵循严格的工作程序，进行科学的管理，并注意及时总结和提高。

一、专业人员培养

要顺利开展罪犯心理矫治工作，人的因素是第一位的，除依靠广大监狱民警的主动配合和积极参与之外，更重要的是配备一支素质较高的专业队伍来具体实施这项工作。当然，可以从社会上聘请一部分专家来协助和指导工作，但根据我国罪犯改造工作的实际情况，罪犯心理矫治工作的具体执行与操作主要应当由监狱民警来完成。由于这项工作在专业性方面的特殊要求，必须从监狱民警队伍中进行认真挑选，并进行重点培养。

从事罪犯心理矫治工作的专业人员，首先需要具备良好的心理素养和健康的心理状态，本科以上学历，有一定的罪犯改造工作经验，要热爱罪犯心理矫治工作。在这一基础上，再经过专业培训和实践锻炼，取得任职资格，才能正式上岗。对罪犯心理矫治专业人员需要进行严格筛选、专业培训和培养。

从国际上看，国外监狱中从事罪犯心理矫治工作的专业人员主要有以下几类：心理学家、精神病学家、社会学家、个案工作者、咨询员，还有医生、宗教人员、治疗专家等。除了这些专业人员外，在一些国家的矫正机构中，还大量使用非专业人员参与罪犯心理矫治活动，这些非专业人员通过一定培训，可以承担一些辅助性的工作。①

二、环境和设备条件

开展罪犯心理矫治工作，尤其是在心理测验、心理咨询与心理治疗过程中，需要有较好的环境条件。如心理咨询室、治疗室，以及进行心理测验的场所，必须设置在安静的环境中，尽量避免外界声音的干扰；咨询室、治疗室应当简约、洁净、明亮、幽雅大方，有家庭气氛；每间咨询室、谈话室、宣泄室等应当相对独立，并安装隔音设备。这些都是保证来询罪犯保持良好心境接受咨询与治疗的基本条件，也是保证矫治过程保密性的基本要求。

开展罪犯心理矫治工作还需要一定的设备条件，主要包括以下两个方面。

1. 常用的心理测验问卷。如智力测验量表（主要是韦克斯勒智力测验和瑞文推理测验）、人格测验量表（主要是气质量表、EPQ 问卷、16PF、MMPI 等）、心理健康量表（主要是 SCL－90、焦虑量表、抑郁量表等）、态度量表、行为类型量表等，还有我国自行研制的专门用于罪犯心理评估的量表（如 COPA、罪犯矫治成效量表、再犯预测量表等）。为了满足团体测验的需要，还应配备一定的心理测试电脑软件。

2. 咨询、治疗和简单实验所用的仪器。如反应时测定仪、听觉实验仪、视力表、条件反射器、动作判断仪、记忆仪、注意测定仪，血压计、听诊器、生物反馈仪、心电和脑电诊疗器，投影仪、录放机、音响、计算机、放松椅，等等。

三、心理矫治计划

制订罪犯心理矫治计划，是实施矫治工作的重要环节。国外有研究者提出，典型的矫治计划应包括以下六个方面的内容：（1）罪犯的背景资料和社会历史；（2）罪犯的犯罪历史和犯罪活动的动态变化；（3）对目前犯罪的描述；（4）对罪犯的分类、评估信息和心理健康历史；（5）矫治目标；（6）针对罪犯需要采取的矫治方法。②

根据矫治对象的规模，可以把罪犯心理矫治计划分为个体矫治计划和团体矫治计划两种类型。个体矫治计划是针对罪犯个体制订的，是反映罪犯的个人信息和矫治内容的书面材料。根据我国监狱心理矫治工作实际，个体矫治计划应包括以下内容：

---

① 吴宗宪编著：《国外罪犯心理矫治》，中国轻工业出版社 2004 年版，第 52 页。

② See Patricia Van Voorhis, Michael Braswell & David Lester, *Correctional Counseling & Rehabilitation*, 4th ed., Anderson Publishing Co., 2000, p. 103.

1. 罪犯的个人基本信息；
2. 罪犯心理评估的结果及分析解释；
3. 矫治目标（阶段目标与总体目标等）；
4. 矫治的主要内容；
5. 矫治方法；
6. 矫治的时间安排；
7. 矫治人员的配备与分工；
8. 矫治所需要的基本条件与设备；
9. 矫治过程中应注意的问题；
10. 矫治效果的检查与评定。

团体矫治计划是针对一部分罪犯所构成的团体制订的，这些罪犯一般具有相同或相似的症状和问题，需要进行团体矫治。其计划要点如下：

1. 团体成员的选择；
2. 对团体成员共同症状和问题的分析评价；
3. 矫治内容的安排；
4. 矫治目标；
5. 矫治方法的选择；
6. 实施矫治的时间安排；
7. 矫治人员及组织者的配合与分工；
8. 矫治所需要的条件与设备；
9. 实验的设计与组织实施；
10. 团体矫治与个体矫治的配合；
11. 矫治过程中应注意克服的问题；
12. 矫治效果的检查与评定。

四、心理矫治工作的管理

罪犯心理矫治作为罪犯改造工作的有机组成部分，自然在行政上应当接受监狱的统一管理。从目前各地的情况看，有的把心理矫治机构设在教育部门，由教育科兼管；有的成立专门的矫治机构，由监狱直接管理；还有的把心理矫治机构设在犯人医院中，作为医疗卫生部门的一部分。各监狱可根据自身的实际情况，从有利于工作开展的角度出发，合理设置心理矫治机构。但是，无论将机构设在哪里，都必须围绕罪犯心理矫治的总体目标开展工作，切不可形同虚设或随意改变工作性质。

监狱对罪犯心理矫治工作的管理主要内容如下：

1. 人才管理。负责对从事心理矫治的专业人才选拔、引进、培训、考核等。

2. 财物管理。如专项经费的划拨、使用与管理，对经费使用情况的检查等，对矫治所需设备、仪器等的引进与维护，对档案资料的保管与合理使用等。

3. 制度管理。即制定与罪犯心理矫治工作有关的各项规章制度，用文字的形式对工作人员、被矫治的罪犯及整个工作程序提出明确要求。主要的规章制度有罪犯心理矫治机构职责、心理测验工作制度、咨询员职业道德规范、罪犯心理咨询工作规定、罪犯心理档案管理规定等。

4. 监督管理。负责对罪犯心理矫治工作的运行和工作成效进行监督考核，并提出整改建议，以促使罪犯心理矫治工作的专业性和效果。

此外，罪犯心理矫治机构在业务上还要接受国家和各省级罪犯心理矫治指导中心的管理与辅导，具体落实中心安排的工作任务，并定期汇报。从事罪犯心理矫治工作的专业人员还应积极参加相关学术活动，通过经验沟通和学术交流，不断提高自身的业务素质和理论水平。

五、效果反馈

效果反馈是罪犯心理矫治工作的重要环节，反馈的目的在于及时总结心理矫治经验教训，并进行改进和提高。反馈的渠道主要有以下三个方面。

1. 对罪犯进行心理评估，对评估获得的信息进行反馈。对经过一定阶段矫治的罪犯或即将出狱的罪犯，运用专业有效的心理测验量表等方式，对其犯罪心理结构的变化情况、守法心理结构的建立情况、异常心理的消除情况、不良人格的改变情况等进行综合性量化评估，然后，结合监狱民警对罪犯的考核评定，较为全面、客观地反映罪犯心理矫治的成效。

2. 从罪犯心理矫治工作给整个监管改造工作带来的实际效益中获得信息，对该类信息进行反馈。罪犯心理矫治工作的最终目的是改造罪犯，它与罪犯改造工作中的其他方面有着千丝万缕的联系，对其他工作起到不同程度的促进作用。那么，罪犯心理矫治工作的成效就能在这种“促进作用”上体现出来。因此，考察罪犯在接受管理、教育和劳动等方面的行为表现、情绪状况、态度等，能获得有关罪犯心理矫治成效的信息。此外，对监狱内违纪、违法案件的分析考察，也能从侧面反馈出罪犯心理矫治工作的成效。当然，有时罪犯心理的变化是漫长和隐性的，如果仔细观察和评估，能够发现罪犯心理矫治潜移默化的作用。

3. 对追踪调查获得的资料进行反馈。对已经回归社会的罪犯进行追踪调查，获得他们在回归社会后的行为表现和心理发展轨迹等方面的资料,从这一渠道获得的反馈信息最能有力地说明罪犯心理矫治的质量。但是,这一渠道的信息只能在罪犯出狱一段时间(一年或几年)之后才能部分获得,而且进行追踪调查要耗费很大的人力、物力和财力,这需要监狱与地方政府保持合作,关注罪犯回归社会的成长。有时,罪犯在监狱内的矫治效果明显,如果回归社会后环境良好,就会更加彰显心理矫治的效果,因此罪犯回归社会也需要社会环境方面的通力合作。

研究与思考

1. 罪犯心理矫治的内容体系包括哪些?
2. 罪犯心理矫治的主要模式有哪些,具体有什么特点?
3. 在罪犯心理矫治工作中,如何提高矫治效果?

第五章　罪犯心理健康教育

重点提示

罪犯心理健康教育是一项长期的、基础性的工作，也是一项系统性工作。监狱需要参照罪犯心理健康的标准，根据罪犯的实际情况来设计罪犯心理健康教育方案。对于不同服刑阶段和不同类型的罪犯，心理健康教育的侧重点应有所不同。罪犯心理健康教育的方法和途径主要包括系统化的课堂教育，利用传播媒介开展宣传教育活动，举办有关心理健康的专题讲座，加强环境建设，罪犯自我教育。

在罪犯心理矫治工作中，罪犯心理健康教育是一项重要的、长期的、基础性的工作。《监狱教育改造工作规定》第45条规定："监狱应当对罪犯进行心理健康教育，宣传心理健康知识，使罪犯对心理问题学会自我调节、自我矫治。"实践证明，这项工作开展得好坏，直接影响整个心理矫治工作的顺利进行。从全国监狱的现状来看，各监狱都在探索最佳的方法和途径，虽然取得了一定成效，但实践中还存在许多迫切需要解决的问题。

第一节　罪犯心理健康教育的内涵及必要性

一、罪犯心理健康教育的内涵

罪犯心理健康教育是心理矫治的基础工作之一，向罪犯宣传心理学、心理卫生和心理健康方面的基本知识，让罪犯学会认识自己、剖析自己、接纳自己，从而自觉调整心理状态，积极面对服刑改造生活，提高罪犯自我教育和接受改造的自觉性。同时，要求罪犯在服刑生活中自觉讲究心理卫生，提高消除心理障碍的能力，预防心理问题和精神疾病的发生。

罪犯心理健康教育与一般的教育改造有很大的不同，它作为罪犯心理矫治的一个方面,要求从事这一工作的监狱民警和心理学工作者要充分信赖、尊重和发挥罪犯的内在积极性,挖掘其改造潜力,帮助罪犯认识自己的心理需要、心理困扰和其他心理问题,探索解决问题的途径和方法。这样做的目的,是使罪犯能从中学习认识和接纳自己,学习面对困难、分析困难和作出正确的抉择,学习对自己的行为和人生选择承担责任,学会自我成长和发展,学会依据自己的特点、环境和机缘选择既有利于自己又有利于社会的人生道路,以便踏实、有效地度过自己的服刑生活。由此可知,罪犯心理健康教育比一般的教育改造更强调罪犯自身的作用,强调他们是自己成长、发展的主体。正是在这种意义上,心理健康教育可以说是一种促使罪犯进行自我教育的有效方法。

二、开展罪犯心理健康教育的必要性

在罪犯心理矫治工作中,开展心理健康教育是十分重要的,其必要性主要表现在以下四个方面。

(一)改善罪犯群体心理健康状况的重要手段

随着社会的发展和科学技术的进步,人们逐渐认识,犯罪与个体的不良心理状态乃至病态心理密切相关。过去,由于物质条件匮乏,罪犯的犯罪行为主要为生理方面的需求所引起,其心理上的阴影常常被忽略。随着人们物质生活水平的日益提高,犯罪者心理上的问题与病态反应逐渐凸显出来,这不仅影响和支配着犯罪者犯罪行为的产生,而且阻碍着罪犯重新社会化的进程。此外,在自由刑执行过程中,罪犯由于监狱化而产生不良心理和行为反应几乎成了服刑生活的伴随物,这也是罪犯实现重新社会化的最大障碍。近几年,许多研究者对监狱服刑罪犯进行大量的心理测验,结果表明,罪犯是心理障碍高发的人群之一,其总体心理健康分值明显低于社会正常人群。然而,由于大多数罪犯没有明确恰当的自我认识,他们对自身存在的心理问题不能进行清晰认知和自觉调节,从而影响他们进行正常的改造和生活,这就要求我们在心理矫治过程中大力开展心理健康教育。

(二)将罪犯改造成为守法公民的应有之义

将罪犯改造成为守法公民是中国监狱执行刑罚所要达到的主要目的。“守法公民”这一目标,要求罪犯经过服刑改造,不仅能够遵纪守法、自食其力,而且还应该具有健康的心理,有应对和处理各种生活事件的能力。“守法”是一种外在行为,支撑着守法行为的是内在的健康心理。这就需要在运用常规手段改造罪犯的同时,还必须进行一定的心理健康教育,提高他们的心理健康水平,以正确的认知、稳定的情绪和恰当的行为去生活。

（三）罪犯劳动、学习和交往顺利进行的必要条件

通过心理健康教育，罪犯学会进行自我分析、自我调节和自我教育，激发其热爱劳动、学习动力以及人际交往需求，在劳动、学习和交往中更好地发挥自身的潜能，调动自身的主观能动性，这无疑会大幅提高狱政管理、劳动改造和教育改造的效能，使罪犯在狱内的劳动、学习和交往等活动能够按照高效、文明、有序的方式顺利进行，相互良性影响，在一定程度上提高了其心理健康水平，也保障了监管安全。

（四）对罪犯进行心理测验、心理咨询和治疗的基础

心理测验、心理咨询和心理治疗是罪犯心理矫治工作的实体部分，也是十分复杂、技术性很强的工作，它们不仅要求矫治工作者掌握相关的专业知识和专业技能，而且要求被矫治的罪犯要熟悉一定的心理学常识，产生接受心理咨询和心理治疗的正确动机，并能积极配合。如果在测验、咨询和治疗之前，先让罪犯掌握一些心理学、心理卫生与心理健康方面的知识，就会增强罪犯接受测验、咨询和治疗的自觉性，提高罪犯心理矫治工作的效率。

综上所述，心理健康教育是罪犯心理矫治中的一项基础性和常态化的工作，这项工作开展得好坏，直接影响罪犯心理矫治整体工作的效果。同时，这项工作的作用也是潜移默化的，在一定程度上提高了罪犯心理健康水平，预防心理问题和危机事件的发生。

第二节 罪犯心理健康的标准

要研究罪犯心理健康的标准，有必要首先搞清什么是心理健康，心理健康的一般标准是什么？下面分别进行阐述。

一、什么是心理健康

（一）“健康”新概念的提出

什么是健康，健康的标准是什么？不同时代、不同的人有不同看法。传统的健康概念认为，健康仅指一个人没有疾病或病症。这种观点完全局限于个人生物学状态的理解，把健康说成一个人的躯体处于一种无病的状态。例如，以传统生态学平衡为基本观点的学者认为，健康是致病因子（主要是生物性的）、宿主①和环境之

① 宿主，也称寄主，指寄生物所寄生的生物。例如，人就是蛔虫的宿主。

间的生态平衡,如果这种平衡遭到破坏,健康的肌体便产生了疾病;社会生态学者则认为,健康受多种因素的影响,只有各方面的因素达到平衡才能保持人体的健康状态。

随着社会的变迁与发展,尤其是在现代社会,人类在控制自然和利用自然方面已经取得了极大的成就,贫困、生活条件恶劣等引发的疾病,如结核、伤寒、痢疾等病症已大幅减少了,人类的寿命也明显地延长了。但是,从目前的情况来看,现代科技的发展给人类带来了前所未有的心理压力。随之而来的是与这种心理压力有关的疾病的发病率迅速提高,如头痛、高血压、消化性溃疡、癌症、冠心病和常对人怀有敌意、猜疑、嫉妒、感到悲哀、周期性过敏等。许许多多的现实事例表明,生活中的挫折、恶劣的人际关系、紧张的工作、现代化的都市生活使人的心理压力越来越大,与此有关的疾病也越来越多。因此,人类的健康面临许多新的情况和问题。

面对这种现实,传统的健康概念受到挑战,人们开始从新的视角、全方位地思考自身的健康问题。1974 年,联合国世界卫生组织(WHO)提出了关于"健康"的另一个新定义:"健康是人的肉体上、精神上和社会适应方面的完好状态,而不仅指无疾病或非体弱的状态。"并且认为,尽管人的心理或精神、人格健康的标准因社会、时代、文化、民族的不同而有很大的差异,但这样的三条原则是精神或人格健康的共同标志:(1)自我控制的能力;(2)正确对待外界影响的能力;(3)保持内心平衡和满足状态的能力。

联合国世界卫生组织关于健康的这个定义,不仅包括人的生物学意义和精神两个方面的健康状态,而且把健康问题扩展到包括一个人的社会相互影响的质量,把人的身心、家庭生活和社会生活的健康幸福状态也包括进去。这一定义冲破了人们对疾病根源的传统看法与偏见,疾病已经被认为是人类有机体在与自然环境和社会环境的相互作用中不能应对刺激或不能适应社会生活环境的结果。疾病不仅是有机体因感染或营养不良等因素而引起的生理功能障碍的表现,也是受社会文化制约的心理活动影响生理功能和社会适应功能的表现。当代医学中关于疾病过程的考察,即从"生物—生理"模型到"生理—心理—社会"模型的转变,就是这一新概念的具体应用。它既从生物医学的角度,也从医学心理学和社会医学的角度综合地探讨病理,把人的生物学因素、心理学因素和社会学因素结合起来,考察它们在疾病发生、发展与治疗中的作用。虽然有时某一因素在某一疾病病因上起主要作用,但是这三个方面的因素总是相互关联且并存的。

因此,健康实际上是对人们的身体、精神心理和社会交往(行为)状态的一种判断。如果一个人有良好的身体(生理)、精神(心理)和社会行为适应,那么这个人就是“健康的”;否则,就是不健康的。生理、心理与行为适应的不可分割性,也就是个体的整体性,它决定健康的整体性。今天,当我们说及健康时,就不再仅指生理学上的意义了,没有一种病是纯粹身体方面的,也没有一种病是纯粹心理方面的。

总之,人类的健康已不能再忽视心理、社会交往和行为适应方面的健康。一个健康的人,不仅能够和谐地同自己的同伴一起生活,能够驾驭自己的躯体,而且对自己的形象也感到满意。不仅如此,健康的人还能采取各种必要的步骤使自己追求并保持一种高水平的生活标准和人格目标,最大限度地发挥自己的潜能。

(二)心理健康的内涵

心理健康的定义古今中外有许多,但综合起来有狭义和广义之分。狭义的心理健康指的是临床意义上不具有某种心理障碍或精神疾病。其中心理障碍指的是一种比较严重的心理疾病状态。在该状态下,至少要符合以下两个基本条件:一是个体认知、社会功能受损,如注意力集中明显困难、思维活动能力明显下降,无法在一定时间里作出决定;二是因为社会认知功能明显受损,个体生活、学习和工作效率明显下降,如无法认真听课、学习效率明显下降、无法正常与人交往等。严重者,即可发展到精神疾病。也就是说,从狭义上讲,心理健康是指人的基本心理活动过程内容完整、协调一致,即知、情、意、行、人格完整协调,能适应社会。

广义的心理健康是心理健康的保持与增进,主要内容指的是人类所追求的完美精神状态。近年来,研究者对广义的心理健康提出了许多定义。《简明不列颠百科全书》将心理健康解释为:“心理健康是指个体心理在本身及环境条件许可范围内能达到的最佳功能状态,但不是十全十美的状态。”①虽然学者们对心理健康的表述不尽相同,但认识还是基本一致的,即心理健康其实是一种持续的心理状态,在这种状态下,当事人能够有良好的适应能力,具有生命的活力,并能发挥本身的能力和潜力。总之,广义的心理健康定义主要强调的是人在理想状态下潜能的充分发挥,是人类对完美心理状态的追求和逼近,但要完全达到该理想状态非常困难。

依据现代心理科学和行为科学对心理的揭示,与心理健康相关的因素(或称为心理健康的维度)主要有以下六个方面。

1. 躯体。躯体维度旨在增强心血管的耐性、弹性和力量的训练。同时,鼓励进行有规律的身体活动,扩大对食物和营养知识的了解。也就是说,进行身体健康教

---

①　中国大百科全书出版社《简明不列颠百科全书》编辑部译编:《简明不列颠百科全书》(第8卷),中国大百科全书出版社1986年版,第613页。

育，让人们能监测自己的生命信号和理解自己身体上的警告信号，知道什么时候需要医生的帮助。

2. 社交。社交维度旨在强调个体与他人和自然的相互依存，同时也包括追求家庭的和谐统一。进行社交健康教育，使个体认识自己在社交圈中的重要性，借助畅达的信息交流和健康的生活环境来积极改进自己的主观世界，意识到自己有能力对人际关系、友谊、社区、环境和根本的世界观作出明智的选择。

3. 智力。一个智力健全的人能够使用有效的策略去拓展知识、改进技能、开发自身的潜能。智力健康教育是让人们花更多的时间去读书、学习、创造，去探讨和解决问题。这种方式使人们不落后于时代，积极向自己的思维挑战。

4. 职业。通过职业健康教育，个体将把自己独一无二的天赋、技能和才干贡献给具有个人与社会意义的工作。参加有酬和自愿的活动，表现自己的价值观，认识自己处于健康的职业生涯上，并且自己的工作和兴趣是激动人心的，认识工作的价值大小不仅在于个人的满意，而且在于对社会健康幸福的贡献。

5. 情绪。情绪健康既包括个体对自我和生活的积极态度与热情的程度，也包括处理情绪和相关行为、有效应对紧张的能力。情绪健康教育一方面让人们意识并能接受自己和他人的情绪，能自由地表达自己的情感和有效地处理情绪问题；另一方面让人们认识寻求他人的支持和帮助的重要性，从而独立自主地生活和工作。

6. 自我。又称自我观念。自我健康教育旨在促进人们积极地寻找人类存在的意义和目的，感受愉快、高兴、幸福等积极的情感，经历怀疑、绝望、恐惧等不愉快的体验，让个体思考和整合自己的经历以及与之相关的信念，从而形成自己的世界观和价值目标体系。

心理健康结构是一个整体，上述六个方面系统地构建了一个人适应社会、发挥潜能、追求幸福生活的各方面能力。结构中的诸层面、诸因素是互相制约、互相联系和互相配合的，并决定了人们的整个健康状态。

二、心理健康的一般标准

尽管人们越来越重视心理健康，认识它在人生发展中的重要作用，但是心理健康的判断标准，是一个争论不休的问题。迄今为止，有关心理健康的标准有很多提法。例如，美国著名心理学家马斯洛等提出心理健康的十条标准：(1)有充分的自我安全感；(2)能充分了解自己，并能恰当估价自己的能力；(3)生活理想切合实际；(4)不脱离周围现实环境；(5)能保持人格的完整与和谐；(6)具备从经验中学习的能力；(7)能保持适当和良好的人际关系；(8)能适度地表达和控制自己的情绪；

(9)能在符合团体要求的前提下,有限度地发挥自己的个性;(10)在不违背社会规范的前提下,能适当地满足个人的基本需求。我国心理卫生专家许又新教授提出衡量心理健康的三条标准:(1)体验标准——以个人对自己内心世界的主观体验为标准,包括良好的心情和恰当的自我评价;(2)操作标准——通过观察、实验和测验等方法考察心理活动的过程与效应,如工作、学习效率高,人际关系和谐等;(3)发展标准——着重对人的心理状况进行时间上的纵向(过去、现在和未来)考察。许又新教授认为,衡量个体心理健康时,要把以上三条联系起来进行综合考察。[①]

人的心理现象十分复杂,是一个有机的整体,其中有若干特质,而有些特质处于更基本、更重要的地位,决定着心理现象的基本面貌。对于心理健康而言,那些处于核心、主导地位的心理特质制约着次要特质的变化,并决定着人的整体心理健康水平。一般而言,受到众多研究者共同关注的正是那些核心的、基本的心理特质。因此,我们应该特别注意这些被众多研究者共同关注的心理特质,并以此确定心理健康的标准。基于上述考虑,以下四个方面对衡量心理健康具有突出意义。

(一)客观的自我认识和积极的自我态度

心理健康者应该有现实、准确的自我知觉,其中包括:能够自我认识,且这种认识是全面的、客观的;不歪曲自己的特性,即不夸大或缩小自己的长处和短处;能够经常意识到自己在做什么,感受到什么,并清楚行为、体验缘何而起。

心理健康者还应该有积极的自我态度,它指的是一种"尽管认识自己有长有短、有好有坏,但仍然从总体上认识自己、接纳自己,对自己抱有希望"的态度。

(二)客观的社会知觉和建立适宜人际关系的能力

客观的社会知觉(对人的认知)是建立适宜人际关系的基础之一。心理健康者应能准确地从别人的言语、行为中体察别人的思想、愿望和感受,了解别人对自己的看法和态度。而且,他对别人的了解是建立在事实依据上而不是主观臆断。此外,他对人的态度特征和人际交往技能应有助于建立适宜的人际关系。例如,对人具有关注、同情心,能恰当地表达自己的能力,等等。

(三)有生活的热情和有效解决问题的能力

人"愿意活着"可能是最符合生物规定性的心理特点。因此,心理健康的人应该热爱生活,有投身工作、事业和家庭的热情。具有现实感,在认识与情感上选择生活。与此相关,一个人要具有与自己的年龄相适应的生活能力,主要是处理、解决自己遇到的工作、学习、生活、人际问题的能力。缺乏这种能力,他就不能有效适

---

① 章恩友主编:《罪犯改造心理学》,法律出版社2021年版,第295页。

应环境，满足自己成长、发展的需求。

（四）个性结构具有协调性

心理健康者应该有统一的人生观和世界观，个性倾向性的各部分（需要、动机、兴趣、理想、信念和世界观）之间应该能保持一种动态的平衡。他的认识、情感、意志和行为之间也应该协调统一。例如，认识客观全面，并有与认识一致的情感体验，能控制自己的言语和行为，使之符合目的行为的需要。

三、罪犯心理健康的标准

根据以上对心理健康一般标准的研究，结合我国监狱服刑罪犯的实际情况，要衡量罪犯的心理是否健康，下列六项指标比较重要。

（一）有正确的自我意识

人贵有自知之明。心理健康的罪犯既能客观地评价别人，更能正确地认识和接纳自己。自我评价客观，既不妄自尊大，也不妄自菲薄，始终保持恰当的自信，为自己确定切合实际的目标，不过分苛求自己，扬长避短，做自己力所能及的事情，不放弃任何改造自己、发展自己的机会。同时，能够客观分析自己的家庭责任和社会角色，面对现实，积极参与改造。

（二）有健全的情绪生活

所谓健全的情绪生活，是指积极愉悦的情绪状态（如高兴、喜悦、欢欣等）常多于消极不良的情绪状态（如愤怒、恐惧、焦虑等）。心理健康的罪犯在服刑过程中，能基本保持情绪稳定、开朗、自信等体验。在挫折面前，能很快从消极的情绪中解脱出来，更不会在严重的打击之下自暴自弃甚至轻生。同时，他们也能适度地表达自己的喜怒哀乐，恰当地处理自己的不良情绪，对前途抱有希望，良好的心境占优势。

（三）有正常的行为和协调的个性

心理健康的罪犯，其行为是一贯的、同一的，而不是反复无常的；行为反应适当，反应的强度与受到刺激的强度相一致，且恰如其分。心理活动和行为方式处于和谐统一之中，既具有“完整人格”或协调的个性，又具有现实角色的一致性。

（四）能和他人建立积极、良好的人际关系

良好的人际关系是维持个体心理平衡和个性正常发展的重要条件之一。在监狱中，心理健康的犯人应该乐于与人交往（包括与民警及其他罪犯之间的交往），而且能和他人建立协调、良好的关系。在与人相处时，正面的态度（如尊重、信任、关心、谅解等）常多于反面的态度（如仇恨、嫉妒、怀疑、畏惧等）。能够以诚恳、公平、谦虚、宽厚的态度对待别人，尊重别人的权益和意见，也能容忍别人的缺点和不足，使别人乐于和他交往。虽然不免有令他不悦甚至厌恶的对象，但能够接纳人与人的差异性，并且有包容态度，在了解客观的事实之前，不轻易对人表现出愤怒或怨恨的态度。

（五）乐于学习和劳动

学习和劳动是服刑中的罪犯最主要的活动。心理健康的罪犯应该是有良好改造和生活目标的，乐于学习和劳动，并能够在学习和劳动中充分地、建设性地发挥其智慧与能力，不断成长。同时，他们常能在学习、劳动取得成绩时产生获得感和满足感。相反，那些经常对学习和劳动产生厌恶、抵触情绪甚至恐惧感的罪犯，更多的是由于对现实的不接纳和对未来的迷茫，消极被动，甚至有抵触心理，心理健康状况较差。

（六）能面对现实，把握现实

心理健康的罪犯对因犯罪而被判刑入狱的现实能采取成熟的、健全的适应方式，能正确接纳和面对现实，绝不企图逃避。对自己在学习、劳动和交往中所遇到的种种问题与困难，能用切实有效的方法妥善解决，有一定的挫折承受力和改好的意志力。

四、正确理解罪犯心理健康的标准

由于心理健康这一概念是相对的、发展的，心理健康的标准也应是动态的、发展变化的，并且受文化环境、民族习惯等因素的制约。因此，要正确理解罪犯心理健康的标准，需要注意以下四点。

（一）心理不健康与有不健康的心理和行为表现不能等同

心理不健康是指一种持续的不良状态，罪犯偶尔出现一些不健康的心理和行为并不等于心理不健康，更不等于患有心理疾病。因此，不能仅从一时一事就简单地给罪犯下心理不健康的结论。

（二）心理健康与不健康是一种连续状态，没有绝对界限

从良好的心理健康状态到严重的心理疾病之间，是一个广阔的过渡带，并没有泾渭分明的界限。一般而言，罪犯异常心理与正常心理、变态心理与正常心理之间都不是绝对的，它们只是程度不同而已。

（三）心理健康的状态不是固定不变的，而是动态变化的过程

随着人的成长与发展，经验的积累和环境的改变，心理健康状态也会有所改变。在监狱中，原本心理健康的罪犯也可能在监狱这一特殊环境的影响下或是遭

遇重大挫折后变得心理不健康，甚至恶化为心理疾病；相反，心理不健康的罪犯也可能在心理矫治的影响下，通过心理援助和自我调节，减轻甚至消除已有的不健康心理。

（四）心理健康的标准是一种理想尺度

心理健康的标准不仅提供了衡量心理健康的尺度，而且指明了提高心理健康水平的努力方向。每一个罪犯在原有的基础上，通过不同程度的努力，都可以追求心理发展的更高层次，不断发挥自身的潜能，达到良好的心理健康水平。

因此，针对罪犯的心理健康，要持积极的态度，不乱贴标签，也不要持否定态度，相信在心理矫治过程中其心理健康水平是不断提高的。

五、心理健康的量化标准

上面谈到的罪犯心理健康标准主要是描述性的，在具体操作上有一定难度。为了更准确、更客观地评价罪犯的心理健康状况，在实际工作中，可借助综合的心理评估，其中一种评估方式是心理测验，根据测验所得的分数，并结合罪犯的平常表现和主体陈述等方式，来推断罪犯心理健康的具体程度。下面仅介绍两个比较常用的心理健康测查工具。

（一）心理健康临床症状自评量表

心理健康临床症状自评量表（以下简称 SCL－90）是一套由 90 个项目组成的精神症状自评量表。该量表项目涉及从感觉、情感、思维、意识、行为直至生活习惯、人际关系、饮食等方面比较广泛的精神症状学内容。每一个项目均采用 5 级评分（0～4 分）。

0—没有：无该项症状问题。记作 0 分。

1—很轻：自觉有该项症状，但发生并不频繁、不严重。记作 1 分。

2—中等：自觉有该项症状，其严重程度为轻度到中度。记作 2 分。

3—偏重：自觉有该项症状，其严重程度为中度到重度。记作 3 分。

4—严重：自觉有该项症状，频度和程度都十分严重。记作 4 分。

心理健康临床症状自评量表，可以提供关于个体心理健康的十个方面分数，这十个方面分别是躯体化、强迫症状、人际关系敏感、抑郁、焦虑、敌对、恐怖、偏执、精神病性以及其他（如睡眠、饮食等情况）。每个指标的分值代表此维度上的健康状态，这十个方面指标分数的平均值则代表个体心理健康的总体水平，并且可以推断心理维度之间的联系。

临床应用证明，心理健康临床症状自评量表的评估结果有比较高的真实性，能较好地反映病人的病情及其严重程度和变化，具有容量大、反映症状丰富，能更准确的描绘病人的自觉症状特性等优点，是当前心理门诊中进行心理健康状况鉴别和团体心理健康普查应用最多的一种自评量表。

（二）心理健康测查表

心理健康测查表（PHI）是中国科学院心理研究所研究人员根据国际上比较权威的明尼苏达多项人格测验（MMPI）结合中国国情修订而成。该测查表由 168 个项目组成，采用"是"或"否"两级作答方式，16 岁及以上、具有小学及以上文化水平的人员均可适用。作为筛查心理健康者的测查工具，心理健康测查表能够测查出被测查者七个方面的心理健康状况，这七个方面是躯体失调、抑郁、焦虑、病态人格、疑心、脱离现实、兴奋状态。该测查表目前在国内的临床心理治疗领域得到一定的应用。

除了以上常用量表，在实际工作中根据罪犯的具体情况，还会选择其他适合的量表。需要说明的是，根据心理测验所得的分数推断罪犯心理健康的程度，首先要保证测验过程的客观性和结果的真实性，其次一定要避免绝对化，测验分数只能作为判断罪犯心理是否健康的一种参考，绝不能仅凭一次测验就对罪犯下一个心理是否健康的结论，还要结合其他评估方法进行综合分析，同时了解被测罪犯近来的表现和生活状态。

第三节　罪犯心理健康教育的内容

一、罪犯心理健康教育的一般内容

根据司法部监狱管理局组织编写的《心理健康教育》教材，罪犯心理健康教育的一般内容包括以下十个方面。①

（一）心理健康的基本知识教育

向罪犯传授和普及心理健康常识，是监狱心理健康教育工作的重要组成部分。通过学习，罪犯要掌握心理学和心理健康的基本常识，了解感知觉、记忆、情感、思维、意志等心理过程，动机需要、能力、气质、性格等个性心理特征以及自我意识方面的基础知识，树立关于心理健康的科学观念，懂得心理健康的表现与判断标准，了解影响心理健康的各种可能因素及其关系。

① 司法部监狱管理局编：《心理健康教育》，法律出版社 2005 年版，第 28～30 页。

(二)认知模式教育

认知模式教育是让罪犯掌握认知的概念及其与心理健康的关系，了解罪犯中常见的各种不良认知模式的表现及其危害，尤其需要了解自我认知产生的原因及影响因素，理解并掌握克服认知障碍的方法，培养正确的认知模式和思维方法。

(三)积极情感教育

积极情感教育是让罪犯认识情绪、情感与心理健康之间的关联，了解罪犯中常见的各种消极情绪和情感表现，懂得并掌握疏导和消除不良情感体验的原理与方法，建立积极向上的情感特征。罪犯由于境遇的变化，易产生烦恼、忧郁、焦虑、悲观、苦闷、抵触等负性情绪，通过心理健康教育，教会他们如何调节负性情绪和消极心理，以平静、乐观的心态度过服刑生活。

(四)意志力和生活方式优化教育

意志力优化教育主要是让罪犯充分了解意志对心理行为的调控作用，懂得意志品质对心理健康产生的影响，了解罪犯在意志品质缺陷方面的具体表现及其克服方法，增强心理承受力，培养优良的意志品质。生活方式优化教育是让罪犯懂得不同生活方式与心理健康的关系，了解罪犯不良生活方式的具体表现及其改变方法，建立良好的生活方式。

(五)人格健全教育

人格健全教育是让罪犯掌握健全人格和不健全人格的概念，认识不健全人格对个体心理健康的消极影响，了解罪犯常见的人格缺陷表现及影响因素，掌握消除不健全人格和培养健全人格的方法。

(六)自我意识教育

自我意识教育是让罪犯掌握自我意识的概念及其形成的规律，懂得自我意识在个体心理健康中的地位与作用，了解罪犯常见的自我意识方面的缺陷或不足，理解并掌握建立和完善自我意识的方法。

(七)人际和谐教育

人际和谐教育是帮助罪犯懂得人际关系与心理健康的关系，认识罪犯特殊身份对其人际关系产生的影响，了解罪犯常见的人际交往障碍及其消除方法，掌握人际交往的基本常识与技巧，建立和谐的、有助于罪犯良性发展的人际关系。

(八)心理测量、心理咨询与心理治疗知识教育

心理测量、心理咨询与心理治疗知识教育，就是让罪犯掌握心理测量、心理咨询与心理治疗的概念、功能和流程等相关知识，在此基础上能够积极参加心理测验，正确看待心理测验的结果，主动寻求心理咨询的帮助，积极配合心理治疗。

（九）应对方式教育

许多罪犯的心理问题来自需要得不到满足的挫败感，从而采取不合理的应对方式，如人际矛盾、消极改造等行为。应引导罪犯全面客观地认识和正确认识生活中的挫折，树立战胜困难的信心和勇气，采取积极的应对方式去面对生活。

（十）人生观、价值观教育

人生观、价值观属于人的高层次心理，对人的各种心理活动起调节作用。人生观与价值观不仅直接影响个体的心理健康水平，而且对其行为具有一定的导向作用。绝大多数罪犯有错误的人生观、价值观，这既是其走向犯罪道路的主要原因，也严重影响其改造表现，所以人生观与价值观教育是罪犯心理健康教育的重要内容。教育引导罪犯逐步改变对人生的错误观念，加深对人生意义的正面理解，确立一种实际的、合理的人生价值观，以饱满的情绪面对社会、自己和他人。

二、不同服刑阶段罪犯心理健康教育的具体内容

罪犯心理健康教育既是一项长期的、基础性的工作，也是一项系统性工作，需要参照罪犯心理健康的标准，围绕罪犯心理健康教育的一般内容，并根据罪犯的实际情况来设计具体方案。对于不同类型的罪犯和不同服刑阶段的罪犯，心理健康教育的侧重点应有所不同。一般来讲，罪犯的改造过程大致分为三个阶段：服刑初期、服刑中期和服刑后期。在不同服刑阶段，罪犯的改造心态各有不同，也会引发不同的心理问题。因此，认识不同服刑阶段罪犯的心理特点及其存在的心理问题，有意识地采取针对性的心理健康教育方法，对维护和促进罪犯的心理健康并使之顺利完成改造任务有着重要的现实意义。

（一）服刑初期

服刑初期是罪犯入监后半年左右的一段时间。在这一时期，罪犯由于角色的转换，原有社会地位的丧失，生活环境的急剧变化，心理落差加大，在认识、情感、意志、行为上一时难以适应监狱生活。这一阶段罪犯的情绪很不稳定，失落、恐惧、悲观、怨恨，焦虑、抵触，各种消极情绪比较普遍，因此，心理健康教育十分重要。此时，心理健康教育的主要任务是帮助罪犯接纳和面对现实，调整好自己的心态，适应监狱环境，确立目标，为今后改造奠定好基础。

服刑初期的心理健康教育可放在入监教育中进行，旨在使罪犯初步了解和掌握心理学一般知识，认识心理健康的意义，积极配合监狱组织的各项活动，自觉调适自己的不良心理，对自己的身份和罪行有一个正确的认识，尽快适应监狱生活。具体的安排，可参照以下内容：(1)心理学及心理健康基本知识；(2)调整自我，熟悉

环境,适应环境;(3)置换角色,面对现实,接受现实;(4)重新确定目标,充实监狱生活;(5)调节情绪,改善心情,心理调适;(6)进行正常的人际交往。

(二)服刑中期

服刑中期大致为罪犯入监半年后至出监前半年的一段时间。与服刑初期和服刑后期相比,这是一个时间相对较长、心理问题全面凸显的时期。从表面上看,大多数罪犯已初步适应了监狱生活,进入心理上的改造适应期。但是,这种状况很不稳定,容易反复。尤其是一些突发性事件,如家庭变故、婚姻纠纷、改造中的人际关系冲突等,极易引起他们情绪上的波动,导致心理问题的产生,影响自身的改造。同时,由于监禁生活的影响,容易出现一些新的问题,如监狱人格、伪装心理、性心理问题等。因此,服刑中期是罪犯心理健康教育的关键时期,既要巩固第一阶段罪犯心理健康教育的成果,又要不断解决一些新的问题,并为下一阶段的心理健康教育打下良好基础。

服刑中期心理健康教育的主要任务是将罪犯纳入正常改造轨道,帮助他们全面且顺利地完成各项劳动、学习和改造任务。因此,这个时期心理健康教育的内容主要有以下两个方面。

1. 针对服刑中期罪犯的一般心理特点,对所有罪犯进行共同的心理健康教育。具体内容如下。

(1)教育罪犯构建良好的自我意识。良好的自我意识是罪犯心理健康的基础,也是罪犯从强迫改造到自觉改造的关键。只有构建良好的自我意识,罪犯才能以积极主动的姿态投入日常的劳动和学习中,并且在劳动和学习中不断地完善自我,走向新生,而不是混刑度日。因此,在罪犯初步了解自我意识知识的基础上,帮助罪犯认识原有自我意识的缺陷,教育罪犯重构自我意识,以便能够具有清醒的自我理性认识、健康的自我情感体验和有力的自我意志控制。自我意识的构建有赖于监狱生活的各个方面。为了达到预期效果,要教育罪犯正确对待劳动,理解劳动对心理健康的重要意义,调动罪犯劳动的积极性,鼓励他们在劳动中磨炼意志,重塑自我。同时,激发罪犯学习的兴趣,改变他们对学习的被动态度或虚假热情,从知识中获取理性。

(2)引导罪犯建立和谐的人际关系。监狱是一个相对封闭而又特殊的社会,这就造成了监狱人际关系既简单又复杂的特点。虽然它主要存在于监管人员与罪犯彼此之间,但它的实际过程是复杂的。除监狱民警与罪犯之间构成了包含惩罚、控制、管理、教育、改造等复杂的行为模式的人际关系之外,罪犯之间的人际关系也是极为复杂的。他们生活于封闭而狭窄的空间里,迫于无奈、毫无隐私地结成单调枯燥的单性社会,任何细小的人际关系矛盾都可能因此而成倍扩大,更容易形成种种复杂的人际关系矛盾。这些矛盾随着罪犯服刑生涯的继续,对罪犯心理的不良影响也日益加大。监狱民警除了要把握好自身与罪犯的关系,还要引导罪犯彼此之间和谐相处,建立积极向上、有益于身心健康的人际关系。同时,罪犯与家庭的关系也至关重要,良好的家庭关系是罪犯强大的心理支持,对家人也是一种慰藉。因此,充分借助亲情会见、亲情电话和书信联系等方式,促进罪犯积极改造。

(3)培养罪犯对挫折的心理承受能力。在罪犯的服刑过程中,会遇到很多的困难。例如,学习中力不从心,劳动中难以承受,因改造积极受到狱内罪犯非正式群体的刁难、报复和打击,因家庭遭遇天灾人祸或婚姻危机而焦虑悲观、动摇自己的决心,等等。种种挫折和困难常常影响罪犯的心理状态,因此民警要对罪犯进行挫折教育与危机应对教育,培养他们对精神刺激的承受力和抵抗力,以适当的方式去面对和解决问题。

2. 针对不同类型罪犯确立心理健康教育的重点。这里简要介绍对未成年犯、女犯和不同犯罪类型罪犯进行心理健康教育的侧重点。

(1)未成年犯。未成年人由于处于身心急剧变化的时期,加上罪犯的特殊身份,他们具有经常性的内心冲突、消极性格特征时常显现、情绪不稳定、容易冲动、思想混乱、精神空虚等心理特点。针对这种情况,应注重提升他们的情感智商。进行情感教育,以及情感技能培训,让他们学会在行动之前,先控制好自己的冲动情绪,用理智来作出更恰当的行为决策。同时,针对青春期的特点,认真开展性知识教育,让他们了解性知识、掌握性道德,形成健康的性心理。在教育过程中,多给他们爱心、耐心和细心,引导他们不断成长。

(2)女犯。女犯与男犯相比,具有情感细腻多变、敏感多疑、情绪波动大、意志缺乏坚定性等特点。应进行道德修养教育、理想教育、前途教育,培养她们自尊、自爱、自强的精神。同时,针对女性的特殊生理现象及心理反应,对中青年及中老年女犯进行月经期、更年期的心理健康教育,使她们了解自己的生理、心理状况,适时做好生理、心理准备,从而减少或克服生理、心理的不适,顺利度过人生的特殊阶段。

(3)对于不同犯罪类型的罪犯,要进行针对性的心理健康教育。暴力型罪犯、财产型罪犯等因其犯罪类型和犯罪原因的不同,他们在服刑中有不同特点。因此,在服刑中期,应针对这些不同犯罪类型的罪犯的不同心理特点,进行各不相同的心理健康教育。例如,暴力型罪犯一般情绪稳定性差,易发怒,很容易产生冲动性行为,因此,应针对暴力型罪犯的这些特点,着重对其进行如何控制和有效调节自己情绪的心理健康教育。例如,故意杀人、强奸、抢劫、绑架、投放危险物质或者有组织的暴力性犯罪分子,因其缺乏同理心,意识不到自己违法行为对别人和社会的伤害,需要对其进行情感教育、感化教育、道德教育以及法律教育。

(三)服刑后期

服刑后期大致为临近出监前半年左右的一段时间。此时罪犯面临即将刑满释放。由于罪犯处于监狱人(不自由)与自由公民的"临界点",因此,其心理活动十分复杂,既有监狱情境刺激因素仍然作用于罪犯所产生的服刑心理,又有面临回归社会这一新刺激所带来的矛盾复杂的回归心理。他们既有将重新获得自由的喜悦与兴奋,又有对回归社会后可能遇到的一些问题的忧虑与不安;既有经过监狱改造认罪悔罪、重新做人的向善心理,又存在一些消极心理和认识上的偏差。因此,这时的心理健康教育具有总结性、补课性的特点,主要任务是巩固改造成果,帮助罪犯做好出监前的各项准备,以及如何开始社会生活。

服刑后期的心理健康教育非常重要,可以放在出监教育中认真开展,而不是流于形式,具体内容如下。

1. 巩固罪犯心理健康教育的积极成果。处于服刑后期的罪犯,经过监狱机关的前一阶段的教育改造,面对即将结束的刑期,已经"破旧立新"的罪犯,会产生积极的回归心理,如悔过自新心理、立功赎罪心理、发奋图强心理等。对于罪犯积极的回归社会心理,监狱民警应通过正强化机制和反馈机制予以肯定、支持与鼓励。

2. 消除罪犯的消极回归心理。罪犯在服刑后期,原本残存的不良心理与期盼回归心理的结合,容易发展为消极的回归心理。具体表现为过于自信与自卑心理、强烈的需求心理、翻案报复心理、补偿心理等。对于这些消极心理,监狱民警应通过负强化机制予以否定、矫正与批评。例如,引导罪犯调整好心态,减轻自卑心理,合理定位补偿心理,消除报复心理。另外,对罪犯过于自信的心理也不容忽视,要引导罪犯正确评价自我,设想出狱后可能遇到的困难,提升挫折容忍能力与抵御犯罪诱因的能力。

3. 教给罪犯心理调适的方法。罪犯在监狱服刑中会产生监狱化,甚至形成监狱人格。因此,要教给罪犯心理调适的方法,以减少乃至消除监禁生活带给他们的负面影响;同时,使他们在脱离严格的监管生活后,能自觉地调整心态,踏实地开始新的生活,在生活中遇到挫折,能够自我调适,用积极的心态、正确的行为去面对,避免重新犯罪的发生。

第四节 罪犯心理健康教育的方法和途径

一、进行系统化的课堂教育

目前,系统化的课堂教学,因其覆盖面比较广,方式直接,形式正规,成为罪犯心理健康教育的一种首选方式。为了达到良好的效果,首先,应整体规划,统筹安排。将心理健康教育纳入罪犯教育的整体序列之中,作为罪犯的必学课程,每学期安排一定的课时,制订统一的教学计划,让罪犯系统地学习心理卫生、心理健康知识。其次,要选用合适的教材。选用适合罪犯特点、实用价值高、可操作性强的心理健康教育读本。近年来,全国已经出版了一些关于罪犯心理健康教育的教材,有的很有新意和运用价值。最后,在教学过程中,既要注重心理学基本理论的讲解,又要注重心理调节方法的传授。为了激励罪犯学习的积极性,教育过程中还可穿插进行自我感悟、知识竞赛、演讲、情景互动等活动来充实并强化教学内容。教师应由监狱中的心理咨询师或心理辅导员兼任,应具备丰富的监狱一线工作经验,热爱罪犯心理矫治工作,具有真诚、接纳、信任等良好的个人素质。

二、利用传播媒介开展宣传教育活动

在日常改造中,可利用监狱报、墙报、广播、监狱系统内部创办的杂志等媒介宣传心理卫生、心理健康知识,录制电台、电视台有关心理健康的节目,组织罪犯收听、收看。在此基础上,各个监狱还可创造条件,实现“电子探监”,将高新技术与心理科学方法相结合,帮助罪犯科学利用电话、网络等设备与社会联系,组织社会各界的力量,尤其是罪犯的家属参与对罪犯的改造,增强监狱吸纳社会信息的能力,改善罪犯的封闭状态,促进其人格健康发展。从目前各地情况来看,“电子探监”主要包括视频会见、亲情热线、友情热线、网络热线、电子信箱等多种形式。不同监狱可根据自己的实际情况有选择地加以运用。

三、举办有关心理健康的专题讲座

监狱应针对不同类型及不同服刑时期的罪犯,开展心理学知识的专题讲座,这样能大大增强心理健康教育的针对性和有效性。例如,对暴力型罪犯,讲关于攻击性行为产生与控制方面的知识;对盗窃罪犯讲盗窃心理、偷窃癖产生的原因及防治;对性欲型罪犯讲性心理的发展及性心理障碍的知识;对初入监的罪犯讲应激与

适应、挫折心理与调适;对服刑中期的罪犯讲人格发展与犯罪的关系以及有关人际关系、自我意识等方面的知识;对服刑后期的罪犯讲理想与现实、自我规划、如何适应社会生活等有关知识。这类讲座,在条件允许的情况下,可由经验丰富的监狱民警、社会上的有关专家主讲,也可由回归社会的罪犯参与,因其知识性、权威性、经验性和效用性,往往能够取得更好的效果。

四、加强环境建设

在罪犯心理健康教育过程中,正规课程的教育不可缺少,环境的熏陶也不容忽视。从教育学的角度来看,课程应包括教育环境的所有因素。例如,监狱文化建设就是罪犯人格改造的重要因素。监狱以自我理性认识为基础,对自身物质文化、制度文化和精神文化的改造与构建,使它们能够推进罪犯人格的健康发展,成为人格改造的潜在课程。在依法惩罚罪犯的前提下,进行监狱文化建设,为罪犯改造创造良好的精神环境和改造氛围,应成为培养罪犯健康心理的一项积极措施。

目前,各地监狱都非常注重环境的绿化、整洁和美化,使监狱的环境被赋予自然和生命的内容与色彩,有利于罪犯的身心健康和积极情绪、情感的培养。各监狱根据自身特点,创造各具特色的改造环境与氛围。比如,某省未成年犯管教所对监室环境进行改造,形成“个性化监室”。允许未成年犯在健康、整齐、卫生的前提下,按照个人生活习惯、审美情趣,进行生活化摆设和安排。为未成年犯购置鱼缸及多个品种的花草,让他们自行管理,养鱼种花,极大地充实了业余生活,使其热爱生活、关爱生命的热情得到了有效释放。还为每个监室安装了印有山水、卡通等图案的壁挂式彩色窗帘,未成年犯原来回到监室看到冷冰冰的铁窗,后来看到赏心悦目的山水、卡通图画,从而感到愉悦、温馨,减少了压抑感。针对未成年犯童心未泯的特点,允许他们在监室里悬挂具有亲情、友情、励志等内容的袖珍挂图,摆放父母照片、全家福照片以及玩具摆件,让他们时时感到亲人的关注与期盼,自然产生一种回家的感觉、归属的感觉。“个性化监室”突出了个性,使监室面貌焕然一新、意趣盎然,使未成年犯在严格的监规纪律的约束下,享受到了人文教育的温暖,陶冶了情操,稳定了思想情绪,同时对转变其世界观、培养良好的行为习惯,也起到了积极作用,促进了未成年犯的健康成长。

五、罪犯自我教育

罪犯不是改造的消极客体,而是能动的主体,所以在罪犯心理健康教育方法上,监狱民警应注重罪犯的主体地位,努力探索以罪犯为学习活动主体的教育方法。例如,鼓励罪犯写日记,罪犯作为主体的我对客体的我进行感受、体验和认识,写日记的过程中进行自我理性构建。监狱民警要指导罪犯如何将写日记的过程转化成一种思考过程,而不是单纯记录日常琐事。对罪犯的不健康心理,在外部力量介入的同时,应注重罪犯自我调节方法的传授。

在开发罪犯自身潜力的同时,还要注重利用罪犯群体的力量,造就积极的心理互动环境。其既可以发挥监区和监舍的积极改造作用,给团体命名或者制定团体目标,发挥团体齐心协力、互帮互助的作用;也可以编排心理游戏、心理剧,组织典型进行现身说法等,为罪犯创造相对宽松的心理互动环境,以便相互施加有益影响,建立和谐的人际关系。例如,某监狱成立"情感疏导室",让罪犯担任疏导员,利用他们与其他罪犯便于接触、善于沟通的特点,让更多的罪犯主动走进"情感疏导室",接受心理咨询和情感疏导。实践证明,"情感疏导室"开辟了罪犯心理健康教育的新天地,对罪犯消除情感障碍、合理宣泄情绪压力、强化心理素质、促进思想稳定、提高改造质量,发挥了积极的作用。

延伸阅读

女犯心理倾诉间

在某省女子监狱,女犯心理倾诉间设在监狱教学楼。进入房间后,在门左侧的北墙上写着这样的导入语:"泪水可以清洗体内毒素,泪水可以净化心灵疗疮。它是汪洋大海,哭就哭个痛快,好儿女应该坦坦荡荡。没有人责备你的雨季,谁又能拒绝雨后的晴朗!"这个导入语告诉罪犯"倾诉间"的宗旨,就是让罪犯通过大声哭喊等方式,发泄消极情绪。

倾诉间的东侧为"低声倾诉区"。在房间的东北角摆放一张写字台,上面有电视机、台灯、茶盘、电话机和电话号码簿。旁边有柔软、舒适的沙发。相邻的东面墙上,有一幅樱花盛开、流水桥梁的巨幅壁画,壁画下面是花盆,里面栽着四季梅。电话号码簿上印着爷爷、姥姥、父亲、母亲、兄弟姐妹等虚拟人物的电话号码。犯人坐在舒适的沙发上,通过拨打相应的电话号码,就可以在一种轻松、亲切的气氛中和这些虚拟人物谈话。

倾诉间内正对着南墙和西墙偏南的大部分是"高声宣泄区"。南墙前是一座重叠高耸的假山,山上松柏葱茏,山路通向远方;西墙是"黄果树大瀑布"巨幅壁画。犯人在高声宣泄区,可以大声喊叫,排遣胸中的沉闷、恐惧和烦恼,使情绪得到放松。

西南角是“心理整理区”，由一扇屏风隔开。进入屏风内，发现屏风的里面原来是一个落地长镜，镜面上写着“静思”二字。反过身来，墙角上还有一面扇形的整容镜子，镜子的下方摆放着脸盆、手巾、香皂、香粉。镜子的旁边写着“它是你亲切的伙伴，提示你善待生命，珍惜美好人生”。

走出屏风，在门西侧的墙上伸出一只质感极强的塑料手，墙上写“请握住这只手！让你在困惑中战胜自我，祝你改造顺利”。

走出倾诉间的犯人无不珍藏着一纸赠言：“勇敢些，坚强些，走出泥潭，走进春天！去拥抱生命的太阳，记住阳光永远明媚，生命之树永远常青！”

研究与思考

1. 开展罪犯心理健康教育的意义是什么？
2. 如何理解罪犯心理健康的标准？
3. 如何设计罪犯心理健康教育的内容？
4. 开展罪犯心理健康教育主要有哪些方法和途径？

第六章 罪犯心理评估

重点提示

罪犯心理评估，是对被评估的罪犯个体或群体的心理特性作出有意义的解释和科学的价值判断过程。罪犯心理评估过程包括确定评估目的和评估标准、收集资料、具体评估、评估结果的应用等环节。罪犯心理评估坚持客观性与主观能动性相结合，定量与定性相结合，理论与实践相结合，分析与综合相结合，评估与咨询、诊断、治疗、教育指导相结合等原则。在不同的矫治阶段，罪犯心理评估的侧重点有所不同。常用的罪犯心理评估方法有心理测验法、会谈评估法、行为评估法、生活史调查法、犯罪事实判断法等。撰写罪犯心理评估报告是评估工作者必须掌握的一项基本技能。建立罪犯心理档案应成为罪犯改造的基础和经常性工作。

心理评估在罪犯心理矫治中至关重要，它既为心理咨询、心理治疗提供依据，又是检测矫治成效、进行心理预测、心理危机干预的重要手段。

第一节 心理评估和罪犯心理评估

一、心理评估

在心理学中，心理评估就是对被评估者的过去和现在的智能状况、个性特征、心理健康状况等进行评价与鉴定的过程。

在西方心理治疗领域，不同治疗学派对治疗中心理评估的作用有不同的看法。有些治疗学派特别强调对来访者进行全面评估，把它作为治疗过程的第一步，认为当来访者过去和现在的功能状况不清时就不能制定具体的咨询目标，也不能设计恰当的策略。例如，精神分析疗法强调综合评估技术是了解个性动力及情感障碍来源的基础；行为疗法认为一开始就应该对来访者的行为、感觉、情感、想象、认知、人际关系、药物及生物因素进行全面评估，对具体行为及维持这些行为的刺激进行客观评价；认知行为疗法认为在评估中不能仅关心收集有关过去事件的数据，还要特别注意与其相关的错误思维和认知扭曲。有些治疗学派对在心理治疗过程中进行心理评估持否定态度。例如，来访者中心疗法认为评估和诊断都是有害的，因为它们是了解来访者的外部方式；现实疗法不强调心理测量和诊断的作用，认为让来访者对目前正在进行的事情予以注意，确定在什么程度上目前的行为是有效的；格式塔疗法不使用诊断标签，认为它们是对来访者—咨询师关系充分投入的逃避。

二、罪犯心理评估

罪犯心理评估是指在罪犯心理矫治工作中，评估者根据心理测验的结果，加上调查、观察所得到的多方面资料，对被评估的罪犯个体或群体的心理特性作出有意义的解释和科学的价值判断过程。罪犯心理评估是心理矫治工作的前提和基础，评估有助于获得罪犯较为真实、准确、深层次的信息，为进一步开展咨询、治疗和重新违法犯罪的预测、心理危机干预等提供依据。

从国际上看，许多国家的监狱在对罪犯进行心理矫治过程中都强调心理评估的作用。例如，美国监狱一般都为犯人提供心理健康关怀服务，对有需要特殊服务项目的犯人，首先要进行细致的审查（审查项目如表6－1所示）。通过审查，对有进一步评估需要的犯人，要在另外的地方监禁，并由专人进行更为细致的评估，评估项目包括会谈、记录卡片回顾、体格检查、实验室研究、（行为）观察和可能的心理测验等，然后进行各种诊断。

表6－1　监狱罪犯审查表①

项　目	内　　容
罪犯姓名	
身份证号	
出生日期	
教育水平（以年限论）	
是否能阅读（选择）	能　　　　　否

① See Peter M. Carlson & Judith Simon Garrett, *Prison and Jail Administration Practice and Theory*, An Aspen Publication, Aspen Publishers, Inc., 1999, p. 110.

续表

项　目	内　　容
英语是否流畅	是　　　　　　　否
精神问题史或住院史	是　　　　　　　否 如果是,列出地点和日期:
当前精神药物治疗	列出最后一次的用量和时间:
已明了的医疗问题	
变态反应	
药物滥用	列出最后一次使用的日期:
幻觉	有　　　　　　　无 如果有,进行具体描述:
错觉	有　　　　　　　无 如果有,进行具体描述:
焦虑	是　　　　　　　否
抑郁	是　　　　　　　否
当前的自杀意向	有　　　　　　　无 如果有,进行具体描述:
自杀企图史	有　　　　　　　无 如果有,记录具体日期和种类(方式):
杀人意向	有　　　　　　　无
建议(恰当进行全部检查后选择)	(　)立即进行精神或心理治疗安排 (　)自杀观察 (　)药物治疗 (　)门诊临床预约 (　)与一般犯人群体隔离开
审查评估人	
审查评估日期	年　　月　　　日

在国内,罪犯心理评估越来越受到重视,综合运用各种评估手段了解罪犯。不仅通过心理测验了解罪犯的心理状态,还从罪犯的成长和犯罪经历了解其犯罪成因,从罪犯改造中的行为表现和他评结果了解其心理动态,在评估的基础上开展相

应的矫治工作。同时,心理评估可以在改造质量评估体系中发挥重要作用,主要包括评估罪犯心理和不良行为的改造程度、社会适应能力、再犯罪可能性等方面。心理评估的结果,还可以检测监狱民警的工作效果,为调整改造方法或管理措施提供科学指导。

第二节 罪犯心理评估的过程和原则

一、罪犯心理评估的一般过程

一般而言,罪犯心理评估的过程大致可以分为以下四个阶段。

(一)确定评估目的和评估标准

确定评估目的非常关键,因为目的不同,评估所采取的方法和手段、所依据的标准也不同,只有明确评估目的,才能选择相应的评估方法和手段。一般而言,罪犯心理评估的目的是根据矫治罪犯的实际需要确定的,如在罪犯不同的服刑阶段,由于矫治工作的侧重点不同,心理评估的目的也不一样。罪犯心理评估的标准要根据所选择的方法和手段来确定。例如,如果要选择心理测验的方法进行评估,那么就要以该测验所确定的常模为标准。

(二)收集资料阶段

通过心理测验以及其他多种方法收集被评估罪犯的全面资料,其中包括:

1. 罪犯个体的一般资料。姓名、性别、年龄、文化程度、出生地、家庭情况、成长经历、犯罪类型、原判刑期,有无重大疾病和精神病史,大脑是否受过钝器损伤等,必要时可将罪犯的"副档"调出以了解其犯罪经历,判断其是否受过强烈或相对强烈的精神刺激。

2. 组织心理测试,开展心理调查。应用科学的测量手段,掌握罪犯个性特征、健康水准、防御方式等与罪犯改造密切相关的一些心理因素,旨在为准确诊断、正确矫治提供科学依据。对自诉有精神症状的罪犯、同组罪犯反映有精神症状或有异常行为的罪犯,以及监狱民警通过观察发现有异常行为表现的罪犯,应进行细致全面的检查,如通过投射测验、测谎、焦虑测验、抑郁测验、应对能力测验等,了解罪犯的需求倾向,进而了解其人格特质。对罪犯是否有自杀企图、是否诈病、是否有暴力倾向等作出预测。首先根据不同的评估目的,选取合适的心理测验项目,然后将测验结果进行汇总,发现并记录被评估罪犯的心理矫治关键问题。同时,通过查阅档案、对其他罪犯的访问、面谈、观察等手段,掌握罪犯心理现状,发现心理问题。

3.心理诊断与资料分类。当采用上述方法对罪犯进行测验、调查后,根据测试和调查的结果,对罪犯心理进行综合评估,并对罪犯的个性特征、行为方式、心理现状等,按照量表的要求和分析方法对测验的数据及相关因素进行综合分析、评价,诊断出被试罪犯的心理特征、类型及存在的心理问题。将诊断的结果进行详细记录,为临床心理治疗提供依据。

心理诊断和资料分类是心理咨询、治疗取得预期效果的前提,诊断正确,分类科学,才能有的放矢地进行咨询、治疗。在收集和处理资料的过程中,要注意收集过程中的客观性和真实性,同时需要注意以下几种结合:(1)量化资料与非量化资料相结合;(2)服刑期间的现实资料与服刑前资料及对未来预测相结合;(3)来自罪犯本人的资料与他人提供的资料相结合;(4)言语资料与具体行为资料相结合;等等。只有这样,才能使评估具有较高的客观性、准确性。

(三)具体评估阶段

评估者综合多方面的信息资料,首先对被评估罪犯的心理特征作出客观的描述,然后透过表面现象分析、推断决定被评估罪犯心理和行为表现的内在特性,以及产生特殊问题的原因,最后根据评估目的和要求作出评估结论。

在具体评估阶段,要不断修改和完善心理矫治计划。在此期间,要对心理矫治计划的科学性、可行性进行评估和检验,根据具体过程中出现的新情况、新问题,调整和修改矫治计划,使评估与治疗更具有连接性、针对性。从国际上看,在一些注重实证研究的国家,如美国、德国等,对这一阶段尤为重视。他们通过实施矫治计划,收集大量的数据,并进行系统的统计分析,得出推测性、描述性以及判断性的结论,供同行参考和验证。

(四)评估结果的应用阶段

一般来说,评估结果应该以有益于矫正教育的方式反馈给被评估罪犯,以促进其心理品质的改造和提高。然而,更重要的是把评估结果应用于罪犯心理咨询、心理治疗、心理健康教育和危机干预等工作中去,为这些工作提供可靠的依据和建议,也要通过这些工作对评估结果进行检验和修正,以便于今后评估活动的改进。

对上述罪犯心理评估的程序,应区分不同情况灵活掌握。如果是对个体进行治疗性评估,就要根据罪犯个体的具体问题,依照一般心理评估与治疗的程序进行;如果是对罪犯的改造质量进行心理学评估,其程序应体现出罪犯从"入监"到"出监"心理发展的全过程。

二、罪犯心理评估的原则

为了使评估过程更加科学、规范,真正达到评估的目的,在进行罪犯心理评估时必须坚持以下原则。

(一)客观性与主观能动性相结合的原则

科学的心理评估首先建立在客观性的基础之上,反对任何的主观臆断。除通过心理测验获得客观的、量化的资料以外,还要利用其他多种途径来获取被评估罪犯的客观资料,如行为观察、查阅档案、抽样调查、谈话、作品分析、现场实验等。其次在具体的评估过程中,评估者还要充分发挥主观能动性,运用自己已经掌握的知识和丰富的经验,并从教育改造罪犯的实际需要出发,作出科学的结论,这是一项极为专业的工作,需要评估者具备专业素质和认真态度。

(二)定量与定性相结合的原则

在罪犯心理评估中,对信息资料既要进行定量分析,又要进行定性分析,把二者有机结合起来。定量分析就是把由测验或其他途径得到的具有一定数量指标的资料,运用一定的数理统计方法加以处理,使评估的结论更具有可靠性和精确性。定性分析是对信息资料的质的方面进行分析,具体而言,就是通过对已经获得的复杂的资料进行分析、综合、比较、抽象和概括,找出这些资料中隐藏的规律性。只有进行定量和定性相结合的分析,才能全面认识被评估罪犯的心理特征及其发展规律。

(三)理论与实践相结合的原则

从心理评估在心理学中的地位来看,它处于理论研究与实际应用的中介位置上。一方面,它以心理科学多种分支学科的研究成果为理论基础;另一方面,它又以广泛的社会实际需要为其产生和发展的直接动力。因此,在罪犯心理评估中,评估者首先必须掌握丰富的、以心理学为核心的理论知识,其次根据我国罪犯改造工作的实际需要,对罪犯个体或群体作出有价值、有意义的评估和指导。因此。提高监狱民警心理学理论水平,结合其丰富的实践工作经验,可以大幅提高其工作效果。

(四)分析与综合相结合的原则

对罪犯进行心理测验一般只能对其心理结构中的某一方面、某一特征进行测定,本质上是分析式的。罪犯心理评估需要综合多方面、多特征的测验结果来进行,本质上是综合的。但综合一定要以分析为前提,只有先经过分析、比较,将信息资料中的本质方面和非本质方面区别开来,然后再进行综合,才能使认识深化,由感性上升到理性,从而揭示罪犯心理的本质特征。而且,在此过程中,分析与综合并不是一次就能完成的,往往需要多次交替进行才能达到对本质特征的认识,得出科学的结论。

(五)评估与咨询、诊断、治疗、教育指导相结合的原则

罪犯心理评估的根本目的在于后期工作的应用,为促进罪犯心理机能的完善和矫正教育服务,而不是以分类或“贴标签”为主要目的。因此,心理评估的结果要与心理咨询、心理诊断、心理治疗、心理教育密切联系,用于后期的罪犯咨询、治疗和教育改造工作。

第三节　不同矫治阶段的罪犯心理评估

在不同的矫治阶段,罪犯心理评估的侧重点有所不同。一般而言,对初入监的罪犯要进行个性特征、心理健康状况的评估;在罪犯服刑中期,矫治工作者出于心理咨询和治疗、危机干预的需要对罪犯进行心理评估;对即将出狱的罪犯,为了检验矫治质量和预测未来适应社会状况而进行相应的心理评估。

一、入监初期心理评估

对入监初期的罪犯进行心理评估,主要是为了了解罪犯的心理状况,为建立罪犯心理档案、进行分类教育和个别矫治提供原始资料与心理学依据。入监心理评估主要包括以下工作。

(一)进行心理测试

应用专业的心理测验量表,掌握罪犯的个性特征、犯罪心理状况、心理健康状况、防御方式等与改造密切相关的心理状况,为进一步诊断、矫治提供科学依据。

(二)开展心理调查

通过查阅罪犯档案、相关人员访问、罪犯面谈和行为观察等手段,全面掌握罪犯的心理成长经历和心理现状,并预测其未来的心理行为倾向。

(三)进行心理诊断

根据心理测试和调查的结果,对罪犯的心理状况进行综合评定,并对罪犯的个性特征、行为方式、心理问题等作出恰当的评价。应注意把握罪犯心理的稳定性和动态性,持发展的观点看待罪犯。

(四)建立心理档案

建立罪犯心理档案不仅是心理矫治的基础性和经常性工作,也是一项专业性工作。相关问题将在本章第五节介绍。

(五)制定矫治方案

在弄清罪犯心理发展历史和现状的基础上,根据心理诊断结论,提出相应的管

理教育措施和心理咨询、心理治疗方案。矫治方案包括团体矫治方案和个体矫治方案。

二、服刑中期心理评估

对服刑中期的罪犯进行心理评估，主要包括以下四个方面。

（一）罪犯心理预测

这是对罪犯心理现状和行为倾向的判断，目的是根据罪犯特点安排合适的劳动岗位，有效防范危险行为，确保监管安全。心理预测包括危险性预测和心理发展预测。罪犯危险性预测是根据测量结果以及罪犯现实表现、来自监狱内外的刺激因素等，预测罪犯危险性的大小，确立重点防范对象及防范项目；罪犯心理发展预测是根据罪犯年龄、刑期、经历、犯罪类型等所体现出的不同特点，预测其共性和个性的心理发展问题，为监管改造特别是心理矫治活动提供依据。

（二）罪犯心理健康状况评估

通过一定的心理测验、行为观察、会谈等评估手段，对罪犯的心理健康状况进行评估，是罪犯服刑中期心理评估的一项重要内容。其中包括对监禁生活的适应状况（是积极适应还是消极适应）、有无异常行为和心理表现、是否有精神病症状等进行评估，系统掌握其服刑期间的心理健康状况，并提出提高罪犯心理健康水平的建议，开展相应的矫治工作。

（三）罪犯心理危机评估

心理危机是一种很容易导致危害行为发生的心理状态，由于它具有突发性和危险性，因此，预防和干预罪犯心理危机是维持监狱安全稳定的重要内容。根据罪犯心理危机产生的原因和发生过程，在评估时可划分为三级水平：一般预防水平、重点预防水平和特殊预防水平。

1. 一般预防水平。其是指对具有一般心理问题罪犯的预防水平。这类罪犯没有明显异常言语和行为，有明确的自知力和定向力，在情绪方面有一定的不稳定性，但没有受到明显的刺激。对此，可以通过各种心理矫治措施，提升罪犯的自我调节和控制能力，增强其对挫折的耐受和应对能力。

2. 重点预防水平。其是根据入监心理评估的结果，对有轻度心理障碍的罪犯的预防水平，建议采取心理咨询、心理治疗等措施，有效预防其心理和精神症状的恶化，并促其向良性转化。

3. 特殊预防水平。其是根据心理危机预测结果，对具有潜在心理危机倾向或现实危机表现的罪犯的预防水平。这需要采取超前的防范措施，如有自杀观念尤其是有自杀企图的罪犯,有过度焦虑表现的罪犯,有明显精神分裂症症状的罪犯,应实行特殊预防,以确保其自身和他犯的安全。

通过规范罪犯心理危机评估工作程序,落实对评估结果的运用,全面掌握罪犯的心理动态和人身危险性,并根据其成长经历、家庭状况、遗传病史、重大疾病史、犯罪经历以及入监后适应情况等进行结构性面谈,对其心理状况进行系统评估,采取有针对性的管理和心理矫治措施。

(四)罪犯心理咨询和治疗评估

在罪犯服刑中期,由于长期的同性群体生活,长期远离亲人,长期从事强制性学习和劳动等,有些罪犯容易出现心理困惑、心理问题(如焦虑、抑郁、幻觉等),甚至由于心理问题出现生理反应,需要求助心理咨询。罪犯心理咨询和心理治疗评估,是评估者主要针对来访罪犯在上述方面的问题,通过会谈评估、行为评估、心理测验等,进行综合性评估,提出咨询和治疗建议,或协助其他咨询和治疗人员拟定咨询与治疗计划。在这种评估中,主要目标是帮助来访罪犯认清自己的心理问题所在,以提升其应对挫折和各种不幸事件的能力,改善其心理与行为适应方式,解除症状和痛苦,促进其人格的完善和成熟。

三、服刑后期心理评估

罪犯即将刑满出狱时,监狱需要对其改造质量和出狱后重新犯罪危险性进行评估,即改造质量的心理评估和再犯的心理预测。下文主要介绍改造质量的心理评估,而再犯危险评估将会在第七章专门介绍。

(一)改造质量心理评估的标准

1. 共同标准。这是适用于全体罪犯的标准,主要有以下三个方面:

(1)罪犯的犯罪心理结构是否实现了良性转化,守法心理结构是否建立;

(2)罪犯的人格障碍、性心理障碍和其他精神心理问题是否得到有效治疗,是否恢复常态心理;

(3)罪犯是否具备适应社会的心理素质和职业技能。

2. 分类标准。这是衡量不同类型罪犯改造质量的具体标准。这种标准可从不同角度分别制定,如从性别角度、年龄角度、犯罪经历角度、犯罪动机角度分别制定评估标准等。现对不同犯罪动机罪犯的改造质量评估标准加以分析:

(1)物欲型罪犯的评估标准:①以畸形膨胀的物质需要为主的不良需要结构是否得到了改变,是否形成了正常的需要结构;②好逸恶劳等不良的行为习惯是否得以消除,是否养成了勤劳俭朴的生活习惯;③是否具备了抵御金钱物质利益诱惑的意志力;④是否掌握了基本的职业技能,能否自食其力。

(2)性欲型罪犯的评估标准:①错误的性爱观念是否减弱以至消除,正确的性意识是否建立;②对性生理、心理冲动的自我调控能力以及对色情诱惑的抗御意志力是否增强;③一部分罪犯的性变态心理是否得到矫治。

(3)情感型罪犯的评估标准:①情绪的冲动性、不稳定性、极端性等不良特点是否得到改变;②各种不良的情绪、情感,如嫉妒、敌对、抑郁、焦虑等是否得到矫正;③对消极情绪的自我调节控制能力以及挫折耐受能力是否增强;④是否学会了正确的人际交往方式和具备处理人际冲突的能力。

(4)信仰型罪犯的评估标准:①错误的社会意识及歪曲的价值观念是否消除,正确的信仰结构是否建立;②是否具备区分真理与谬误的能力;③歪曲的自我意识是否得到矫正。

上述改造质量心理评估的共同标准和分类标准只是主要方面,在具体评估过程中,还要分出若干细目,并确定量化指标及评定等级。

(二)改造质量心理评估的方法

对罪犯改造质量的心理评估,可以采取多种方法进行,常用的有以下四种方法。

1. 量表评定。运用标准化的量表对罪犯心理进行评定,是罪犯改造质量心理评估中收集资料的重要方法之一。量表评定是用来量化观察中所得印象的一种测量工具,从形式上可以分为两种:自陈量表和他评量表。自陈量表以受测者对问题作答为依据,实际上相当于受测者的自我陈述或自我评估。目前,在我国监狱中被广泛使用的16PF、EPQ、MMPI、SCL-90等量表,均属于自陈量表,它们更多地被用于对罪犯进行心理诊断,在评估改造质量时,也可以作为重要的参考依据。如果入监诊断时使用了测验量表的正本,进行质量评估时可使用同一量表的复本,以便对其心理变化作出比较。他评是以有关人员对罪犯的实际观察为基础对罪犯作出的评估。它所依据的资料虽然看起来是非正式收集的,评价带有主观性,但是在真实条件下通过观察获得的,其来源是真实的,并且以多人评价的均值作为依据,因而有很大的参考价值。在罪犯改造质量心理评估中,他评量表可分为民警评价量表和他犯评价量表两种。对这两种他评量表的评定结果,应比较其一致性,如果有重大差异,应进行深入的调查研究,弄清真实情况,并连同罪犯自陈量表一起,由专业人员进行综合评估,以准确判断其改造效果。总之,一套完整的罪犯改造质量心理评估量表,不仅要有自陈量表,还要有他评量表,这样才能使评估结果尽可能全面而可靠。

2. 考核评定。即根据矫治计划,按照确定的指标和量化标准对罪犯改造的质量进行评定。具体步骤是先逐项进行量化考核统计,然后在所获资料和量化结果的基础上作定性分析,评出优、良、中、差等不同等级。考核方式主要有:

(1)日常考核。其主要考核项目有劳动考核(出勤率、劳动成果等)、学习考核(文化、技术课成绩等)、政治思想考核(参加政治学习情况、是否获得奖励等)和纪律考核等。

(2)罪犯自我评定。即在监狱民警的组织下,通过问卷或口头评议的方式进行的评定。制作问卷,在内容上要全面,能反映罪犯全部或基本的人格及行为倾向;在语言上要通俗易懂,让罪犯能够理解;所提问题应有一定的掩饰性,让罪犯感到真实作答不会影响自己的改造成绩。罪犯口头评议需要监狱民警事先制订计划,认真组织,既可以围绕一个中心进行,也可以不确定主题,仅让被评定罪犯就一个阶段的矫治收获和不足作出自我总结。

(3)监狱民警和心理咨询师的综合评定。即有关监狱民警和心理咨询师根据对罪犯进行长期观察、谈话及在心理咨询活动中所收集的信息的基础上进行的评定。这种评定是通过对罪犯心理发展变化的总体了解,并参照罪犯自我评估及日常考核成绩,最后得出的定性结论。

3. 情境实验。即针对不同类型罪犯的心理社会化缺陷,在自然状态下设置一定的实验情境,根据罪犯对情境刺激的反应,评估其犯罪心理改造的程度和良好人格品质形成的状况。例如,对物欲型罪犯设置一定的利益诱惑,考察其抗御金钱、物质诱惑的意志力;让性欲型罪犯接触与性有关的刺激信息,观察其情绪变化和是否具备克制性冲动的意志力;对情感型罪犯设置人际冲突等挫折情境,考察其情绪的自我调控能力等。

4. 追踪调查。这是对出狱人员进行定期的追踪调查,根据他们出狱后的表现和重新犯罪率的高低来评估改造质量。对罪犯改造质量的评估,应当把出狱前的考核和出狱后的调查结合起来。追踪调查虽然费时费力,却是一种十分客观的评估方法。因为很多罪犯在监狱中有很强的掩饰倾向,他们一旦回归社会,随着强制性措施的解除,就会恢复其本来面目。因此,根据追踪调查所获得的资料进行改造质量的评估就十分客观,同时也是对其他评估手段所获得结果真实性的验证。

总之,对罪犯改造质量进行心理评估,是一项十分复杂的工作。既要进行量表评定,又要进行日常考核和情境实验;既离不开自我评价,也离不开他人评价;既要有定性分析,又要有定量分析;既要有出狱前的考核,又要有出狱后的调查。只有综合运用多种方法,通过各种途径收集资料,才能得出客观、准确的结论。

延伸阅读

罪犯改造质量评估

2004年6月,司法部监狱管理局提出“探索罪犯改造质量评估”重大课题,在随后的几年中,这一课题成为我国监狱理论与实践工作中的热点问题。制定符合中国特色的罪犯改造质量评估标准,建立健全罪犯改造质量考核体系,是提高罪犯改造质量的一项基础性工程。构建罪犯改造质量标准,必须充分考虑以下因素:要与中国国情和罪犯改造工作实际相结合,要系统借鉴和吸收西方发达国家成功的矫正经验,要能够满足罪犯个体评价的需要。近年来,全国一些省(区、市)在探索罪犯改造质量评估方面作了许多尝试,取得了一些有价值的成果,这里主要介绍江苏和湖南两省的研究成果。

“江苏模式”的基本出发点是,罪犯改造进程的差异性主要体现在入监、中期和出监三个不同的阶段,对罪犯改造的不同阶段应当使用不同的量表和方法进行评估。在入监阶段,测定罪犯的危险程度,为制定个别化矫治方案服务;在中期阶段,主要是在罪犯日常行为考核的基础上,使用罪犯心理和认知量表,测定罪犯在改造进程中的改变程度;在出监阶段,使用有关量表对罪犯改造结果和重新犯罪的可能性进行预测。入监评估是罪犯改造质量评估的基础和前提,也是监狱对罪犯实施有效矫正的开端。入监评估就是通过基本信息采集、结构性面谈、心理认知行为评估(XRX)、人身危险性评价(RW)和人格量表等专业技术,准确把握罪犯的个性心理特征、犯因性问题和人身危险性,为制定个别化矫正方案以及分管分押提供科学建议。其中,对罪犯的人身危险性进行预测,并提出有针对性的处置建议,是入监评估的重要内容和关键环节。中期评估是罪犯改造质量评估的关键,它以落实个别化矫正方案为基础,通过对罪犯的心理认知行为的定期测试、个别化矫正方案的实施情况和行为表现的考核,对罪犯心理矫治和行为矫正过程进行持续性、定量性的综合评价,为及时制定、修正和实施阶段性矫正方案提供科学依据。其所构建的心理与行为矫正定量化的数学模型,科学有效地将罪犯的矫正与奖励、处遇等挂钩,形成对罪犯有力的激励约束机制,成为督促罪犯主动配合矫正方案、自觉改造的内在动力。出监评估是罪犯改造质量评估的最后一个阶段,也是评价监狱矫正和改造罪犯效能的标志。通过对罪犯矫正方案实现情况的考评、刑罚体验简评表(XT)和重新犯罪预测简评表(CX)等量表的检测,综合评价罪犯服刑期间的总体改造状况,较为科学地预测罪犯刑满后重新犯罪的可能性,为安置帮教、社区矫正工作提出有针对性的保护建议。出监评估需要重点考察罪犯的重新犯罪问题。

“湖南模式”将罪犯改造质量评估体系划分为“罪犯个体改造质量评估”和“监狱整体改造质量评估”两个分支。其中,罪犯个体改造质量评估采用“三个阶段、三方评估、三个结合”的架构,促进了改造资源、监督环节、刑事奖励和改造效果的优化。“三个阶段”即按照罪犯“入监、矫治、出监”的自然流程,将个体质量评估工作分为三个阶段。入监阶段主要检测危险程度和教育改造难度,提出矫治和分类建议,为矫治阶段准备第一手资料。矫治阶段按照高、中、低等级配备警戒和教育改造资源,集中优势资源攻克“危”“难”重犯,使有限的资源发挥最优的效果。并通过“季评估”制,及时调整矫治方案和资源,集中优势资源教育改造“进步慢”或“易反复”的对象。出监阶段评估主要是检测罪犯矫正效果,为刑释回归后社会帮教提供依据。“三方评估”即自始至终贯彻“自评、互评、他评”有机结合,调动了评估的自主性和参与性,有效地加强了监督。在“他评”中除“民警评”之外,还邀请社会有关专家参与评估,在监督环节上增加了社会力量。“三个结合”即评估与考核相结合,评估与分级处遇相结合,评估与减刑、假释相结合,使奖励的条件更优化。监狱整体改造质量评估以“押犯改好率、业务工作绩效、刑释人员重新犯罪率、否决性指标”为要素,通过省监狱管理局考评监狱、监狱考评监区、监区考评分监区“三级评估”活动,实现对罪犯改造质量过程的保障、控制和持续改进,构建了监狱工作质量的长效保障机制。

第四节　罪犯心理评估的主要方法

在实践中,罪犯心理评估常用的方法主要有心理测验法、会谈评估法、行为评估法、生活史调查法、犯罪事实判断法等。

一、心理测验法

(一)心理测验及其功能

心理测验是根据客观的、标准化的程序来测量个体的某种行为,以便于判定个别差异的一种方法。各种测验都是由一系列能引起个体反应的项目组成,给个体每一个项目的反应评分,根据得分间接地推定其心理特性。心理测验按照功能分为智力测验、特殊能力测验、人格测验;按照测验材料的性质分为文字测验、操作测验;按照测验的方式分为个体测验、团体测验。

一般来说,心理测验具有两种功能:一是预见功能。例如,对甲、乙两人施行某种测验,根据两人之间的某些差异,在一定程度上可预见两者在将来的活动中可能会出现差别。二是诊断作用。这是把重点放在同一个人诸种特性间的差异上,即注重查明个人的特性。例如,通过测验,诊断出某人的言语能力优于计数能力。基于心理测验的这两种功能,可以根据不同的目的选择不同种类的测验。心理测验要想实现上述功能,必须依据一定的程序进行编制,并按照客观的、标准化的方法实施,即心理测验必须做到标准化。一个标准化的心理测验必须满足一定的条件,主要包括:

1. 有一套有效的问卷项目。即按照测验的性质和要求,选定能够代表所要测定的心理特性或行为特征的问题。这种问卷必须通过项目分析才能获得。

2. 要有常模。所谓常模,是指根据对被试集团的标准化样本的施测而获得的具有代表性的结果。它常常是因所测集团的标准化样本的平均值而出现的,可以作为评判个别差异的依据和比较的标准。因测验标准化时所选取的样本不同,常模的种类也不同。最常见的有年龄常模、年级常模、全国性常模、地区性常模等。

3. 要有一定的信度、效度和区分度。测验的信度是指测验的可靠程度。它表现为测验结果的一贯性、再现性和稳定性。一个测验,无论是多次再测还是由多人进行测验,其结果都大致相同,方能可信。当然,信度并不是绝对的有无,而是在一定程度上或多或少的问题。没有一个测验是绝对可靠的,只是其误差有大小之别而已。测验的效度是指测验对所要测定的特性或功能能测定到什么程度,简言之,就是测验的正确性。测验的区分度是指测验对被试实际水平的区分程度,即测验的鉴别力。具有良好区分度的测验,实际水平高的被试应得高分,实际水平低的被试应得低分。我们常把测验项目的区分度作为测验是否具有效度的"指示器",并作为评价项目质量、筛选项目的主要指标与依据。

4. 实施的方法要标准化。测验必须按规定的方法实施。为此,要编制出测验手册,注明实施方法、指导语、施测时间等。

5. 记分标准要明确。任何人记分,结果均无变动。有关原始分数的计算,原始分数向其他分数的换算,以及如何使用常模来解释分数等,都应在测验手册中加以详细规定。

(二)罪犯心理测验

监狱改造罪犯的实践表明,对罪犯进行心理测验,是检测罪犯心理状况、发现心理问题、进行心理诊断的有效方式,为进一步实施罪犯改造工作提供了依据。在监狱中,组织对罪犯的心理测验,根据需要通常采用团体测验和个体测验两种形式。

罪犯心理测验常用的量表可分为通用量表和专用量表两种。所谓通用量表，是对社会人士普遍适用的心理测验量表，在监狱中根据需要选择使用。监狱目前经常使用的通用量表有三类：(1)智力测验。比较适用的有韦克斯勒智力测验量表、瑞文推理测验等。(2)人格测验。主要有16种人格因素测验(16PF)、艾森克人格问卷(EPQ)、明尼苏达多项人格问卷(MMPI)等。(3)心理健康状况测验。主要有症状自评量表(SCL－90)、焦虑自评量表(SAS)、抑郁自评量表(SDS)和抑郁状态问卷(DSI)等。

所谓专用量表，是指专门用于监狱对罪犯进行心理测验的量表。由我国学者研制的《中国罪犯心理评估系统》(COPA)所包含的量表，就属于专用量表。其中的个性分测验(COPA－PI)于2006年通过国家鉴定，并在监狱系统广泛使用。此外，全国许多省、区、市的监狱系统也结合工作实际编制了一些罪犯心理测验量表，都属于专用量表。在国外，许多国家的研究者根据罪犯矫正的需要，编制了一些专门的心理测验量表，如矫正态度测验，矫正行为测验(监狱适应指数、监禁适应问卷、累犯后果指数等)，矫正人格评价测验，矫正环境评价测验，矫正预测测验，等等。①

二、会谈评估法

在心理治疗领域，大量的研究证据表明，会谈是一种很常用也是最难掌握的评估手段。成功的评估会谈者需要经过特殊的指导和训练，才能从来访者那里得到准确和有效的信息，以帮助制定治疗方案。会谈评估的具体方式分为非结构性会谈、结构性会谈和计算机辅助的临床会谈。

(一)非结构性会谈

非结构性会谈，允许会谈评估者自由地重复问题、引入新问题、修改问题顺序等，并且随着来访者自发的思维系列而变化。这种会谈的灵活性便于评估者采用适合来访者的特定情形的不同技术。有时，评估者可以忽略看起来没有用的主题，有时可以引入起初没有列入计划的主题。有经验的会谈评估者还可以通过被访谈者的冲突、焦虑情绪和防御状况，诱发出他们所隐瞒的事实和症状起因。当然，非结构性会谈需要会谈评估者有足够的经验、有较高水平的技能和训练，尤其是要熟练掌握相关的理论，以及有关会谈的背景知识。

非结构性会谈由于其灵活性，更容易了解被评估者的真实信息。首先，评估者

---

① 吴宗宪编著：《国外罪犯心理矫治》，中国轻工业出版社2004年版，第112～115页。

通过非结构性会谈所掌握的有用信息，如来访者过去的历史、当前问题的描述、临床心理状况检查的结果、家庭成员和主要人物的看法等，就可以对来访者的心理状况作出分析总结，主要包括一般的表现和行为，情绪和感情，知觉、言语和思维，感觉、认识、判断力、自知力等。然后，针对问题和目标症状，对来访者应进行的治疗提出建议。

（二）结构性会谈

为了减少非结构性会谈不同会谈风格和范围所导致的不可靠性，后来出现了结构性会谈，而且这种会谈已成为许多现代临床研究的基础。结构性会谈使用操作性诊断标准和定义精确的分类学研究的结构性要求。它往往还要求有问题指向的记录系统，其重点是精神病的合理分支系统和反映症状——症候群消退的过程，以及这些问题的变化。最后，应用计算机根据原始资料作出可靠的诊断。

在结构性会谈中，对于同一位来访者，如果给予预先固定的标准化问题，不同的会谈评估者可以得到同样的信息。然而，会谈评估者的临床判断和个人风格在一些半结构性会谈中起很大作用，在这些半结构性会谈中，问什么、如何问和如何记录都有较大的自由。

（三）计算机辅助的临床会谈

计算机辅助临床会谈的最早提议者是格瑞斯特（John H. Greist）。他在计算机辅助会谈和临床心理学家会谈所做的比较研究证明，就完整性与准确性而言，计算机均超过了临床心理学家。

计算机会谈的优势在于计算机有模仿人类会谈者智力的能力，尽管只是在一定程度上的模仿。它能像人类会谈者一样，针对反应者报告的问题进行一系列提问，对不存在问题的领域可以跳过去。这种分辨能力导致人与计算机之间的相互作用。并且，计算机可以使用来访者自己的话进行一系列提问，从不同角度比较这些反应。通过记录反应潜伏期和心率，使用分割问题与评论等，还可以对情绪唤醒作出评价。显然，对于计算机来说，报告非言语线索是不可能的，但必须承认即使是人类，有时也会忽视两个人之间相互作用过程中的大量可利用信息。

目前已出版了很多计算机辅助会谈的软件，其中应用较广的是《诊断性会谈时间表》（Diagnostic Interview Schedule，DIS）。DIS 是一个完全结构性的会谈方案，这种方案能使临床心理学家作出一致的、精确的 DSM－Ⅲ（美国精神病协会制定的《精神病诊断和分类手册》第三版）精神病诊断。设计 DIS 是为了满足受过专业训练的精神病学家和心理学工作人员更好地进行诊断性会谈。DIS 目前已经被翻译成几种不同的语言文字，大约 20 个国家正在有计划地使用。

三、行为评估法

行为评估的方法包含自然观察法、模拟评估法、参与观察法、自我监控法、行为评估会谈法、自我陈述法、心理生理评估法等。对罪犯心理评估有直接借鉴意义的有下列三种。

(一)自然观察法

自然观察法是指在自然环境中对个体的言谈、举止行动和表情等进行有目的、有计划的观察,以了解其心理活动的方法。在自然环境中对行为进行观察研究,因而较为真实可靠。但是,观察所得的材料有时具有偶然性、片段性和不精确性,需要观察者经过严格的训练。

自然观察法目前被广泛应用到各种目标行为和群体的研究中,如关于家庭中双亲与儿童间的相互影响,医院环境中双亲和儿童间的相互影响,口吃、抑郁的成人与儿童的相互影响,儿童恐惧和焦虑,在院外和日常治疗环境中精神病人的社会适应性行为,教学过程中的学习和指导行为,等等。自然观察法也被应用到监狱中对罪犯进行心理评估,专业的心理评估工作人员通过有计划的自然观察,按照自然观察的基本要求和步骤,会发现一般测量所难以获得的资料和具有高灵敏度的数据,更真实地了解罪犯的心理现状和行为动态。

(二)模拟评估法

模拟评估法是安排一种使目标行为易于发生的测量情境,将被评估者置于这种情境中,观察记录其行为表现及特点的方法。这种方法特别适用于观察那些在自然环境中难以观察到的低比率行为(如让一个曾犯盗窃罪的罪犯进入一个无人看守的仓库),或几乎从不发生的行为(如让一个性焦虑患者发起与一些异性的谈话)。

模拟评估法常见的有情境模拟和刺激性模拟。情境模拟是在一个人为布置的情境中评估个体,如为暴力型犯罪者设置矛盾纠纷的情境;刺激性模拟是给被评估者提供人为刺激,如给性欲型犯罪者一定的性刺激,检验其控制性冲动的能力。通过情境模拟对罪犯进行评估,会发现罪犯在刺激环境下真实的反应,进而了解其心理特点及矫治效果。

(三)参与观察法

参与观察法就是使观察者走进被观察者的生活环境中,成为被观察者自然环境的一部分对被观察者进行研究的方法。这种方法不仅可以降低费用,而且有可能减少反应性,并与自然观察密切相关。在观察中,由一个处于被观察者自然环境中的人(如同监舍或同组劳动的犯人)监测和记录在具体时间内预先选定的行为。例如,同监舍的犯人可以监测其他犯人夜间气喘发作的次数;一个接受咨询帮助的犯人可以监测每天同组犯人做出的令人愉悦事件的次数;一个改造积极、靠近政府的犯人对其他犯人的行为养成情况的观察等。与模拟观察法相似,参与观察法尤其适用于低发生率行为和那些对外部观察者具有较强反应性的行为(如性的相互影响、反社会行为、药物滥用等)。

因为参与观察法引入一种新的社会关系(观察者和被观察者),所以必须细心练习以排除这种关系的干扰。这种方法更依赖于参与观察者的敏锐性、领悟能力和解释技巧,也会获得其他方法难以获得的更深入的信息。参与观察时要注意观察者的安全,一方面是人身安全,另一方面是被观察者对观察者的影响,导致其陷得很深而失去专业的敏锐性,看问题的角度发生变化。

四、生活史调查法

生活历程是了解犯罪者人格特征的基础,评估罪犯心理不能脱离对罪犯生活史的了解。调查生活历程的方式,既可以向本人、亲属及有关人员当面询问,又可以查阅多种历史资料,如书信、日记、工作学习记录材料、人事档案材料或前科案卷材料等。对于罪犯生活史的调查,可侧重于其违法犯罪史、受教育史、从业历史和人际关系四个方面。

(一)调查违法犯罪史

对于违法犯罪人而言,其违法犯罪行为是在违法犯罪心理支配下实施的,而违法犯罪行为的实施反过来又强化其违法犯罪心理。这种心理的积淀导致违法犯罪人的人格偏离和人身危险性的增强。一般来说,犯罪人违法犯罪史越长,其人格偏离越严重,主观恶性越大;反之亦然。在罪犯心理矫治中,要充分考虑罪犯的违法犯罪史,特别是当被矫治的罪犯是累犯或惯犯时,对他们采取的矫治方案和措施更要谨慎。因此,需要调查其以往有无犯罪、犯罪类型,了解其心理状态,进而采用针对性的矫治策略。

(二)调查受教育史

教育包括家庭教育和学校教育等,对人的影响是深远的,不仅决定一个人的知识水平和职业技能的高低,而且影响一个人人格的健康成长。在罪犯心理矫治中考虑犯罪人所受教育的情况,不仅在于有针对性地对罪犯进行文化、技术教育,而且有助于考察罪犯的人格状况。一般来说,从小受过良好的家庭教育,接受学校教育的程度也较高,在上学期间表现积极的罪犯,其人性中的顽劣较少,恶习较少,接受矫治的主动性容易被激发；相反，从小受过不良的家庭教育，接受学校教育的程度低或者在上学期间厌学、逃学、经常受处分的罪犯，其人格中的顽劣较多，恶习较深，接受矫治的主动性较差。当然，事实上也有一些受教育程度较高的罪犯，其人格偏离却更为严重，这就需要了解教育环境的特殊性和其心理深层次的问题。

（三）调查从业历史

犯罪人曾经从事的职业及表现情况，不仅可以提供刑罚执行中对罪犯进行劳动分类的根据，而且可以提供判断罪犯人格及心理状况的根据。对于罪犯从业历史的调查，应侧重了解其职业类别、工作表现、业绩情况、职业中的人际关系状况等，这些都是影响其心理发展轨迹的重要因素。

（四）调查人际关系

罪犯现有人际关系包括家庭关系和其他关系。了解人际关系，不仅可以了解其走向犯罪的影响因素，而且可以发现其在改造过程中可用的社会支持，尤其是家人的支持。针对现有不良的人际关系，帮助罪犯进行重新审视，消除不良影响，预防再次犯罪。

五、犯罪事实判断法

犯罪事实不同于一般的生活事实。一般来说，犯罪事实是在特殊或危机情况下的行为，而危机情况下的行为最能反映其人格的本来面目。因此，犯罪事实是判断犯罪者人格与心理状况的主要依据。分析犯罪事实，重点应放在以下三个方面。

（一）分析犯罪性质

一般来说，犯罪人所犯罪行的性质在一定程度上能反映其人格特点、显示其主观恶性，如杀人犯、故意伤害犯往往具有滥用暴力的人格特点，而诈骗犯往往具有不诚实的品格。关于这一点，在犯罪学史上，无论是龙勃罗梭（Cesare Lombroso）、菲利（Enrico Ferri），还是加罗法洛（Baron Raffaele Garofalo）都曾给予过关注。[①]

（二）分析犯罪方法、犯罪对象、犯罪动机

犯罪人的犯罪方法、犯罪对象、犯罪动机可以较深刻地反映其人格状况。例如，一个强奸孕妇的犯罪人、一个使用针扎火烙方法虐待其亲生母亲的犯罪人，必然具有残忍、良心淡漠的人格品质；一个向强奸自己女儿并使女儿自杀而实施报复杀人的犯罪人，其人格不仅有易激惹、自控力差的一面，而且有刚烈、疾恶如仇的一面。

---

① 翟中东：《刑法中的人格问题研究》，中国法制出版社 2003 年版，第 235 页。

(三)分析犯罪后的表现

对犯罪人犯罪后的行为表现进行分析,也能在一定程度上透视其心理状况。如果行为人犯罪后积极抢救被害人、积极退赃,表明罪犯具有较多的常态心理,悔改余地较大;如果罪犯销赃灭迹、拒不认罪,表明其犯罪坚定性较强、犯罪心理稳固。

罪犯心理评估要注重方法的多元综合运用,采用罪犯自评与他评相结合,全面了解罪犯的心理状况及其变化;定量评估与定性评估相结合,发挥观察法、访谈法以及个案研究等评估方法的作用;横向评估与纵向研究相结合,用发展的、连续的纵向视角来探讨不同时期同一罪犯的心理健康状况或矫治效果,从而为不同时期罪犯的心理矫治提供实证依据。

第五节　罪犯心理评估报告和罪犯心理档案

一、罪犯心理评估报告

撰写评估报告是罪犯心理评估的重要环节,也是评估工作者必须掌握的一项基本技能。罪犯心理评估报告的内容应包含以下七部分。

(一)一般信息

罪犯心理评估报告的第一部分应注明实施评估者(社会上的心理学专家或专职的监狱民警)的基本情况,以及被评估罪犯的姓名、年龄、以前职业、婚姻状况、住址、刑期、违法犯罪类型等,同时注明实施评估的日期。

(二)要解决的问题

罪犯心理评估所要解决的问题通常包括如下内容:

1. 确定被评估罪犯在认知或情绪上的具体问题是什么。

2. 对被评估罪犯有无器质性损伤及其程度,以及由此引起的机能障碍进行评估。

3. 对被评估罪犯的心理障碍区分出是机能性障碍还是器质性障碍。

4. 根据有关心理或行为障碍的统计信息,对被评估罪犯存在的病态过程的范围、程度进行评估(如学习困难的程度如何、有没有其他证据证明这个人有自杀的可能性)。

5. 被评估罪犯对自己所存在的障碍的反应。

6. 找出心理问题的病因(如罪犯的内心冲突、主要的防御机制以及发作的趋势等)。

7. 鉴别诊断(被评估罪犯所存在的是焦虑性神经症还是精神分裂症,抑或其他的精神障碍)。

8. 为治疗方式的选择提供依据(如对于某一罪犯来说应选择什么类型的心理治疗最有效)。

(三)实施测验及对测验结果的解释

问题提出之后,需要列出收集有关信息所用的测验,并根据评估的目的将测验进行分组。在选择测验时,应同时考虑评估的目的以及所用测验的信度和效度特点。在测验实施时,要做到测验工具、指导语、实施环境以及实施过程标准统一,避免和减少额外因素的影响,以收集客观真实的测验结果。

对测验结果的解释是整个罪犯心理评估报告中最重要的内容。对测验分数的解释,一方面要求主试对所作的具体测验要熟悉了解,包括它的信度、效度、难度和常模的代表性,以及每一维度的实质含义和设计要求等;另一方面要依靠主试的临床经验和心理测量学方面的知识素养,充分考虑被试的实际情况(文化程度、职业,是否有可能接触过测验中的问题等)和测验的具体情况(是否有干扰,被试当时有无情绪波动或身体不适等),防止对测验分数作出千篇一律的刻板解释。同一个分数可能是由不同的原因造成的,对同一分数也可作出不同解释。例如,在智力测验方面,用以初中文化程度作样本的标准化智力测验,来测验一个不足小学文化程度的被试,如果测得 IQ 为 80,就可以认为他基本上是中等水平。如果被试原来的文化程度是大学毕业,也测得 IQ 为 80,就可以解释为被试可能因疾病而智力有所减退,属于中下水平。因为智力是与文化水平有关的,合格的主试具有认识这一点,才能对测验结果作出合理的解释。智力测验的答案有正误之别,而人格测验的答案却没有对和错之分,所以人格测验的情况就更复杂。由于每个人的具体情况不同,相同的人格特点,对于某人来说是适应良好,而对于另一个人来说也许是适应不良。譬如,胆汁质的气质类型,对于军事指挥员来说是适合的,对于绣花女工来说则是不适合的。同一种得分,由于心理活动倾向不同,可以作出不同的甚至完全相反的解释。譬如,在 16PF 测试中,杀人犯的敢为性为标准分 10 分,刑警队员的敢为性也是标准分 10 分,前者是作案的凶残性,后者是为抓捕罪犯不惜牺牲自我的勇敢性。所以,在多数情况下,要对其人格各因素的特点作出综合性的全面分析和判断,才可能获得正确的诊断结果。

(四)背景信息

在罪犯心理评估报告中,不应只报告测验结果和解释而忽略某些个人生活历史等背景信息。这些背景信息包括罪犯目前的生活情境和具体的困扰因素,目前的主观感受和存在的客观问题、困扰的持续时间、初次出现困扰时的情境,以及这些问题对其生活情境的影响。另外,还包括个人生活的历史信息,如家庭情况、经济状况、受教育历史以及职业历史、社会经验和躯体健康状况等。

(五)行为观察

在实施会谈或测验的过程中,应注意被评估罪犯的行为表现,特别是那些与测验结果的解释和要解决的问题有关的行为,包括被评估罪犯参与测验的愿望、注意的广度、测验中的停顿以及不寻常的反应等。对观察到的行为要有详细的记录,并要有例证。但对大多数人都可能出现的行为,如进行测验时的好奇、疑虑等可以不做记录。更重要的是,要记下那些出乎意料的、不寻常的以及某一罪犯所特有的行为。

(六)危险性预测

在对被评估罪犯进行全面的评估之后,在评估报告上应写明该罪犯的危险性的大小,以及在哪些方面有危险性,是自杀、伤害他人、毁坏物品还是存在操作方面的危险性。这是整个罪犯心理评估报告最难写的部分,一方面由于我们是根据现状推知将来,无论是从预测手段还是预测标准来看,都没有现成的预测效度很高的工具;另一方面由于监狱环境的特殊性,时常会有难以预料的影响因素,激惹、对峙性的气氛往往诱发罪犯危险性行为的增加。此外,对有明显心理障碍的罪犯,在接受不同的治疗或干预措施之后,心理障碍或行为障碍的预后也不尽相同。尽管如此,这种预测在评估报告中必须写,尤其是当被评估罪犯存在攻击性危险(无论是指向自己还是他人)或脱逃危险时,更应认真书写这一部分内容,并尽量写明预测的依据,以便于同行参考和会诊。

(七)总结与建议

这是罪犯心理评估报告的结论部分。其主要有以下内容:

1. 小结。即对前面几部分的内容分别用一两句话进行概括,要求明确、具体,让读者对前面的内容能有一个概貌性的了解。

2. 诊断。在给出诊断时要特别慎重,因为对心理异常的诊断难以做到准确无误。如果必须作出诊断,应根据现有的数据和资料作出谨慎的推理,同时列出这样做的依据。

3. 建议。为了实现罪犯心理评估报告的作用,有必要对被评估罪犯提出一些具体的指导性建议,包括改善性的或补救性的措施,以及接受某种形式的治疗等。对有攻击性行为的罪犯,结合有关的法律和改造过程中的具体活动提出相应的保护、防范建议,供监管、教育改造时参考。

二、罪犯心理档案

(一)什么是罪犯心理档案

所谓罪犯心理档案,是指监狱通过多种心理评估方法积累起来的有关罪犯人格特点、心理障碍与疾病、行为习惯等内容的记载,以及针对罪犯心理问题制定的矫治方案及实施矫治效果的记载,还有能反映罪犯心理发展轨迹的文字、图表、音像等专门性材料。

建立罪犯心理档案应成为罪犯改造的基础和经常性工作。首先,建立罪犯心理档案,可从中摸索出罪犯服刑期间现实的心理发展轨迹,这对于丰富罪犯考核内容,实现考核工作的科学化、系统化,提高改造工作的针对性,具有重要意义。其次,罪犯改造工作特别是心理矫治工作需要有准确的心理诊断结论和丰富、翔实的心理活动资料,这些资料需要在心理评估之后作专门记载。在实施心理矫治过程中,也需要将采取的矫治措施及取得的效果等在心理档案中如实地记载。再次,通过罪犯心理档案,综合分析罪犯心理发展变化的轨迹,为预测罪犯出狱或假释后有无再犯罪的可能性提供充分的依据。最后,罪犯心理档案还为我们从事科学研究提供了充分的数据和事实资料。

(二)罪犯心理档案的主要内容

罪犯心理档案应由以下内容组成:

1. 心理测验资料及评估结论。心理测验资料,一般应包括常用的心理测验量表的检测资料。评估结论主要应对罪犯的人格缺陷、犯罪的主客观原因和改造重点作出判断。

2. 罪犯自述材料。主要叙述罪犯犯罪心理形成和演变的过程,对自我犯罪原因的认识,以及对人生历程经验教训的总结等信息。

3. 罪犯生活史及评语。在评语中,应对其社会化程度和主要缺陷作出判断。

4. 罪犯是否有某种变态心理、人格障碍及精神病史。

5. 对罪犯的心理矫治方案。包括拟采取的主要矫治措施、实施矫治的阶段及预期达到的矫治效果等内容。

6. 心理矫治实施情况及效果检测记载。

7. 对服刑过程中发生的重大事件和重要变化所作的心理分析。

8. 定期进行的对矫治质量的心理学评估及分析。

9. 为检测矫治质量所进行的模拟情境实验及其效果。

10. 罪犯自我改造成效评定材料及罪犯集体评定记录。

11. 罪犯改造状况起伏变化及心理发展轨迹图。

12. 针对犯罪原因所采取的某些实验研究和医疗措施及其效果。

13. 罪犯心理咨询记录及其咨询效果。

14. 罪犯心理治疗记录及其疗效。

15. 对出狱人员进行的再犯罪预测及行为倾向判断。

16. 出狱后的帮教、监督建议。

(三)罪犯心理档案的建立和使用

建立罪犯心理档案是一项技术性较强的专业工作。首先,要选择责任心强、具有心理学知识基础的监狱民警承担这项工作,并要进行专门培训,让他们认识建立心理档案的意义和要求,学会正确地运用心理测验,客观地分析测验数据,掌握建档的基本技术。其次,要注意罪犯心理档案内容的完整性,应全面反映罪犯的心理状况,不仅要着力诊断罪犯的心理缺陷和人格障碍,还要充分发掘和全面记载其常态心理与人格中的"闪光点"。最后,罪犯心理档案的建立和不断充实完善是一个动态的过程,应把这项工作贯穿罪犯改造过程的始终。

罪犯心理档案的使用,应把握以下三点:首先,一般情况下只供矫治专业人员查阅、使用,其他监狱民警经过批准可以查阅,但应由有关专业人员进行专业指导和科学解释,防止错误理解。其次,在使用心理档案资料时,要全面考虑问题,对档案中的项目或结论,应与其他方面联系起来思考和运用,切不可断章取义,孤立地看问题。最后,要遵守心理测验和心理咨询的基本规则,对不宜公布的事项,不能在日常工作中加以引用,以免降低心理矫治工作的威信和效果。

延伸阅读

加拿大矫正局罪犯心理矫治《实践准则》

为了帮助矫正领域工作的心理学家将研究成果应用到评估活动中,恰当解决罪犯心理矫治中遇到的问题,在加拿大矫正局的支持下,提出了下列《实践准则》(Practical Guidelines)[①]。这份准则的目的是在评估过程中为临床决定提供帮助,同时保留足够的灵活性,以便心理学家和他们的患者可以进行更多的选择。这份准则的内容具有代表性,可以作为了解国外罪犯心理矫治实践的一个范本。具体内

① 吴宗宪编著:《国外罪犯心理矫治》,中国轻工业出版社 2004 年版,第 76 ~ 79 页。

容如下:

一、心理学评估

1. 心理学家在进行评估时,应当努力阐明矫治建议。

2. 心理学家应当把评估看成对与实践问题有关的具体矫治建议的系统评估。

3. 心理学家在进行评估时,使用必要的信息。典型的信息收集方法包括查阅档案(警察档案、个案管理档案和医疗档案)、临床谈话、心理测验、间接资料(如有关预防性保安措施的资料)和特别的行为评估。

4. 缺乏确切的信息或者信息之间的矛盾情况,应当在报告中注明。

二、心理学评估报告

5. 心理学评估报告一般不应当包括在一项测验中获得的数据。临床医师应当将测验数据进行概括和整理。

6. 应当使用外行人可以理解的语言写作评估报告,在评估报告中应当说明研究发现、结论和建议。

7. 心理学家在写作评估报告时应当注意控制报告的篇幅,提出清楚的矫治建议,并且仅传达只对读者有帮助的信息。

三、文化和性别问题

8. 心理学家应当通过参与认识训练(awareness training)、对评估活动中容易混淆的领域的识别、会诊和必要时求助专家的方式,努力确保评估结果充分反映文化和性别差异。

9. 心理学家应当努力发现和发展在文化上可以接受的心理学服务类型,向需要的犯罪人提供这样的服务。

四、暴力性累犯行为预测

10. 预测必须重视对危险性的临床评估和统计学评估(actuarial estimate)。仅依靠临床因素是不够的,不能反映这一公认的标准:统计学评估是预测的可靠支柱。

11. 当在一般预测因素和暴力性累犯行为(violent recidivism)之间有重叠时,对于一般累犯行为(general recidivism)的危险性的统计学评估,不足以预测暴力性累犯行为。

12. 使用人格和智力测验预测危险性的实际价值是有限的。不过,这类测验在对个案的动力学(dynamics of a case)进行评估和发展危险控制措施方面是有用的。

13. 心理学家必须说明,他们怎样通过参考犯罪人历史中的关键方面以及人格和情境因素,获得了预测结果。

14. 心理学家应当明确所要预测的行为，明确认识行为预测的时间范围，明确认识情境因素可能对危险性产生的影响，还要明确认识预测的准确度。

五、干预和危险性控制

15. 心理学家应当具有职业敏感性，有义务提供中立的危险性评估。因此，当心理学家对犯罪人采取一项干预措施时，他们应当能够估计自己可以提供中立的危险性评估的能力；在必要时，可以请求由另外一个独立的心理学家对矫治报告进行审查，或者请求另外作出一份独立的对危险性的心理学评估。

16. 干预措施中必须清楚地说明矫治目标。

17. 矫治报告应当注明接触频率、矫治目标实现的程度、可能的复发后果以及未来的需要。

18. 矫治报告应当提出如何控制危险性的建议和预防重新复发的措施。

六、社区中的心理学评估

19. 应当使用精确计算的测量方法去识别需要高度关注的犯罪人，而那些可以测量动态危险的测量方法，可以指出与释放失败相联系的问题；这些方法与测量结果应当成为干预对策的基础。

20. 在社区中进行的评估，应当集中于影响特定类型犯罪人复发的特定问题。

21. 在社区中进行的评估，必须是整个评估和干预对策的组成部分。这类心理学评估必须考虑以前在监禁期间进行过的治疗和行为，使以前的治疗能够与将要在社区中进行的监督相衔接。

22. 在对高危险犯罪人进行危险管理的过程中，应当考虑将特别监督与临床服务结合起来。

23. 心理学家认识到，动态危险因素是随时间而变化的，而重新犯罪的危险性是能够预测的。

七、性犯罪人

24. 心理学家应当参加专门的培训活动，以便提升他们评估和矫治性犯罪人的能力。

25. 除对其他类型的犯罪人使用的评估技术之外，建议使用性变态阴茎评估(phallometric assessment of sexual deviance)技术，包括年龄—性别偏好(age - gender preference)。

26. 治疗活动应当围绕一定强度的矫正计划进行，并且应该有治疗目标。例如，对性犯罪的认知歪曲、对犯罪循环的识别、差的社会技能、愤怒问题、移情能力损害、异常唤醒和药物滥用。当涉及对性驱力减弱剂的选择时，可以偶尔地转诊到精神病学部门。

27. 心理学家证实,他们的正确评估对预防干预之后的复发有重要的作用。

28. 在评估儿童性骚扰者和强奸犯时,如果可能的话,心理学家应当考虑治疗之前的异常性唤醒水平。

29. 在评估和干预期间,心理学家应当认识犯罪人的犯罪循环和高危险指标,并采取适当的危险管理对策。

30. 心理学家应当促进不同警戒水平的性犯罪人矫正计划,包括从最高警戒度到最低警戒度再到社区环境的性犯罪人矫正计划。

八、精神障碍

31. 在评估期间,当心理学家要对犯罪人的表现进行干预时,应当细心地关注药物的疗效和副作用。

32. 在使用诊断信息进行危险评估和危险管理时,心理学家应当有选择性。精神障碍与暴力性累犯行为并不总是具有相关性,但是在危险管理(使用药物)中可能是很重要的。

33. 心理学家证实,在预测暴力行为和一般性累犯行为时,精神障碍有比较重要的作用。

34. 在评估有严重精神障碍的犯罪人时,心理学家应当注意人格障碍与药物滥用并存的现象。

35. 只有在具有提供必需的保健或者有效的危险管理的正当理由时,心理学家才能将犯罪人转到精神病学家和其他医生那里进行医学评估与干预。

36. 当心理学家认识到诊断可能有助于治疗计划时,他们要在自己的评估中概括描述精神障碍的功能意义。

九、认知和神经心理学评估

37. 心理学家认识到,认知过程缺陷可能对犯罪人的适应能力,对他们从矫正计划和治疗中获得益处的能力,对他们与其他人的相互作用,以及对他们的职业和教育态度都有影响。

38. 当犯罪人表现出与言语理解、社会互动能力受损、爆发性行为、记忆力差、不能集中注意力、定向困难、学业差或者工作表现差等有关的严重功能问题时,心理学家要对犯罪人进行筛选、评估,或者将他们转到别的部门进行认知和神经心理学评估。

39. 心理学家要指出特定的认知过程缺陷对矫正计划、犯罪人管理和复发预防的功能意义。

十、药物滥用

40. 心理学家要指出药物滥用是重要的犯因性因素。对于许多犯罪人来说，药物滥用是进行犯罪行为之前的一种抑制解除因素，或者说，药物依赖是必然引起犯罪行为的一个经济问题。

41. 在提出干预建议时，心理学家要区别有高度药物滥用需要的犯罪人和有低度药物滥用需要的犯罪人，同时要关注药物依赖的慢性和急性特征。

42. 在发展个人可以采取的复发预防对策方面，心理学家强调教育、生活方式因素以及对复发诱导因素的处理。

43. 心理学家应当注意识别两类犯罪人：一类是既有药物滥用问题又有酗酒问题的犯罪人，另一类是只有药物滥用问题或者酗酒问题的犯罪人。

十一、家庭暴力

44. 心理学家应当评估男性使用暴力控制别人或者使别人服从的方式。

45. 心理学家应当注意区别表现方式微妙的虐待或心理创伤，而不能仅关注身体暴力。在这方面，要求临床人员仔细评估自己对犯罪人及其生活伴侣之间关系的看法。

46. 心理学家应当结合使用那些专门针对犯罪人对妇女的态度、犯罪人的自我中心倾向、生活情境、社会网络和外部刺激因素使用的方法。

47. 心理学家认识到，在犯罪人不报告家庭暴力事件的过程中，他们的生活伴侣的旁系亲属通常起着重要作用。

48. 警告义务(duty to warn)是对虐待家庭成员的犯罪人进行干预的必要组成部分。对于男性虐待者来说，这可能意味着将秘密的范围扩大到反映作为伤害的心理虐待。

十二、自杀评估

49. 心理学家认识到，尽管自杀是一种发生率较低但是难以预测的事件，然而，与社会人群相比，犯罪人确实具有很高的自杀危险性。即使是在工作人员经常注意观察的情况下，犯罪人仍然会有很高的自杀率和自杀行为发生率。

50. 心理学家在使用自杀危险预测模型时，要特别重视目前的自杀观念、自杀计划的程度、以前自杀未遂的历史、缺乏资源的情况、压力和应对压力的能力以及年龄、性别之类的人口统计学因素。

51. 心理学家要认识各种形式的自我伤害和自杀行为，并采取不同的危险管理对策。

52. 自杀危险性评估主要是为案件的短期管理服务的。在通常情况下，在评估时要通过临床谈话了解自杀意图、自杀计划的致死性、使用所选择的自杀手段的情况、以前自杀未遂的历史和目前的自杀观念。作出这样的评估,可能要进行心理测验,要考虑有关最近行为的确切信息。

53. 对于具有中度和高度自杀危险的犯罪人,要使用防止自杀合同、再次评估和追踪考察。干预措施的侵入程度应当考虑在危险程度和伤害的急迫性的基础上确定。

54. 当采取干预措施时,要重视具有自杀危险的大多数犯罪人的矛盾心理。

55. 在接受治疗的犯罪人进行自杀行为之后,心理学家要进行个别咨询和专门会诊。

十三、危机事件的应激控制和员工帮助计划

56. 心理学家要根据共同政策为员工提供危机服务,不过,他们在向员工提供正式服务的过程中,要谨慎地考虑潜在的双方关系和利益冲突。

十四、良好的职业实践

57. 心理学家要根据不断发展的专业标准和良好的职业与管理实践,采用有效的、负责任的方法满足犯罪人的需要。

十五、研究

58. 在从事矫正计划的评估和研究时,心理学家要根据组织的要求和适当的道德准则,提供建议和实施方案。

研究与思考

1. 如何理解罪犯心理评估的内涵和原则?
2. 罪犯心理评估的主要方法有哪些?
3. 联系实际,谈谈不同矫治阶段罪犯心理评估的重点。
4. 选择典型事例,撰写一份罪犯心理评估报告。

第七章　罪犯危险评估

重点提示

罪犯危险评估，就是通过一定的技术对罪犯实施脱逃、行凶、自杀与重新犯罪的可能性进行的评估。罪犯危险评估是监狱的一项重要工作，也是罪犯心理矫治工作的重要内容，对于提高罪犯改造效果、维护监管安全和改造秩序，以及罪犯回归社会后的安置帮教都有重要意义。本章重点介绍罪犯自杀倾向评估、脱逃倾向评估、暴力危险性评估和再犯评估等。

第一节　罪犯危险评估概论

一、危险评估及其历史发展

危险评估(risk assessment)，就是通过一定的技术对一定对象实施犯罪或重新犯罪的可能性进行判断，从而为控制其危险提供根据。危险评估主要应用于矫正领域和法院审判等领域。罪犯危险评估，就是通过一定的技术对罪犯实施脱逃、行凶、自杀与重新犯罪的可能性进行的评估。

对犯罪人进行危险评估的思想可以追溯到切萨雷·龙勃罗梭(Cesare Lombroso)时代，龙勃罗梭在1876年出版的《犯罪人论》一书中提出了天生犯罪人的论断。他在意大利军队做军医时，测量了超过3000名士兵样本，包括体型、前额的倾斜度、耳朵的形状、是否有刺青以及其他身体特征。他深信，在身体特征、易感疾病特性与暴力或其他犯罪倾向之间有着某种联系。比如，他在《犯罪及其原因和矫治》一书中将犯罪人的面相特点描述为："上颌骨和颧骨过度发育，颌骨突出，眼眶倾斜，皮肤色素沉着，毛发丛生而卷曲，耳朵硕大。"[①]这些特点可以作为判断天生犯罪人的重要依据。这些人可能是很危险的犯罪人，是犯罪预防和控制的对象。无疑，从身体外形、面相角度对犯罪人进行危险评估的可靠性较差。对犯罪人危险性有无、危险性大小的评估，是对人内心世界的窥探，而人的内心世界是极为复杂的，仅根据身体外形、面相作出判断，其根据远远不够。于是，人们转向从人的心理角度、社会角度评估犯罪人的危险。从心理角度评估犯罪危险的根据是心理异常者、人格偏离者实施犯罪行为的可能性大，而心理正常者、人格健全者实施犯罪行为的可能性小。从社会角度评估犯罪危险的根据是各种社会性因素，如犯罪人接受教育情况、家庭因素、交友情况、社区影响等。进入20世纪以后，以美国为代表的西方国家在犯罪学家、心理学家、社会学家、精神病学家、法学家的共同参与下，有关危险评估的研究取得了长足的发展，他们运用不同的方法进行研究，取得了丰富的成果。

美国学者贝卡隆（K. B. Bucklen）根据评估方法将危险评估分为四类：[②]（1）临床评估。其是指完全由临床医生在经验与知识基础上诊断的评估方法。这种评估尽管是由心理医生作出的，但由于其评估方式是非结构性的，一般认为，这种评估比统计的方法可靠性差。（2）统计的评估方法。统计性危险评估（actuarial risk assessment）是结构的、量化的、经过实证的预测项目的评估。这种方法建立在犯罪危险与相关变量的基础上，如年龄、犯罪记录、不法行为数量等。经过评估认为，危险大的人只是犯罪的可能性大，而危险小的人只是犯罪的可能性小。（3）结构性的临床判断。这种方法的特点是将临床判断与统计预测结合在一起。（4）采用自我评估问卷预测方法的评估。问卷包括能够反映犯罪性思维、反社会人格、犯罪史、反社会的人际关系等问题。很多专业人士认为这种评估需要评估者达到一定的专业水平。在上述四类危险评估中，第一类和第二类是基本方法。按照加拿大学者安德鲁（D. A. Andrews）、博塔（J. Bonta）等的看法，第一类危险评估方法属于第一代评估方法。这种方法因为主要依靠专业人员判断，存在因人而异、评估结果不稳定的问题，所以被认为不可靠。第二类危险评估方法属于新一代方法，其中，根据静态预测因子进行统计预测的方法属于第二代评估方法。静态预测因子是指用于评估犯罪人的危险与犯罪人不可分割的、比较稳定的因素，如犯罪历史、家庭情况、接受教育情况等。根据静态预测因子和动态预测因子结合对犯罪人进行危险评估的方法，属于第三代评估方法。动态预测因子是指用于评估犯罪人的危险能够变化

---

① ［意］切萨雷·龙勃罗梭：《犯罪及其原因和矫治》，吴宗宪等译，中国人民公安大学出版社2009年版，第321页。

② See K. B. Bucklen, *Approach to Inmate Risk Assessment*, 4 Research in Review 2 – 7(2001).

的因素，如犯罪人的交友情况、情感状况、对犯罪的态度等。[①] 为了提高危险评估的准确度，人们不断探索新的、更可靠的评估方法，加拿大目前已经研究了第四代、第五代评估工具。虽然迄今为止的危险评估方法仍然不尽如人意，但是不断进步的趋势是十分明显的。

二、罪犯危险评估的原理和技术

罪犯危险评估应遵循前述心理评估的基本原则，综合运用量表测试、实验研究及行为观察、生活史调查等多种方法，通过各种途径收集信息，得出相对客观、准确的评估结论。从国际上通行的危险评估工具来看，其主要原理和技术表现在评估量表的编制与使用上，即通过调查与实证研究，选择与罪犯脱逃、行凶、自杀或重新犯罪相关的因素，运用合适的数学模型进行统计处理，从而推测脱逃、行凶、自杀或重新犯罪可能性的大小。编制危险评估量表一般要把握以下四个环节。

（一）收集资料

可采取展望法和回溯法两种方式。展望法，就是对确定为评估对象的罪犯，在一定的评估时限内，把认为与脱逃、行凶、自杀或重新犯罪有关的资料，全部或重点地按调查对象分别收集起来，进行综合分析。回溯法，就是对确定为评估对象的罪犯，采用回溯到评估所需要的那个时限的记录资料，或者让罪犯及其周围的人进行回溯，取得评估所需要的资料，再对全部资料进行综合分析。比如，要进行重新犯罪预测，可以在服刑罪犯中经过随机取样，确定初犯组和再犯组作为比较研究的对象，再进行广泛的调查，收集每个初犯者与再犯者的犯罪经历资料进行分析对比，或对出狱人员进行3～5年的追踪调查，发现哪些环境因素、条件因素、主观因素与再犯罪的关系密切，并给予特别的重视。

收集预测资料的具体方法主要有观察、谈话、调查访问、问卷以及活动产品分析等。这些方法要综合运用，才能较为全面地对评估对象的危险作出准确的评定。

（二）选择预测因子

编制危险评估量表的关键是预测因子的选择。首先，要在获得的资料中，选择与罪犯脱逃、行凶、自杀或重新犯罪有显著关联的因素作为备选的预测因子。其次，运用统计技术计算各因子与罪犯脱逃、行凶、自杀或重新犯罪相关联的程度，作为取舍的标准。为了使评估量表便于操作，预测因子的数目不宜太多。

---

① See D. A. Andrews, J. Bonta & J. S. Wormith, *The Recent Past and Near Future of Risk and/or Need Assessment*, 52 Crime and Delinquency, 7－27(2006).

从目前国际上流行的危险评估工具来看，关于哪些因素应当确定为预测因子，观点不尽一致。一般认为，罪犯危险评估的预测因子包括犯罪性需要、犯罪史/反社会史、社会业绩、年龄/性别/种族、家庭因素、知识情况、个人情绪因素、就业情况等。预测因子有静态与动态之分。静态因子主要有年龄、犯罪史（包括反社会的行为）、家庭因素、犯罪情况等；动态因子主要有反社会人格、同情心、犯罪性需要、人际关系、社会成就、滥用毒品等。

（三）预测因子数量化

对于选出的若干预测因子，依据其与罪犯脱逃、行凶、自杀或重新犯罪的相关程度，给予适当的分数。预测因子给予分数的方法，因学者的不同研究而有所不同。有的给予正分，有的给予负分；或给予相同的等级分（如都是 1 分），或给予不同的等级分（如 1 分、2 分、3 分不等）。

一般认为，犯罪性需要、犯罪史或者反社会史、年龄、性别、家庭因素等比较重要，给予的权重较高。有的因素对犯罪的影响要弱一些，权重较低，如罪犯的社会地位、罪犯个人的情绪状态等。①

（四）编制评估量表

通过分别计算各预测因子的得分与总和，制成得分多少与罪犯脱逃、行凶、自杀或重新犯罪可能性及其发生概率的评估量表，作为危险评估的工具。

在罪犯危险评估量表使用过程中，对分值的解释至关重要。评估人员通过对特定罪犯所得的总分值进行具体解释，判断其危险性大小。以英国的“犯罪人危险评估系统”（OA Sys）为例，该评估系统将危险评估分值分为三个分数段：0 ~ 40 分的区间，表明犯罪人的危险程度是低度；41 ~ 99 分的区间，表明犯罪人的危险程度是中度；100 ~ 168 分的区间，表明犯罪人的危险程度是高度。

三、危险评估工具的应用

目前，在世界范围内，危险评估已成为刑事司法领域中的重要理论与实践阵地，相关评估工具很多，而且差异很大。有的评估工具为了突出精确性，设计了很多评估项目（如英国的 OA Sys）；有的评估工具为了突出可操作性，只进行一项评估，如犯罪史评估。因此，在具体运用过程中，有两个问题或两种取向始终处于摇摆中，没能得到有效解决：一是准确性问题，二是可操作性问题。

（一）准确性问题

主张危险评估要优先考虑高信度、高效度的多为理论界人士，他们认为这是保

① 翟中东：《矫正的变迁》，中国人民公安大学出版社 2013 年版，第 225 页。

证评估可靠性、准确性的关键。然而,在实际评估工作中要真正实现高信度、高效度、保证评估的准确性很难做到,只能做到相对准确与可靠。

运用临床方法对犯罪人的危险评估操作难度很大,因为这种方法需要由临床心理学家进行,而临床心理学家的培养需要过程,而且数量少,最重要的是临床心理学家难以把握犯罪史的权重,他们可能会被能把握人的性格的诈骗犯迷惑,错过重要的信息,因而心理学家、精神病学家把握的危险评估准确度不如以统计方法为根据的危险评估。[①] 因而,运用统计方法的犯罪危险评估更受青睐。

然而,运用统计方法对犯罪人进行危险评估是否意味着准确性问题已经解决?是否意味着经过评估确定为危险高的人的犯罪可能性必然大?或者说评估结果危险低的人的犯罪可能性必然小?这个问题其实很难回答。由统计方法的本质决定,运用这种方法进行危险评估本身只是一种可能性评估,只能是对危险大小的一种概率判断,而不是一种确定性的判断。因此,运用统计方法的危险性评估只能不断提高准确度,而不可能做到绝对准确。

就目前的危险评估研究而言,虽然运用统计方法进行危险评估不是最理想的危险评估,却是比较现实的或者说是现实中较好的评估方式。

(二)可操作性问题

主张危险评估要优先考虑可操作性的多为刑事司法领域的工作人员。危险评估不仅是理论问题,还是实践问题。无论是定性的危险评估方法,还是定量的危险评估方法,无论是临床性评估,还是统计性评估,最终要由刑事司法机构的工作人员在刑事司法过程中操作,尽管危险评估的操作人员需要接受专业技能教育或培训,但他们普遍认为烦琐的程序不仅加大了工作量与工作难度,而且带来了人力、物力的成本增加,使危险评估的实践可能性大幅降低。例如,根据研究,心理因素与犯罪的关系密切,监禁人口中心理疾病患者的比例比社会一般群体高 3 ~ 4 倍。[②] 危险评估应考虑犯罪人的心理、精神问题。但是,由于犯罪人心理问题的复杂性、闭锁性、动态性,评估诊断难度大,量化困难,对专业能力要求高,可操作性差,需要投入更大的人力、物力。因此,危险评估的具体操作人员一般主张评估工具要尽量减少与心理因素有关的项目。

然而,由危险评估的性质决定——危险评估本质上是对人格的把握,因此,简

---

① See J. Bonta, *Offender Assessment: General Issues and Considerations*, In L. Motiuk & R. C. Serin eds., Compendium 2000 on Effective Correctional Programming, Volume 1, Correction Service Canada, 2001, pp. 22 – 29.

② 翟中东:《国际视域下的重新犯罪防治政策》,北京大学出版社 2010 年版,第 179 页。

单化的操作恐怕难以承担危险评估的任务。如何既保证危险评估的信度与效度，保持危险评估的准确性，又便于评估工作人员操作，这是评估实践中的一大难题。美国的一些研究者认为，简单、易懂、易操作的评估工具与建立在先进的统计技术基础上的复杂的评估工具相比具有一样的效果。① 这一结论有待进一步验证。

第二节 罪犯自杀倾向评估

自杀几乎存在于各种群体之中，不过与其他自由人的自杀不同，罪犯由于被剥夺人身自由，正经历着剥夺所引起的生理的、心理的甚至是肉体的痛苦，因此具有自杀意图的罪犯更为普遍。罪犯自杀虽不构成犯罪，但严重破坏监管改造秩序、影响监狱的声誉。所以，评估罪犯自杀倾向，增强自杀预防效果，具有极其重要的意义。

一、罪犯自杀倾向因素分析

（一）罪犯自杀的动机分析

根据对监狱发生的罪犯自杀案例分析，发现驱使罪犯实施自杀的动机主要有以下六种。

1. 逃避。为逃避面临的困境而自杀是罪犯最为常见的自杀动机，主要包括：过不了劳动、生活和学习“三关”，难以适应监管改造生活；长期受其他罪犯欺压；长期受家庭问题困扰；慢性病的折磨；罪重刑长看不到希望；狱内重新犯罪败露，害怕再次受到惩罚；刑期将满，无家可归、生活无着落等。

2. 自责。犯罪后产生的负罪感，一些罪犯入狱后自感罪孽深重，害人、害己，更害家人，在强烈的自责中丧失自信，直至寻求自杀了结。

3. 反抗。如果罪犯长期受其他罪犯欺负，或不被监狱民警重视，甚至受到监狱民警的不公平对待，有的就会以自杀、自残这种攻击自己的特有方式来发泄自己的不满与愤怒。

4. 挫折后的绝望。有的罪犯习惯以内罚的方式对挫折作出反应，当他遇到重大挫折时，就会有更大的可能自杀。

---

① See D. J. Champion, *Measuring Offender Risk—A Criminal Justice Sourcebook*, Greenwood Press, 1994, p. 57.

5. 迷信。一些邪教罪犯,有时以自杀达到“圆满”或进入“天堂”的目的,相信人死了可以升天,自杀可以提高自己功力的“层次”。

6. 精神心理异常。较长时间存在消极、不良的心境,情绪低落、抑郁、悲观失望等;或者患有抑郁症、焦虑症、冲动性人格障碍、精神分裂症、情感性精神病等精神疾病的罪犯,容易发生自杀。

(二)罪犯自杀倾向的相关因素

美国的巴特尔(Battle)等通过研究,发现了可以帮助评价潜在自杀危险的因素。下面列举的是自杀危险性因素评价的清单,个体具备其中4~5项因素,就可以认为处在自杀的高危时期,应及时采取特别措施。①

1. 有自杀家族史。

2. 曾有自杀未遂史。

3. 已经形成一个特别的自杀计划。

4. 最近经历了心爱的人去世、离婚等事件。

5. 家庭出现大的经济损失。

6. 陷入特别的创伤损失而难以自拔。

7. 是精神病患者。

8. 有药物和酒精滥用史。

9. 最近有躯体和心理创伤。

10. 有失败的医疗史。

11. 与家庭或其他亲友失去了联系。

12. 有抑郁症,或处于抑郁症的恢复期,或最近出现抑郁症症状。

13. 在给家人的书信中分配财产或安排后事。

14. 有特别的行为或情绪特征改变,如冷漠、退缩、隔离、易激惹、恐慌、焦虑或社交、睡眠、饮食、学习、工作习惯的改变。

15. 出现严重的绝望或无助感。

16. 陷入以前经历过的躯体、心理或性虐待的情结中不能自拔。

17. 显示一种或多种深刻的情感特征,如愤怒、攻击性、孤独、内疚、敌意、悲伤或失望,这些是个体非特异的正常心理行为特征。

国内外还有许多研究提出了与自杀有关的因素。结合我国监狱服刑罪犯的实

---

① [美]B. E. 吉利兰、R. K. 詹姆斯:《危机干预策略》(上册),肖水源等译,中国轻工业出版社2000年版,第248~249页。

际情况，在此列举罪犯自杀倾向的相关因素，如果某一罪犯出现了下列某些线索，就应该高度警惕其自杀的可能，而且这些线索出现得越多，其自杀的危险性就越大。

1. 曾经有过自杀未遂的经历。

2. 家族成员中曾经有人自杀过。

3. 同监区内最近发生过其他罪犯的自杀或自杀未遂的事件。

4. 与其他罪犯谈论死亡、自杀等话题，并经常思考类似的一些问题。

5. 经常向周围的罪犯问一些非常可疑的问题，如"人身上有多少血？多长时间可以流干？""夜里监区内的值班人员多长时间巡视一次？""人在死前是不是很痛苦？"等。

6. 最近处于抑郁状态，经常哭泣。

7. 远离其他罪犯和民警，行为诡秘、孤僻。

8. 产生焦虑、紧张、无望、无助等负性情绪和感觉。

9. 有严重的自责，认为自己"罪行严重""罪大恶极"（现实存在的或是罪犯凭空想象的），认为自己因疾病或犯罪给家人、国家增添了麻烦。

10. 感到活着没有意思。

11. 有严重抑郁情绪的罪犯在没有明显原因的情况下突然变得非常开朗、非常高兴。

12. 频繁与人谈论有关自杀、死亡等问题的罪犯忽然不再和任何人谈论此类问题。

13. 最近被发现或确诊有比较严重的躯体疾病，尤其是慢性和（或）难治性的躯体疾病（如癌症等）。

14. 以前患有慢性病或难治性躯体疾病的罪犯突然开始拒绝医疗干预。

15. 凭空听到了让自己去死的声音。

16. 收集和保存一些具有一定危险的物品，如碎玻璃、小铁片、碎布条等。

17. 出现了某些放弃自己财产的举动或言行。

18. 痴迷于某些邪教或迷信观念，梦想着升天、转世、投胎、超度。

除上述线索外，还可能有其他线索或迹象能够提示罪犯有自杀的企图或预谋，而且罪犯被监禁的最初阶段往往是自杀的高峰时间，初犯更是如此。这就需要监狱民警在日常工作中，对罪犯的言行举止进行细致观察，一旦发现有自杀的可能，必须进行重点观察和防范，做好相应的预防工作，最大限度地减少罪犯自杀现象的发生。

二、罪犯自杀倾向评估

罪犯自杀倾向评估包括三个方面的内容:一是对罪犯心理症状的表现进行评定,及时发现有自杀可能的罪犯,及时进行相应的干预,最大限度地降低自杀风险;二是评定有自杀企图的罪犯是否存在生命危险,即自杀、自伤甚至他杀或其他攻击性行为等发生的可能性;三是评估其社会功能和社会支持系统,不仅可以及时发现各种危险迹象,还有助于迅速调动一切可能的积极因素。

具体评估工作由专业人员或者经过专业培训的监狱民警来完成,进行评估时应注意将一线监管经验与专业评估相结合。对有自杀可能的罪犯进行的检查和评估应在最短的时间内迅速作出,以便及时进行干预,预防危机事件的发生。

目前,建立适合我国罪犯特点的自杀倾向评估体系和预测量表,国内已有一些探索并取得一定成效。山东省监狱系统曾组织开展服刑人员自杀预测研究,编制出了《服刑人员自杀倾向量表》,可作为实践中的参考。该量表采用5级制的计分方法,共68个项目,分为以下5个维度。①

维度1(18个项目):神经质,反映罪犯情绪的稳定性、焦虑、抑郁等。

维度2(18个项目):精神症状,反映罪犯的恐怖、对人际关系的敏感性以及强迫症状等。

维度3(16个项目):改造环境,反映警犯关系、犯人之间的关系以及罪犯的劳动状况等。

维度4(11个项目):自杀态度,反映罪犯对自杀和死亡的态度。

维度5(5个项目):家庭支持,反映家庭在罪犯心目中的支持力量大小。

延伸阅读

自杀危险性评估

表7-1是一个在国外常用的自杀危险性评估表,有3部分12个项目,得分相加,总分数越高,自杀的风险也就越大,尤其是当评分达到或超过10分时,表明有比较高的自杀危险性。

---

① 宋胜尊:《罪犯心理评估——理论·方法·工具》,群众出版社2005年版,第271页。

表 7－1　自杀危险性评估表①

项目	分值	与自杀企图有关的事项
1. 孤立	0 1 2	身边有人陪伴 附近有人或保持联系(如通过电话) 附近无人或失去联系
2. 时间	0 1 2	有时间给予干预 不太有时间干预 几乎没有干预的时间
3. 警惕被发现或干预	0 1 2	不警惕 被动警惕,如回避他人,但并不阻止他人对自己的干预(独自待在房间内,但未反锁门) 主动警惕,如反锁上门独处室内
4. 在企图自杀期间或之后有想得到帮助的行动	0 1 2	有自杀企图时能告知帮助者 有自杀企图时与帮助者保持联系但并不特别告知他 不与帮助者联系或不告知他
5. 预料死亡期间的最后行动	0 1 2	没有 不完全的准备或设想 制订了明确计划(如更改遗嘱,提取保险金)
6. 自杀遗书	0 1 2	没有写遗书 写了遗书但又撕毁了 留下遗书
项目	分值	自我报告
1. 病人对致死性的陈述	0 1 2	认为他的所作所为不会对他构成生命危险 不能确定他的所作所为是否有生命危险 坚信他的所作所为将对他构成生命危险
2. 陈述的意图	0 1 2	不想去死 不能肯定或是不能保证继续活着还是去死 想去死
3. 预谋	0 1 2	感情冲动的,没有预谋 对自杀行动考虑的时间不足 1 天 对自杀行动考虑的时间大于 1 天

① 季建林主编:《医学心理学》(第 3 版),复旦大学出版社 2001 年版,第 168 页。

续表

项目	分值	自我报告
4. 对自杀行为的反应	0 1 2	病人很乐意自己被抢救脱险 病人能确定自己是感到高兴还是后悔 病人后悔自己被抢救脱险
项目	分值	危险性
1. 根据病人行为的致死性和已知有关事项来推测可能的结果	0 1 2	肯定活着 不大可能死亡 可能或者肯定死亡
2. 如果没有医疗处理，病人是否会死亡	0 1 2	不会死亡 不一定 会死亡

第三节　罪犯脱逃倾向评估

罪犯脱逃是狱内一种比较严重的重新犯罪行为，严重威胁着监管安全、改造秩序和社会安定，历来被监狱机关高度重视。预防罪犯脱逃的关键是能否准确预测，从心理学的角度预测罪犯脱逃倾向，具有重要意义。

一、罪犯脱逃的动机分析

根据对监狱发生的罪犯脱逃案例分析，发现驱使罪犯脱逃的动机主要有以下六种。

(一)思亲恋家

罪犯被强制与社会隔离，长期处在生活单调、缺少真情的环境之中，思亲恋家之情必然强烈。不过，在绝大多数情况下，这种情绪不足以推动罪犯脱逃。但当出现下列情况时，就极有可能引发罪犯的脱逃动机：一是正常的信息联系突然中断并无法知道何种原因；二是年迈的双亲、幼小的子女无人赡养或抚养和照看；三是家乡发生自然灾害，情况不明；四是在传统佳节或特定的纪念日，如结婚纪念日等到来时；五是初入监的罪犯、女犯以及少年犯，他们的思亲恋家情绪通常表现得更为突出，产生脱逃的可能也更大。

（二）泄愤报复

一种是罪犯以脱逃这种方式报复狱内监狱民警，期望管理和教育他的民警因此受到处罚；另一种是罪犯脱逃出去对特定的对象行凶报复，这种情况更为多见。所以，评估时要注意下列情况：一是对定罪量刑不服，并将自己入狱原因归结为司法人员打击报复，或告发人陷害等；二是因受到刑罚惩罚而对社会强烈不满；三是得知亲人受到他人侵害；四是妻子红杏出墙，与人鬼混；五是其他一些具体问题，主要是指社会上的问题，得不到解决而心怀不满。

（三）逃避惩罚

留恋过去犯罪生活，过不了劳动、生活和学习三关，耐不住监狱的寂寞，适应不了监狱生活，一些罪犯因此以脱逃逃避惩罚。在监管改造实践中，具有下列特点的罪犯易产生逃避惩罚的脱逃动机：一是过去生活糜烂，入狱后仍好逸恶劳、不愿参加力所能及的劳动；二是流窜作案，脱逃后具有谋生的特殊技能或其他条件；三是余罪已经或可能被揭露，或新罪等待处理之中，惧怕再次受到惩罚或加重惩罚；四是家庭对罪犯的逃避改造行为抱有同情甚至纵容的态度。

（四）避免受欺

在狱内这一特殊的小社会中，对罪犯的安全威胁主要来自两个方面：一方面是来自其他同犯，尤其是结成非正式群体罪犯；另一方面是来自监狱民警的滥用职权。当罪犯面临以上任何一种威胁时，都可能引起脱逃。所以，当罪犯受到其他罪犯，尤其是来自非正式群体的威胁或欺压时，当受到监狱民警的打骂、体罚或侮辱时，都要引起足够重视。

（五）处理家庭问题

男性罪犯大多是家庭支柱，不仅被捕前没有处理好的问题需要其自己处理，就是家庭出现的一些现实问题，也常常需要其出现才可能解决。所以，跑回去处理问题也是罪犯脱逃的多发动机。引起这一动机的因素包括协调婆媳之间的紧张关系、处理债权债务纠纷及其他亟须处理的问题等。

（六）罪犯特定的心理和行为

表现为情绪不稳。罪犯脱逃动机的产生大多与其遭遇的挫折有关，而一个人遇到不顺心的事首先会表现在情绪上，如心神不宁、坐立不安、闷闷不乐等。当罪犯意图选择脱逃来面对挫折时，则会因激烈的内心冲突而进一步使情绪不稳定，或沉默寡言，或易顽抗、暴怒等。在行为上表现异常，罪犯会表现出各种与其日常表现不同的行为，如注意观察环境、打听有关线路、物色脱逃同伙、表现突然转好等。

二、罪犯脱逃倾向因素分析

国内曾有研究者设计的“中国盗窃犯心理调查问卷”中,有这样的问题:“你所知道的罪犯脱逃的主要原因是(最多3项)”,供选择的答案有15个。调查结果见表7-2。①

表7-2 罪犯脱逃的原因

单位:%

因素	选项一	选项二	选项三	合计
小官司难熬	18.0	0.2	0.1	18.3
队长管教不妥违反政策	8.8	2.9	0.1	11.8
入监前有余罪	7.3	1.3	0.1	8.7
服刑中又犯罪	4.9	2.7	0.2	7.8
家人病危、死亡	12.7	6.4	0.8	19.9
家庭婚变	5.7	7.0	1.8	14.5
同犯挑唆	3.7	3.5	1.1	8.3
生产指标完不成	3.0	3.5	0.7	7.2
生活艰苦	12.5	13.5	5.0	31.0
严重违纪被发现	1.5	3.0	2.3	6.8
劳动强度太大	2.9	9.4	10.1	22.4
出去报复	1.4	3.1	3.6	8.1
出去捞钱	1.5	3.3	3.1	7.9
到外面看看玩玩	2.5	5.2	6.0	13.7
其他	6.2	2.9	3.2	12.3

注:1.总样本为9594人;2.已婚罪犯占总样本的24.1%。

从调查结果来看,罪犯脱逃既有外部因素的影响,也有罪犯个体内部因素的作用。在外部因素中,监狱内的人际关系,包括监狱民警与罪犯的关系、罪犯与罪犯之间的关系对罪犯脱逃具有一定的影响,前者表现在管教不妥或者监狱民警违反政策,后者反映了罪犯之间的欺压现象;家庭居丧、婚变是影响罪犯脱逃的另一个

① 章恩友主编:《中国监狱心理矫治规范化运作研究》,中国市场出版社2004年版,第334页。

重要的外部因素。在罪犯个体内部因素上,罪犯的消极认知和异常人格起着重要的作用。"监狱生活艰苦"既有外部因素的影响,也与罪犯的主观感受有关。

三、罪犯脱逃倾向评估

准确而科学地评估罪犯的脱逃倾向,一直是监狱工作者不断致力于研究的难题。近年来,国内已有研究者研制出罪犯脱逃预测量表。例如,山东省监狱系统曾组织开展服刑人员脱逃的预测研究,编制出了《服刑人员脱逃倾向量表》,可作为实践中的参考。其维度及项目组成如下。①

维度1:服刑体验(包括15个项目),主要反映服刑人员对监狱劳动强度的认识、对监狱生活环境的适应、对刑期以及监狱民警的公正性的认识。

维度2:紧张多疑(包括12个项目),主要反映服刑人员的多疑、心绪不宁等行为表现。

维度3:人际冲突(包括8个项目),主要是关于服刑人员与监狱内的牢头狱霸、其他罪犯和民警的关系,以及与以前仇敌的冲突。该维度中有几个题目需要反向记分。

维度4:外部诱因(包括9个项目),主要反映服刑人员对家人的牵挂和对监狱外面自由生活的向往。

维度5:胆大恃强(包括6个项目),主要反映服刑人员个性特点方面的胆大、自信心十足。

维度6:冲动性(包括6个项目),主要反映服刑人员冲动性的个性特点。

该量表的正式版由56个测验项目和14个测谎项目共70个项目组成。经过试用,证明具有较好的信度和效度。

第四节　罪犯暴力危险性评估

罪犯暴力表现为罪犯之间的斗殴、暴力对抗监狱民警、蓄意谋杀等不同形式,轻则造成伤害,重则致人死亡。罪犯暴力行为除少数蓄意伤害或谋杀外,一般的暴力行为的发生通常比较突然,所以预测和防范罪犯中暴力行为的发生,是监管改造工作的重点和难点问题。罪犯暴力危险性评估是指对罪犯通过暴力手段实施危险

---

① 章恩友编著:《罪犯心理矫治》,中国民主法制出版社2007年版,第214页。

行为可能性的评价。从现实情况来看，预测在什么时间、什么情况下、什么样的罪犯会制造暴力事件（发生暴力行为），仍是一件很难做到的事情。当监狱民警对罪犯的过去行为史不甚了解，也不曾对罪犯进行过面对面的评估时，所作的预测可能是错误的。当然，如果能够抓住众多因素的核心部分，凭借现有的资料也可以得出什么样的罪犯更具有暴力倾向的大概轮廓，如果我们把这种“大概轮廓”和“核心部分”把握准确，再对罪犯进行预测就可以“十拿九稳”了。

一、罪犯暴力行为产生的原因分析

根据对监狱发生的罪犯暴力行为案例分析，发现罪犯暴力行为产生的原因主要有以下五个方面。

（一）泄愤

泄愤报复是罪犯采用暴力行为的最常见动机，而引发这一动机的常见因素包括：受到其他罪犯或非正式群体的欺负或威胁；受到监狱民警的处罚，尤其是不恰当的处罚；（怀疑）被人告密；在一般纠纷中感到利益、名誉、地位受损等。

（二）逞强

长期受犯罪亚文化和监狱消极亚文化的影响，一些罪犯错误地认为“人善被人欺，马善被人骑”，为表现自己强者风度，达到使其他罪犯屈服的目的，他们不惜冒禁闭、加刑的危险，冲撞在前，拼杀在先。

（三）牢头狱霸

与单个罪犯的逞强好胜不同，与狱内非正式群体密不可分的牢头狱霸，为建立自己的帮派体系，巩固或扩大自己的势力范围，并最终获得畸形的权力欲、物质欲的满足，常常对不服从的圈内罪犯或与其对抗的圈外罪犯施以暴力。

（四）精神病态

有一些罪犯的暴力侵害不存在明显的动机，纯粹是一种病态的反应，与暴力侵害相关的精神疾病主要包括精神分裂症、情绪性精神病、癔病、癫痫等。

（五）罪犯的人格倾向

这类罪犯习惯于攻击别人，崇尚暴力，缺乏道德和法治观念；情绪冲动性强、稳定性差，激惹性强，行为易受情绪左右；判断是非和自我控制能力弱，社会适应性差；更容易形成暴力行为的动力定型。

二、罪犯暴力危险性因素分析

国外有研究者从不同学科角度分析了产生暴力倾向的因素。从生物学角度来看，智力低下，内分泌失调，脑器质性疾病，精神病性特征引起的神经系统改变，疾病、药物、脑外伤等都可能使病人产生暴力倾向；从心理学角度来看，特殊的处境，某些功能性精神病，人格障碍等也可引起暴力行为；从社会学角度来看，家庭成员、同辈，以及生活在周围的人群行为处事的方式可能加大这种暴力倾向，特殊的、现场的物理环境刺激，如炎热、拥挤、嘈杂、冲突，以及缺乏交流也可引发暴力行为。当所有上述因素混杂在一起时，暴力倾向就大大加强了。①

国内有人通过心理测验专门研究了暴力型罪犯的人格特征，研究结果表明，暴力型罪犯具有情绪不稳定性、敢为性和敏感性强及环境适应性差等特点。有约80%的暴力犯受紧张困扰、心神不定、情绪不稳等。② 还有研究者提出，导致罪犯暴力危险性的因素主要有：(1)受到批评、指责，未获减刑、假释而心怀不满，进行报复；(2)与其他罪犯之间的矛盾和纠纷未获解决，引起矛盾激化而实施报复；(3)由于婚姻家庭破裂、恋爱受挫而实施报复行动。另外，建立或维持自己在罪犯中的地位、维护团伙或同犯的利益、人格障碍（特别是攻击性人格、反社会人格、暴力癖或虐待狂）等，也是造成罪犯暴力危险性的因素。

三、罪犯暴力危险性评估

国外有研究者编制出罪犯暴力危险性评估的工具，下面列举两例。

（一）暴力危险性评估指南（Violent Risk Appraised Guide，VRAG）

本指南包括12个项目：(1)心理治疗检查分数；(2)小学适应不良；(3)人格障碍的DSM－Ⅳ诊断；(4)罪错年龄；(5)16岁之前与父母的分离；(6)准条件释放的失败；(7)非暴力犯罪史；(8)婚姻状况；(9)精神分裂症的DSM－Ⅳ诊断；(10)受害者所受的伤害；(11)酗酒；(12)犯罪中的女受害者。

（二）暴力危险评估方案（HCR－20）

该评估方案由韦伯斯特（Webster）、道格拉斯（Douglas）、伊夫斯（Eaves）和哈特（Hart）于1997年共同完成。整个方案包括三个分量表：经历分量表、临床分量表和危险管理分量表。每个分量表包括的具体项目如下。

1. 经历分量表：已往的暴力行为（H1），年轻时期第一次暴力事件的年龄（H2），家庭关系的不稳定性（H3），就业问题（H4），药物滥用问题（H5），主要心理疾病（H6），心理治疗（H7），早期适应不良（H8），人格障碍（H9），早期监护失败（H10）。

---

① ［美］B. E. 吉利兰、R. K. 詹姆斯：《危机干预策略》（下册），肖水源等译，中国轻工业出版社2000年版，第612页。

② 叶扬主编：《中国罪犯心理矫治教程》，法律出版社2003年版，第195页。

2. 临床分量表:理解力缺乏(C1),否定性态度(C2),主要心理疾病的阳性症状(C3),冲动性(C4),不配合治疗(C5)。

3. 危险管理分量表:计划缺乏可行性(R1),暴露使其动摇的人(R2),人际支持缺乏(R3),不顺从挽救尝试(R4),紧张(R5)。

近年来,我国也有许多关于罪犯暴力危险性评估的研究,如有研究者提出,以下方面可作为罪犯暴力危险性的评估指标:(1)罪犯面临的紧张性生活事件;(2)罪犯的暴力行为史;(3)人格障碍;(4)行为前强烈的身体反应;等等。①

第五节 再犯评估

一、再犯评估及其历史发展

再犯评估又称重新犯罪评估,是指运用心理学等学科原理与技术,对出狱人员(含刑满释放人员和假释者)的再犯罪可能性与概率所进行的预测。再犯评估是开展重新犯罪预防与控制研究的重要环节,世界各国都十分关注和重视。

20 世纪初以来,国内外关于再犯评估问题的研究从未间断过。1915 年,犯罪预测理论发起者、美国精神医学学者希里(William Healy)提出,根据对各个犯罪的跟踪研究,以及对犯罪者将来行为作出的科学测定,可以进行罪犯再犯罪的预测。美国格卢克(Eleanor Glueck)夫妇于 1930 年制作的用于预测假释人员再犯罪的 6 因子预测表,德国慕尼黑大学教授艾克斯纳(Franz Exner)将计量预测法介绍到本国以后,由其学生希德(Robert Schiedt)于 1935 年研制出刑满释放人员 15 因子再犯预测表。比较近的研究还有我国台湾地区的张甘妹教授于 1997 年的再犯预测研究。我国对罪犯再犯罪最系统、全面的研究,是司法部预防犯罪研究所于 1992 年完成并出版的《中国重新犯罪研究》(近几年已开始新一轮研究),该研究虽然仅就重新犯罪发展趋势进行了专家预测,其中有关重新犯罪原因的研究对再犯评估具有重要的借鉴意义。了解再犯动机不仅对预测再犯,而且对指导罪犯的狱内改造也具有重要意义。

---

① 阮浩主编:《罪犯心理矫治》,金城出版社 2003 年版,第 251 页。

二、再犯评估的因素分析

（一）再犯动机分析

根据对出狱人重新犯罪的案例分析，发现驱使他们重新犯罪的动机主要有以下六个方面。

1. 报复。报复动机是导致刑满释放人员实施恶性刑事犯罪的主要推动力量，通常引发罪犯报复动机的因素包括：对量刑判决不满，引起针对司法人员或告发人的报复动机；改造措施未取得成效，甚至被进一步强化的反社会意识，引起针对不特定人的报复动机；受人歧视、被社会忽视引发针对特定或不特定人的报复动机；其他情感或利益纠纷引起的报复动机等。

2. 补偿。罪犯被监禁改造，既要承受心理痛苦，又要受物质的损失。一些罪犯正是抱着狱内损失狱外补的心理，出狱后在尝试合法手段暴富无望的情况下，铤而走险以非法手段获取财富，并进行大肆挥霍。

3. 泄欲。在狱内，受客观条件的限制，罪犯原始的、本能的欲望长期受到压抑。出狱以后，在缺乏理智的调节与控制的情况下，他们的这种欲望如同决堤洪水，常导致强奸、抢劫等宣泄内心不满的恶性犯罪行为。

4. 求生。一些罪犯出狱以后，一方面，因大多缺乏谋生的技能，在激烈的就业竞争中，他们不仅没有文化、技能等优势，还常因有"污点"受到歧视，难以找到工作；另一方面，因经过长期服刑，有的已家破人亡、妻离子散，缺乏获得救济的途径，常常面临生活的困境。为生活所迫，有的罪犯不得不重操旧业。

5. 无意识动机。这里所说的再犯罪无意识动机，主要是指犯罪的习惯。在监管改造实践中，有两种情况：一种是罪犯原有恶习深，在有限的刑期内未得到有效的改造，出狱后延续；另一种是罪犯原有恶习不深，但在狱内受到交叉或深度感染，以致恶习越来越深，导致出狱后再犯罪。

6. 心理病态。也有一些刑满释放人员因为心理疾病再犯罪。比如，出狱前被监狱确诊为人格偏离、心理问题突出、暴力倾向严重的罪犯，在出狱后更可能实施没有明确犯罪动机的犯罪行为。

（二）诱发再犯罪的相关因素

除上述再犯罪的动机之外，与再犯罪相关的还有以下诸多因素。

1. 犯罪经历。通常累犯、惯犯，尤其是以犯罪为生的惯犯，再犯罪的可能性大。

2. 原判刑期。短刑犯刑释以后的再犯罪可能性较高。

3. 婚姻状况。婚姻和家庭是罪犯成功重返社会的关键因素，和睦的家庭和亲情关系,可以抑制犯罪动机的产生。

4. 初犯年龄。初次犯罪的年龄越小,在不良环境因素刺激下再犯罪的可能性越大。

5. 改造表现。罪犯在狱内的改造表现,是其认罪服法、接受管理教育等情况的综合反映,是预测罪犯刑满释放以后重新犯罪可能的一个重要指标。

6. 个性状况。经历监禁改造生活,罪犯心理既可能发生良性转化,也可能发生恶性变化。如同有缺陷的个性是其过去犯罪的重要内因一样,没有得到改善,甚至恶化的个性仍是其再犯罪的内在原因。

7. 亚文化。罪犯在犯罪或服刑过程中学习和内化的犯罪亚文化,对他们再犯罪同样具有重要的推动作用。推动刑释人员重新犯罪的犯罪亚文化主要包括在狱内奉行的罪犯规则,如封建行帮思想、崇尚暴力、贪图享受、逞强好胜、文身和暗语等。

8. 社区帮教情况。罪犯刑满释放后,自我适应社会的能力还十分脆弱,还会面临各种现实的问题,如就业谋生困难、过去的同伙拉拢、社会的歧视等。此时,能否对其落实帮教措施,关系到刑释人员能否顺利度过出狱后的危险期。

三、再犯评估的方法和工具

(一)再犯评估的方法

迄今为止的再犯评估方法,主要有定性分析法和定量分析法。

1. 定性分析法。又称直观预测法、经验预测法,即通过收集资料、观察征兆,运用已有的经验进行分析预测的方法。其优点是可以调动包括广大基层民警在内的各方面力量开展预测,具有广泛的群众性。缺点是所作的分析认识往往因人而异,缺乏规范化的评判鉴定标准,预测的准确性受到一定的影响。

2. 定量分析法。其是运用犯罪预测表进行重新犯罪预测,实际上是一种运用数学模型的定量研究法。又可分为记分法(伯吉斯式)、失分加权计算法(格卢克式)、多元线性回归分析法等多种方法。我国学者近年来提出了若干定量分析预测的理论和方法,是对再犯预测定量研究所作出的有益探索。

(二)再犯评估的工具

1928 年,美国芝加哥大学伯吉斯(E. W. Burgess)教授所进行的假释者预后研究,制作了有名的伯吉斯预测表。伯吉斯在 1928 年得到伊利诺伊大学法学部的协助,从彭的克、门那尔、朱利三个监狱和矫正院释放出来的 1000 名犯人中,选定了 21 个因子作为再犯预测的维度:(1)犯罪性质;(2)共犯的人数;(3)国籍;(4)父母状态;(5)婚姻关系;(6)性格类型;(7)近邻类型;(8)犯罪行为地;(9)犯罪类型;(10)社会类型;(11)居住社区大小;(12)逮捕时有无固定住所;(13)法官与检察官对宽大处理与否的意见;(14)收容是否经过答辩;(15)刑期长短;(16)假释前实际服刑期;(17)前科;(18)以前职业记录;(19)设施内惩罚记录;(20)释放时年龄;(21)智能年龄。21个因子下面再设若干细目。在记分方面,每个因素得1分为假释成功分(有利分),故最高得分为21分。得分越多,表示假释成功的可能性越大,再犯概率越低。反之,则假释失败的可能性越大,再犯概率越高。伯吉斯根据实际测算,把假释者分为9个等级,各级均计算出其成功或失败的期待率。

后来,美国的格卢克(S. G. Glueck)夫妇、梯比茨(C. Tibbitts)和德国的希特(R. Schiedt)进行了再犯预测研究。1951年,美国的奥林(L. E. Ohlin)创立了一种假释成败可能性的预测表,对伯吉斯的预测方法作了改进,在记分上增加了负分,预测因素更为有效,从而使伊利诺伊州矫正机构的假释成功率提高了26%。

我国台湾地区于20世纪60年代由若干科研人员在台北监狱进行研究,制作了再犯预测表。该预测表以台北监狱释放的200名犯罪者(初犯、累犯各100名)作为研究对象。首先,采用追踪预测法,即根据狱内情况(表现)和现有文件资料对初犯和累犯两组进行因素比较研究。一年以后,又对同一调查对象进行5年追踪比较研究。然后,对诸因素进行卡方检验(χ^2 test)。最后,确定了6个重要的犯罪预测因素:(1)以前的犯罪记录;(2)家庭经济状况;(3)不良交友关系;(4)入狱前职业记录;(5)劳动习惯;(6)特殊技能。以上6项组成的预测表为6个因素预测表。如果再加上2个出狱时的判断因素:出狱后的就业能力和出狱时的年龄,就制成了8个因素再犯预测表。根据失败分数的大小预测再犯可能性的大小。

四、建立适应我国实际的再犯评估体系

综观国外制定的再犯评估工具,虽具有较高的科学价值,但仍有其不足之处:一是在预测因素的选择上,客观因素较多,对主观心理原因较忽视,如伯吉斯再犯预测表采用的21个因素中有16个客观因素,只有5个主观因素;入监前状况多,入监后状况少,如格卢克再犯预测表采用的8个因素中,入监前状况有6个,入监后状况仅2个;对监狱中违规表现较重视,对犯罪心理变化状况反映较少等。二是预测方法较单一,多采用监狱官员(或专业人员)评定法,缺少心理测试、实验研究及行为观察等多种手段的综合运用。

由于各国社会制度及文化的差异,国外的再犯预测量表很难移植。因此,应努力建立具有中国特色、符合中国国情和罪犯特点的再犯评估体系。该体系的主要

手段和方法如下。

（一）运用出狱人员自测量表进行心理测验

即运用已有的个性量表和再犯预测专用量表对出狱人员进行心理测验。个性量表仍可使用16PF、MMPI、COPA－PI等进行测试。再犯预测专用量表的项目结构应包括：（1）掩饰倾向检验；（2）个性特质变化状况；（3）犯罪心理消除与守法心理建立状况；（4）社会适应因素与水平状况等。通过测试，与常模对照，确定陷入再犯罪的阈限。

（二）运用他评量表进行评定

他评量表包含监狱民警评定量表和同组罪犯评定量表。评定内容由两部分组成：（1）改造质量的评估因素；（2）重新犯罪因素（罪犯个人因素、环境影响因素）。应编制评定细目和操作要点，明确记分方法。通过评定，找出两者的一致性或差异，确定再犯罪的概率。

（三）运用模拟实验法进行检验

对临近出狱的人员，可根据其犯罪类型的不同，设计出某种诱发违法犯罪的情境，对其犯罪心理的消除程度和守法心理的建立程度进行检验。此项实验可有选择地进行。

目前，我国监狱系统在司法部的统一部署下，广泛开展罪犯危险性评估，其中包括深入探索再犯评估方法和技术。同时，上海、山东、江苏等也在本地区范围内进行再犯评估的研究，并取得了有价值的研究成果。随着研究工作的不断深入，我国的再犯评估体系不断趋于完善。

延伸阅读

罪犯危险评估工具

随着危险评估地位的确立，危险评估技术在不同国家甚至在同一国家内进行着不同的探索。有的评估工具在理论上有较大影响，有的评估工具在某一国家或地区正在推行。这里介绍几个有较大影响的危险评估工具。

一、犯罪人危险评估系统（OA Sys）

OA Sys是1999年4月英国监狱当局与社区执行部门联合推出的一种罪犯危险评估工具。OA Sys的设计目的主要有：确认重新犯罪的可能；希望确定罪犯的需要，包括人格或者性格上的、认知的、行为的、社会的需要；评估罪犯实施伤害的可能,包括自伤的可能;将评估与监督计划、服刑计划结合起来;为特别的评估提供线索;评估罪犯向哪个方向转变。

OA Sys 的适用对象主要包括:所有要求提供判前报告的人;接受社区刑的罪犯,具体来说,就是接受社会惩罚刑、社区矫正刑、结合刑的罪犯;被假释者;在矫正旅馆中的人;在监狱中服刑超过 1 个月的未成年人;在监狱中服刑超过 6 个月的成年人。

OA Sys 的评估项目主要有犯罪史,犯罪的情节,犯前居住情况,罪犯所受教育情况,罪犯接受培训情况、就业情况,经济背景,社会关系,生活方式,与人的关系,是否吸毒、是否酗酒,情感或心理问题,突出的思维方式,突出的行为特征,生活态度,罪犯在监狱内的表现等。

上述材料分别来自监狱曾经进行过的评估、保护观察机构所进行的评估、青年正义机构所作的评估、地方监狱罪犯信息库所提供的信息、监狱个别工作官员所提供的信息、监区管理人员所提供的信息、驻监保护观察机构工作人员所提供的信息、监狱教育部门所提供的信息、心理学家所提供的信息、牧师所提供的信息、监狱志愿者所提供的信息等。其中,监狱个别工作官员提供的信息不仅必不可少,而且特别重要。

OA Sys 的基本价值在于使监狱工作人员从总体上能够了解罪犯的危险状况,包括重新犯罪的危险、伤害他人的危险、自伤与自杀的危险、脱逃的危险,以降低监狱与社会执行部门推行促进罪犯回归社会各种措施适用的风险。危险程度被分为低度、中度、高度三个级别。

评估的操作由接受过训练的评估师与评估员在监督官、管理人员的监督管理下根据有关规则完成。评估的实施主要是评估师在阅读有关材料的基础上与罪犯交谈完成。

由于罪犯评估关涉罪犯利益,同时为了保障罪犯危险评估的客观性,监狱鼓励、支持罪犯参与危险评估,并保证评估的开放性。为此,关于罪犯危险评估的信息不仅让罪犯知道,书面的材料要让罪犯阅读,而且对有关内容要同罪犯讨论。不仅如此,监狱还设计有罪犯危险自评表(Self - assessment Quertion - naire),让罪犯自己评价自己的危险状况与变化。由于罪犯的危险在不断变化,为保证危险评估的可靠性,罪犯危险评估在进行初始评估后需要定期地进行检验性修正。成年犯的危险性评估检验性修正要在上次评估后 6 个月内进行;对于未成年犯的再次评估 3 个月后进行。此外,这种评估还需要遵守英国 1998 年颁布的《数据保护法案》的有关规定,对罪犯的问询要坚持公正原则、适当原则,要根据目的进行,不能超过必要的限度。

根据2006年的报告，通过OA Sys认定的低度重新犯罪可能的罪犯实际重新犯罪率为26%；中度重新犯罪可能的罪犯实际重新犯罪率为58%；高度重新犯罪可能的罪犯实际重新犯罪率为87%。其准确性明显高于其他同类评估工具，被认为是世界上同类系统中最先进的系统。①

二、水平评估量表（Level of Service Inventory – Revised）

水平评估量表，以下简称LSI – R。这个危险评估工具是由加拿大安德鲁斯（Don Andrews）博士与邦塔（James Bonta）博士于1995年设计并推出的，是一个包括动态因子与静态因子于一体的评估再犯危险的工具。他们认为以下十个方面54项内容与重新犯罪有密切关系，并试图通过对这十个方面54项（每项1分）内容的评估，确定被测者重新犯罪的可能。

1. 犯罪史（criminal history 10分）

（1）以前至少接受过1次定罪；（2）在成年期间2次被定罪；（3）在成年期间曾接受了3次定罪；（4）现行犯罪有3个以上；（5）在16岁以下被捕；（6）曾经因为犯罪行为而被监禁过；（7）曾经被监禁过；（8）曾经因为不当行为而被惩罚过；（9）在被监督期间违反有关规定或者被起诉；（10）有攻击或者使用暴力的记录。

2. 教育或者就业情况（education/employment 10分）

（11）现在失业；（12）经常失业；（13）整年无业可就；（14）曾经被开除；（15）在学校没有读完10年级；（16）在学校没有读完12年级；（17）停学或者被开除；（18）参与项目情况与成绩；（19）伙伴之间的来往；（20）与有关机构联系或者来往的情况。

3. 财产情况（financial 2分）

（21）经济问题；（22）依赖社会帮助。

4. 家庭情况（family/marital 4分）

（23）对家庭不满意；（24）从来没有回报父母；（25）从来没有回报亲戚；（26）家庭成员或者配偶也犯罪。

5. 住宿情况（accommodation 3分）

（27）对居住状况不满意；（28）去年变更住址3次以下；（29）邻居犯罪问题突出。

---

① 翟中东：《国际视域下的重新犯罪防治政策》，北京大学出版社2010年版，第177页。

6. 娱乐情况(leisure/recreation 2 分)

(30)缺少娱乐;(31)能够很好地使用时间,提高自己的需要。

7. 交往(companions 5 分)

(32)交往孤独;(33)有些犯过罪或者正在服刑的朋友;(34)有犯过罪的朋友;(35)与犯过罪的人不交往;(36)没有没犯过罪的朋友。

8. 使用酒精或者毒品问题(alcohol/drug problems 9 分)

(37)曾经有酗酒问题;(38)曾经有吸毒问题;(39)现在有酗酒问题;(40)现在有吸毒问题;(41)有违法问题;(42)有婚姻或者家庭问题;(43)有学校或者工作问题;(44)有生理问题;(45)其他酗酒、吸毒问题。

9. 情感问题(emotional/personal 5 分)

(46)情感干预;(47)动态的精神状态;(48)经过治疗后的精神状态;(49)现在的精神状况;(50)精神指标。

10. 态度(attitudes/orientation 4 分)

(51)对犯罪持赞同的态度,不满意现状;(52)对传统持不赞成的态度;(53)对刑期态度消极;(54)对监督态度消极。

根据 LSI－R,将危险等级分为 5 级。在对抽样选取的 956 名加拿大罪犯进行分析的基础上,所确定的危险等级分值与重新犯罪可能性见表 7－3。

表 7－3　危险等级分值与重新犯罪概率

分值范围	重新犯罪情况(释放一年后)
41～47 分以上	高度危险的罪犯(重新犯罪可能性是 76%)
34～40 分	中高度危险的罪犯(重新犯罪可能性是 57.3%)
24～33 分	中度危险的罪犯(重新犯罪可能性是 48.1%)
14～23 分	低中度危险的罪犯(重新犯罪可能性是 31.1%)
0～13 分	低度危险的罪犯(重新犯罪可能性是 11.7%)

需要说明的是,这一分值标准并未被所有使用者接受。例如,美国宾州的假释与假释监督机构在使用 LSI－R 时,进行了修订,将危险标准确定为三级,分值分别是高度危险的罪犯是 29 分以上,中度危险的罪犯是 21～28 分,低度危险的罪犯是 20 分以下。

LSI－R 是一个被广泛接受的危险评估工具,在美国的一些州 LSI－R 被适用于 18 周岁以上的罪犯,运用领域包括判断适用假释后的结果,是否可以顺利通过中途之家(一种监禁过渡措施),是否会违反监规,是否会重新犯罪。具体目标包括判断监督等级,罪犯安全等级与分类,危险程度等。

三、精神疾病量表(Psychopathy Checklist – Revised)

精神疾病量表,以下简称 PCL – R。该量表是黑尔(Robert D. Hare)于 1985 年设计,1991 年公布的,是以人格为对象的诊断性量表。PCL – R 可以有效地预测重新犯罪,同时可以为干预、矫正创造条件。该量表的项目有下列 20 个:(1)表面有魅力;(2)自我价值意识较大;(3)需要刺激改变无聊的生活;(4)病态性的撒谎;(5)欺骗;(6)缺乏悔改之心;(7)肤浅的感情体验;(8)冷酷/缺乏同情之心;(9)寄生的生活方式;(10)控制能力差;(11)滥交(性);(12)早年就存在行为问题;(13)缺乏长期目标;(14)冲动;(15)行为不负责;(16)接受自己的行为责任失败;(17)有很多短期的婚姻关系;(18)未成年不轨行为突出;(19)假释被撤销;(20)犯罪种类多。

完成量表的方法包括谈话与填写表格,大概需要 90 ~ 120 分钟完成。每一项目的分值被设为 0、1、2,其中,不符合记 0 分,有些符合记 1 分,完全符合记 2 分。还设计有一般的诊断内容,如对别人自私、冷酷、不知后悔,长期的不稳定,反社会的生活方式等。总分值约为 0 ~ 40 分:分数高,则重新犯罪危险性大;分数低,则重新犯罪危险性小。

研究与思考

1. 如何理解罪犯危险评估的原理和意义?
2. 结合案例,分析罪犯自杀倾向评估的方法和技术。
3. 结合案例,分析罪犯脱逃倾向评估的方法和技术。
4. 结合案例,分析罪犯暴力危险性评估的方法和技术。
5. 如何建立适合我国实际的再犯评估体系?

第八章　罪犯心理咨询

重点提示

罪犯心理咨询，是监狱咨询员运用心理学的理论和方法对存在心理问题并希望得到解决的罪犯提供帮助的过程。罪犯心理咨询与社会心理咨询存在一定的区别，应遵循一些基本准则，了解咨询每个阶段的任务。心理咨询的形式可分为个别咨询和团体咨询，也可分为面谈咨询、书信咨询、电话咨询和团体咨询等，其中面谈咨询是最常见的形式。罪犯心理咨询效果的好坏，在很大程度上取决于如何运用咨询方法和技巧，需要心理咨询的正规训练，更重要的是在咨询实践中反复摸索和总结。

在罪犯心理矫治工作中，罪犯心理咨询占有重要地位，是心理矫治的主体工作。探索适合我国监狱和罪犯特点的心理咨询形式和方法，是一个长期性课题。

第一节　心理咨询与罪犯心理咨询

一、心理咨询

咨询在国外是一个涵盖非常广的概念，涉及职业指导、教育辅助、心理健康咨询、婚姻家庭咨询等社会生活的各个方面。在英语中，"咨询"（counseling）一词来源于拉丁语的 consultatio，其含义为商讨、协商。在中国古代早就有"咨""询"二字。"咨"出自《书·舜典》，"咨十有二牧""咨于四岳"，是征询、商量的意思；"询"出自《诗经·大雅·板》，"先民有言，询于刍荛"，是询问的意思。

在社会生活中，一个人不论其环境条件如何，也不论其能力水平多高，总会有这样的时候：有些问题仅依靠自己的力量去解决非常困难，甚至无法解决，这时就需要得到他人的帮助，而咨询就是帮助他人的一种职业性活动。国家领导人作出决定的时候要咨询有关专家，一个母亲会因为自己孩子的问题咨询医生、教师等，实际上，从人类出现开始就从来没有停止过咨询。

心理咨询是心理学的一个应用领域，它产生于20世纪初，伴随西方国家的职业指导运动而产生，至今已有100多年的历史。心理咨询在我国的出现始于20世纪80年代，现在虽然已经广泛开展起来，但很多人对心理咨询还存在一定的误解和偏见。人们通常会把心理咨询和心理变态、精神病等联系起来，总是表现出一种不安或害怕的神情。那么，究竟什么是心理咨询呢？目前，心理咨询尚没有统一的定义，国内外许多学者进行过多种多样的表述。

美国著名人本主义心理学家罗杰斯（Carl Rogers）认为：心理咨询是一个过程，其间咨询员与当事人的关系能给予当事人一种安全感，使他可以从容地表露真实的自己，甚至可以正视自己过去曾否定的经验，然后把那些经验融合于已经转变了的自己，作出统合。这里，罗杰斯将心理咨询看成一个帮助人的过程，强调人际关系在咨询中的重要性，相信人可以通过对自己的重新认识达到自我改变。

美国心理学家帕特森（Patterson）认为："咨询是一种人际关系，在这种关系中咨询人员提供一定的心理氛围和条件，使咨询对象发生变化，作出选择，解决自己的问题，并且形成一个有责任感的独立的个体，从而成为一个更好的人和更好的社会成员。"

在我国心理学家朱智贤主编的《心理学大词典》中，心理咨询的定义是："对心理失常的人，通过心理商谈的程序和方法，使其对自己与环境有一个正确的认识，以改变其态度与行为，并对社会生活有良好的适应。心理失常，有轻度的有重度的，有属于机能性的，有属于机体性的。心理咨询以轻度的、属于机能性的心理失常为范围。至于重度的，属于机体性的心理失常，则需住院并以药物治疗为主，不包括在心理咨询范围之内。心理咨询的目的，就是要纠正心理上的不平衡，使个人对自己与环境重新有一个清楚的认识，改变态度和行为，以达到对社会生活有良好的适应。"

北京大学钱铭怡教授认为，咨询是通过人际关系，运用心理学方法，帮助来访者自强、自立的过程。对这一定义的理解要把握四个要点：（1）咨询必须建立在良好的人际关系基础之上；（2）咨询需要心理学的理论、方法作为指导；（3）咨询是一个活动过程，需要一定的时间；（4）咨询的根本目的就是帮助来访者自强自立，即通过咨询，提高来访者应对挫折和各种不幸事件的能力，使之能够自己面对和处理自己人生中的问题。

张人骏等在《咨询心理学》一书中提出："心理咨询是通过语言、文字等媒介，给咨询对象以帮助、启发和教育的过程。通过心理咨询可以使咨询对象的认识、情感和态度有所变化,解决其在学习、工作、生活、疾病康复等方面出现的心理问题,从而更好地适应环境,保持身心健康。”

张小乔在《心理咨询的理论与操作》一书中提出:“心理咨询是来访者就心理、精神方面存在的问题,找咨询专业人员进行诉说、商讨和询问,以求问题解决的过程。”

综合各种观点,本书对心理咨询的定义是,通过建立良好的咨询关系,专业咨询员运用心理学的理论和方法,帮助来访者发现自身的问题及根源,挖掘其内在潜力,调动其积极性,以改变其原有认知结构和行为模式,提高其生活适应性的过程。简言之,就是专业咨询员运用心理学的理论和方法对在心理方面存在问题并希望解决问题的来访者提供帮助的过程。

二、罪犯心理咨询

20 世纪 90 年代以来,心理咨询被引进我国监狱系统,用于改造罪犯。目前,绝大多数监狱都开展了罪犯心理咨询工作,许多监狱还设有专门的心理咨询热线,有的建立了心理咨询网络。实践证明,在监狱中开展罪犯心理咨询工作,不仅有助于促进罪犯身心健康发展,而且有利于维护监狱内的安全稳定,有利于罪犯改造质量的提高。

与心理咨询的定义一样,罪犯心理咨询至今也没有统一的定义,不同的学者在研究中对罪犯心理咨询内涵的表述不尽相同。本书的定义是,罪犯心理咨询,是指专业的监狱咨询员运用心理学的理论和方法,帮助有心理问题的罪犯发现自身的问题及其根源,改变其原有不良的认识结构和行为模式,挖掘罪犯的内在潜力,提高对监狱生活的适应性和应对各种应激事件的能力。简言之,就是监狱咨询员运用心理学的理论和方法对存在心理问题并希望得到解决的罪犯提供心理帮助的过程。当前,随着对罪犯改造要求的提高,监狱心理咨询成为体现科学改造罪犯的一大重要手段,迅速在全国监狱系统开展起来,有助于罪犯适应监狱环境、获得人格成长等。对罪犯心理咨询内涵的理解应把握以下几个要点:

1. 罪犯心理咨询的主体是监狱心理咨询员。监狱心理咨询员需要具备良好的心理素质和专业素质,受过专业训练并取得相应资格,必要时也有社会上专业的心理学工作者和精神科医生参与。

2. 罪犯心理咨询的对象是在监狱服刑的有心理问题的罪犯。在监狱中接受刑罚惩罚的罪犯,处在一个与社会相对隔离、较为封闭的环境中,由于对监管改造生活不适应,以及受到来自家庭、社会等方面的压力,他们容易产生各种心理问题甚至心理障碍,影响正常的改造生活。罪犯心理咨询就是以这些有心理问题的罪犯作为咨询对象的。

3. 罪犯心理咨询要运用心理学的理论和方法,不是简单地说服教育,在实际心理咨询中其不同于社会上的心理咨询,要结合监狱和罪犯的特殊性。

4. 罪犯心理咨询的目的是帮助罪犯发现问题、解决问题,帮助罪犯提高自我认识和社会适应能力,促进罪犯自我成长。

三、罪犯心理咨询与社会心理咨询的区别

罪犯心理咨询与社会上一般意义的心理咨询既有共同点,又有很大区别。共同点在于二者都是由咨询员向来访者提供心理帮助的过程,都以心理学理论和方法为指导,建立在良好的咨询关系基础之上,坚持一定的心理咨询原则,等等。下面重点分析二者的区别。

(一)咨询员不同

社会上一般意义的心理咨询,从业人员主要是受过专业训练的心理学工作者和精神科医生,他们需要具备心理学、医学、教育学、社会学、哲学、伦理学等学科知识。罪犯心理咨询的从业人员主要是受过专门训练并取得相应资格的监狱民警(个别情况下也有社会上的心理学工作者与精神科医生的参与),他们除了应具备一般咨询员必备的知识,还必须熟悉乃至精通法学、犯罪学、监狱学、犯罪心理学、罪犯心理学等学科的知识,并具有丰富的罪犯管理经验。

(二)来访者不同

社会上一般意义的心理咨询,来访者是存在心理问题的正常人,多是来访者主动寻求帮助。罪犯心理咨询中的来访者是存在心理问题的服刑罪犯,心理咨询的地点限制在监狱内,罪犯在监狱民警的劝说或引导下到咨询室寻求帮助,或者咨询员主动去监区为有心理问题的罪犯提供帮助。

(三)咨询内容不同

社会上一般意义的心理咨询,内容涉及人们社会生活的方方面面,主要有学习、职业选择、社会交往、家庭、婚恋等。罪犯心理咨询的内容涉及罪犯服刑生活的各个方面,主要有:刑事政策和法律知识方面,包括认罪服法、犯罪原因、改造前途等问题;狱内生活方面,包括狱内人际关系、监规纪律及服刑过程中遇到的困难和问题等;家庭社会关系方面,包括家庭关系、婚姻、恋爱、子女抚养、财产分割与继承等问题;心理健康方面,包括自我意识、生活习惯、监狱适应、情绪障碍、变态心理等

问题。

(四)咨询形式不同

社会上一般意义的心理咨询,形式多种多样,有面谈(门诊)咨询、书信咨询、电话咨询、专栏(公共媒体)咨询、现场咨询等。罪犯心理咨询由于监狱和罪犯的特殊性,咨询形式只能有选择地运用,目前,罪犯心理咨询最常见的形式主要是面谈(门诊)咨询和电话咨询及网络咨询等。同时,在运用心理咨询技术时需要考虑罪犯的特殊性和接受性,还要考虑咨询的深度。

延伸阅读

卡尔·罗杰斯

卡尔·罗杰斯(1902~1987)是人本主义心理学最有影响力的人物之一。罗杰斯对心理学的贡献主要表现在人格的自我理论的提出、来访者中心疗法或以人为中心疗法的创立及以学生为中心的教育思想的倡导。罗杰斯曾先后在美国的俄亥俄大学、芝加哥大学、威斯康星大学任心理学教授,1962年起任斯坦福大学行为科学高级研究中心研究员,随后在加利福尼亚州西部行为科学研究所任常驻研究员。他曾担任美国心理学会第55任主席。罗杰斯一生笔耕不辍,著述颇丰,出版了16本专著,发表了200余篇文章。鉴于罗杰斯对心理学的卓越贡献,1956年他荣获了美国心理学会首次颁发的杰出科学贡献奖。

20世纪40~50年代,是心理咨询发展史上发生最深刻变化的时期,即由指导运动向现代咨询转变,罗杰斯对这种转变起到了重要作用。首先,他提出一种新的咨询理论,强调咨询过程的主角是当事人而不是咨询师,是当事人对改变负责而不是咨询师对改变负责。其次,他开始以真正心理学的眼光分析咨访关系和咨询过程,致力于找出咨询和治疗中真正起作用的要素,使咨询变成一个以科学研究为基础的实践学科。最后,这种非指导的咨询治疗使原来主要在学校进行的指导活动和主要在心理卫生机构进行的咨询治疗活动有了统一的理论基础,使咨询和治疗开始靠拢,有时甚至到了难分彼此的地步。

第二节 罪犯心理咨询的要素

一、监狱心理咨询员与来访罪犯

（一）监狱心理咨询员身份的特殊性

监狱心理咨询员身份的特殊性，是由监狱民警和心理咨询员的双重角色决定的。监狱心理咨询员不同于一般的监狱民警，其是从监狱民警中选拔出来，受过专门心理咨询培训的特殊专业人员。监狱心理咨询员除了需要具备监狱民警的良好素养，同时需要具备心理咨询员的素质，虽然这两种身份的工作目标都是改造罪犯，但二者所采用的方法与手段不同。在开展心理咨询工作时，要求监狱心理咨询员必须弱化其民警身份，强化其专业人员身份，消除来访罪犯的戒备心理，使双方建立起平等、彼此信任的良好咨访关系，开展专业的心理咨询工作，促进罪犯心理、行为的改变，达到改造罪犯的目的。

（二）来访罪犯及其心理问题

来访罪犯不同于一般的来访者，与社会上心理咨询的来访者相比，二者的身份地位、生活环境不同，所产生的心理问题也有区别。罪犯入狱后，由于对监管改造生活不适应，或者受到来自家庭、社会等方面的压力，会产生一系列心理问题，影响改造效果。来访罪犯的心理问题主要表现在以下几个方面：

1. 在认罪服法、犯罪原因、改造前途等方面产生的心理问题。很多罪犯对自己的判刑或者刑期不认可，甚至觉得冤枉，以致产生很大的心理问题。

2. 在狱内生活、人际交往、监管改造、学习、劳动过程中产生的心理问题。常表现为初入监的罪犯对监狱生活不适应，服刑期间的各种心理问题，以及出监焦虑等现象，给监管安全带来很大的隐患，如果不能化解，罪犯则很难以健康的心态融入监狱环境，也难以适应刑满释放后的社会生活。

3. 在家庭、婚姻、恋爱、子女抚养、财产分割与继承、回归社会等方面产生的心理问题。在服刑期间，父母或者子女无人照看或亡故、婚姻关系破裂、子女犯罪等重大家庭变故对罪犯的心理影响也是巨大的，需要心理咨询的介入。

4. 在心理健康方面存在的问题，包括自我意识不健全、监狱适应困难、情绪障碍、心理危机等。有些罪犯还具有偏执型人格等人格障碍，如果不进行人格改善，将直接影响其改造生活及改造效果。

（三）咨询员与来访罪犯之间的心理互动关系

心理互动是一个社会心理学的概念，是指两个主体相互发生影响的过程。即一方对另一方发出影响信息（刺激），另一方对这种影响进行认知和评价并作出一定行为（反应），后者的反应又作为反馈信息（刺激）作用于前者的心理活动。罪犯心理咨询是一个人际互动过程，监狱心理咨询员与来访罪犯之间的信息交流是双向的，不仅咨询员在影响、改变来访罪犯，同时来访罪犯也在影响咨询员。咨询过程中所发生的行为改变，主要是通过咨访双方的心理互动实现的。监狱心理咨询员与来访罪犯之间心理互动成功与否，关系着咨询的质量和效果。来访罪犯心理咨询过程中的心理互动应是一种良性互动，这种良性互动集中表现为，在咨访双方之间建立起一种接纳、信任、富有建设性的人际关系。

二、双方共同相信的理论

（一）理论的内涵

在罪犯心理咨询过程中，监狱心理咨询员在了解了来访罪犯的问题之后，一般要通过晓之以理来减少其困惑和挫折感。因此，双方共同相信的理论就成为咨询的要素之一。这种理论主要是指对来访罪犯的痛苦和困惑及其解除方法的观点，即咨询员应该用专业的视角提供关于来访罪犯问题的本质、产生根源及其处理办法的新信息，使罪犯认识到自己的困难具有什么性质，是什么原因造成的，以及怎样解决这些困难和问题，等等。

（二）咨询员对理论的表述

在罪犯心理咨询过程中，监狱心理咨询员必须具有丰富的专业经验和人生阅历，坚信相应的治疗方法是有效的和有益的，这是让心理罪犯相信和接受理论的前提。当来访罪犯还不能肯定咨询员所讲的道理是否可靠时，往往会以咨询员本人的自信或神态作为信任的依据。这就要求监狱心理咨询员对理论进行表述时要把握好自己的语调及神态，讲述有关理论时泰然自若、语调坚定，这会增强罪犯的信任感；反之，如果咨询员专业水平缺乏，理论表述含糊，就会降低其在罪犯心中的可信度，影响咨询效果。

（三）来访罪犯对理论的接受

罪犯心理咨询要想取得成功，必须使来访罪犯相信并接受咨询员所讲的理论，只有主动接受理论指导，并将其作为调节自己心理状态的指南，来访罪犯才有望改变自己的心理和行为，促进人格健康成长。来访罪犯对理论的接受程度一方面受咨询员的影响；另一方面也与来访罪犯自身原有的知识经验和心理发展水平密切相关,因此咨询员在表述时要考虑罪犯的接受性。

三、来访罪犯的获助期望和对成功的体验

(一)激发和维持来访罪犯的获助期望

罪犯来寻求心理咨询,目的是希望通过咨询减轻自己的痛苦,改善困难的处境,使自己的改造生活变得轻松愉快。根据“心力萎顿假说”,来访罪犯都有无能感、自卑、无望和无助等心理状态,他(她)们因此种痛苦而来,但大多数时候他们对自己有多大希望获得改善是信心不足的,许多人是抱着试一试、碰碰运气这样的态度进入咨询诊所的。一旦他们通过初步会谈对咨询产生信心,就为咨询注入了强大的活力。因此,可以说,来访罪犯是否具有获助期望,将会直接影响咨询的进程与效果。在罪犯心理咨询中,来访罪犯获助期望的激发和维持主要取决于以下三个方面:

1. 罪犯现有的心理痛苦。罪犯之所以来求助心理咨询,是因为现有心理问题使其情绪、人际交往甚至身体出现了问题,社会功能受损。为了摆脱这种痛苦,个人调节不起作用,只能求助外力,心理咨询的可获得性是促使其求助的主要原因。因此,监狱的心理咨询工作要大力宣传,让罪犯在心理出现问题时知道如何求助,而不是压抑或者自暴自弃。当然,心理咨询的效果也会促使罪犯来求助。因此,罪犯现有的心理痛苦,以及想摆脱这种痛苦,是其求助心理咨询的主要动力。

2. 罪犯对心理咨询的了解。罪犯选择心理咨询,是因为他们在来咨询之前,对心理咨询有一定了解,可能是从广播、电视等媒体宣传中获得的信息,也可能是从实例中了解到心理咨询的有效性,甚至有些罪犯对心理咨询员的专业素质与能力也有大概了解,在一定程度上激发了他们的获助期望。

3. 咨询员的积极作用。来访罪犯求助心理咨询,监狱心理咨询员的良好素养会对其产生积极的影响,增强他的信心与获助期望,使其克服焦虑和自卑心理。同时,咨询员的接纳、信任、共情等态度,以及咨询员的专业性和权威性,都会增加罪犯对咨询员的信任,激发咨询求助的动机。

(二)为来访罪犯提供体验成功的机会

“助人自助”是心理咨询的一项基本原则,要不断提高来访罪犯的自助能力,在咨询过程中或后来的巩固阶段,给他们提供体验成功的机会。成功的体验可以维持和增强来访罪犯的期望,强化来访罪犯的信心,减少其对生活的担忧。不断使来访罪犯获得阶段性的成功体验,可以给咨询过程注入不竭的动力。

来访罪犯往往是带着各种心理问题来寻求心理咨询的,他们通常认为自己能

力差,缺乏自信心,感到自卑,很少有过成功的体验。心理咨询就是要帮助来访罪犯改变对自己的消极看法,启发他们的自我主宰意识,提高应变能力。为此,应注意以下三点:一是引导来访罪犯发现和分析自身现有的亮点和能力,强化自我接纳和自我肯定的意识;二是给他们提供有效的、能发挥其特长的机会,如参加体育比赛、歌咏比赛、才能展现等,对其取得的成绩给予鼓励和认可;三是给他们制定各种不同难度的劳动和学习任务,一步步进行和完成,使其获得成功的体验,增强改造和生活的信心。以上策略有助于来访罪犯逐渐形成良好的自我认识、自我评价与自我控制能力,积极地去适应监狱生活。

(三)增强来访罪犯的自我效能感

自我效能感是指个体对自己是否有能力完成某一行为的自信程度。自我效能感决定人们对活动的选择及对该活动的坚持性,影响人们在困难面前的态度,影响新行为的获得和习得行为的表现,以及活动时的情绪。"心力萎顿假说"认为,来访者痛苦的原因之一是他们感到自己对环境及自身处境无能为力,不知道是什么力量在支配自己,更不能左右或驾驭这股神秘的力量,所有驾驭的努力都以失败告终,并反过来加强了他们的无助感。关于控制感、自我效能感在健康心理生活中的作用,自20世纪70年代以来,在心理学界引起了极大的关注,如韦纳(B. Weiner)等对归因后效的研究、班杜拉(Albert Bandura)的自我效能说等,都一致认为,个人是否感到自己能够有效地控制、支配周围环境及自己,与一个人行为和思维的积极性、情绪体验的好坏有关。

罪犯心理咨询就是要帮助来访罪犯产生或增强其自主性和自我效能感,使罪犯能够积极、主动地改变自己的心理和行为,更好地适应周围环境和改造生活。提高罪犯自我效能感的途径有很多。第一,让来访罪犯为自己的感受命名,使许多模糊感受概念化、情绪化以及潜意识化,更清晰地理解自己;第二,与来访罪犯共同分析,对来访罪犯的感受给予积极合理的解释,使其产生自我控制感和支配感;第三,促进来访罪犯积极行为,获得成功的体验;第四,帮助来访罪犯客观分析他们自己及生活经历,提高他们的自我效能感。

第三节　罪犯心理咨询的原则

罪犯心理咨询原则,是指监狱开展心理咨询工作遵循的一些基本准则,对罪犯心理咨询工作具有指导意义。罪犯心理咨询所坚持的原则,有些与社会心理咨询的原则是相通的，有些则是自身特有的。

一、尊重原则

在罪犯心理咨询中，咨询员对来访罪犯以诚相待，充分尊重其人格。尽管罪犯因犯罪被判刑入狱，服刑期间也有很多缺点或错误心理问题，但他们在人格上仍然是一个值得且应当给予尊重的个体，仍然是有价值的人。尤其是有心理障碍的罪犯，他们往往不能正确认识自己和悦纳自己，只有被别人接受和尊重，才能接纳自己和尊重自己，重建自尊心和改造信心。来访罪犯往往都是有一定心理困扰的人，大多都不善言辞，有思想顾虑，自卑感较重，往往手足无措、语无伦次，这时，咨询员的尊重和信任就是一种无形的力量，能帮助罪犯化解忧虑，增强自尊自信，敞开心扉，保证咨询顺利进行。尊重原则还有一层含义，咨询员需要具备自尊自信，方可良好地影响来访罪犯。

二、理解支持原则

理解支持原则，是指监狱心理咨询员既要对来访罪犯所存在的心理问题给予理解，又要在精神上给予支持。前已论及，前来咨询的罪犯往往意识到自己在心理上存在某种问题，想通过心理咨询得到帮助。他们对咨询员抱有很大的期望，同时也担心咨询员不能接纳他们，不能理解他们的苦衷，因而初次来咨询的罪犯容易心存疑虑。因此，咨询员要热情诚恳地接待来访罪犯，向他们讲明心理咨询的基本精神和原则，鼓励他们消除顾虑。咨询员真诚自然的态度有助于形成和谐的交谈气氛，建立良好的咨访关系。

来访罪犯在心绪不宁或精神上感到痛苦的时候，最需要别人的支持与安慰，有时几句温暖人心的话、一些关怀的表示，都可以使其重新振作起来，使其心头的郁结得以消融，获得勇气和力量。虽然来访罪犯的心理问题各种各样，有些问题在常人看来可能是一些不可理解的怪癖，但监狱心理咨询员对此应有正确的理解并予以接纳。因为每位来访罪犯的心理问题都有其形成的原因和过程，咨询员应给予真诚的关怀与帮助，理解与支持对于前来咨询的罪犯而言尤为重要。

三、有条件保密原则

保密原则，是指保守来访罪犯谈话内容的秘密，尊重来访罪犯的隐私权。遵循保密原则是由心理咨询工作本身的特殊性决定的，既是职业道德的要求，也是咨访双方建立相互信任的关系的基础，又是来访罪犯进行自我保护的必要前提。没有保密,则意味着心理咨询失去存在的基础。

贯彻保密原则主要包括:在一般情况下,罪犯在心理咨询过程中的谈话内容不作为“犯情”向上级汇报;他们说的即使是错误的言论,也不作为定案处理或考核奖惩的依据;拒绝关于来访罪犯情况的调查,等等。但是,鉴于监狱工作的特殊性,罪犯心理咨询的保密原则是有条件的,当出现妨碍监狱安全的特殊情况,如罪犯有自杀、脱逃、行凶等行为倾向时,就可以突破这一原则,及时与有关部门互通信息,并采取相应的防范措施,防止意外事件的发生,以确保监狱安全,这也是对来访罪犯的保护。

四、耐心倾听和细致询问原则

耐心倾听和细致询问原则,要求监狱心理咨询员既要耐心倾听来访罪犯的诉说,又要通过细致询问来准确掌握问题的实质。咨询过程不是咨询员向来访罪犯讲述心理学知识或者大道理,而是耐心倾听和细致询问的互动过程。来访罪犯倾诉的过程就是解除心理重负的过程。认真倾听不仅能了解来访罪犯存在的心理问题,还可以帮助来访罪犯解除心理重负、放松紧张情绪。当一个人被心理重负压得透不过气来时,如有人能耐心地听他诉说,并帮他厘清问题的头绪,他就会感到如释重负。现代心理学研究中有所谓“心理呕吐”的说法,就是将那些使自己感到压抑的问题以适当的方式,找一个适合的听者进行讲述,这种讲述是交流和治疗的首要步骤。

监狱心理咨询员在听取来访罪犯讲述问题的时候,要坚持价值中立原则,不过早地进行评价,耐心倾听和关注的态度也是一种支持,适当地应答和简短交流都是必要的。在来访罪犯的述说告一段落的时候,咨询员可以提出问题、展开交流和澄清问题,分析来访罪犯心理问题的实质,帮助来访罪犯厘清问题的头绪,为接下来的应对措施做好准备。

五、疏导教育原则

疏导教育原则,是指监狱心理咨询员对来访罪犯在情绪上进行疏导抚慰,重视正面的启发教育。来访罪犯有心理负担,情绪低沉,他们需要理解、同情、支持与安慰,在咨询过程中,咨询员要对来访罪犯在情绪上进行疏导和适当的鼓励,帮助他们逐步摆脱消极的情绪,重新振作起来。咨询员还要帮助来访罪犯树立自信心,善于发现来访罪犯心理、行为上的积极因素,看到他们在克服障碍、增强适应能力中的有利因素,对他们进行积极的疏导,帮助他们厘清思绪并积极寻求解决问题的对策。

在疏导的同时,应重视对来访罪犯进行正面的启发教育。来访罪犯的问题可能涉及减刑、假释、婚姻家庭、人际关系、劳动改造、学习等多个方面,但无论是一时的挫折还是长期的不安,都可能导致来访罪犯产生消极的心态,或者与周围环境或他人形成对立情绪。有的罪犯埋怨别人多,反思自己少,要求别人善待自己,而不考虑如何善待别人;还有的罪犯存有不正确的价值观和人生观。对于这些情况,咨询员应给予积极正面的启发教育。在认真、耐心听取他们倾诉内心苦闷的基础上,与他们共同发现问题和分析问题,帮助他们调整看问题的角度和方法,帮助他们学会正确对待自己和他人、提高社会适应能力。实践证明,对罪犯进行疏导教育,以及推心置腹地交谈,有助于他们从多方面受到启发,以积极的态度调整情绪、面对现实。

六、促进成长原则

促进成长原则,是指咨询员应把咨询重点放在启发和促进来访罪犯的内部成长上。人有理解自我、趋向成熟、产生积极的建设性变化的巨大潜能,心理咨询的任务就在于启发和鼓励个体潜能的发挥,促进其成熟和成长。因此,在罪犯心理咨询中,咨询员应与来访罪犯共同分析、探讨问题产生的内部原因,帮助他们产生顿悟,促使他们不断成长,选择有助于问题解决的方案。

促进成长的原则最能体现心理咨询"助人自助"的宗旨,着眼于真正提高来访罪犯自身分析问题、解决问题的能力,促使他们自我成长,增强对环境的适应性。当他们再遇到困难或遭受挫折时,能客观地分析问题,正确地去面对现实,用合适的方式解决问题。

七、咨询与治疗相结合原则

咨询与治疗相结合原则,是指监狱心理咨询员需要了解来访罪犯心理问题的性质,开展专业的心理咨询工作,必要时开展针对性的心理治疗。心理咨询和心理治疗虽有区别,但在本质上是相通的。咨询过程本身就有一定的治疗意义,心理治疗也离不开必要的咨询过程。因此,在罪犯心理咨询中,咨询员不仅要帮助罪犯分析心理问题产生的原因,并使其领悟,还可采取必要的治疗措施,使咨询更加有效。这就要求监狱心理咨询员具备专业的心理咨询和治疗知识,以及丰富的咨询与治疗经验。丰富的人生阅历和社会知识也有一定的促进作用。

八、预防性原则

预防性原则，是指监狱心理咨询员在对来访罪犯开展心理咨询与治疗的同时，应预防心理问题的加深和可能出现的其他心理、行为问题。首先，心理咨询本身就具有预防功能，如通过心理咨询防止罪犯精神崩溃、自杀、行凶及其他过度反应的发生；其次，解决心理障碍和治疗生理疾病一样都要贯彻预防为主的方针，通过心理咨询可传播心理健康知识，对心理障碍的产生和发展能起到一定的预防作用；最后，在罪犯心理咨询过程中，某些罪犯可能流露出重新犯罪的倾向，通过及时与有关部门取得联系，可预防狱内突发事件的发生。不仅如此，在罪犯心理咨询过程中，还会发现同类罪犯出现心理问题的动态及原因，可采取积极措施，预防罪犯心理问题的恶化及恶性事件的发生。

第四节　罪犯心理咨询的常见形式

心理咨询的形式，根据来访者的人数，可分为个别咨询和团体咨询；根据咨询的途径，可分为面谈咨询、电话咨询、书信咨询和团体咨询等。其中，面谈咨询是心理咨询中最常见的形式。监狱开展罪犯心理咨询的常见形式有以下几种。

一、面谈咨询

面谈咨询，指监狱心理咨询员和来访者在咨询室进行咨询，是以谈话方式为主的一种咨询形式。

面谈咨询有许多优势，与电话咨询、书信咨询等其他咨询形式相比，更为直接和自然。第一，在面谈咨询中，来访罪犯可以将自己心中的烦恼、焦虑、不安或困惑直接告诉咨询员，咨询员在耐心倾听的基础上，可以与来访罪犯进行面对面的磋商、讨论、分析和询问。第二，在面谈咨询中，咨询员对来访罪犯可以进行直接观察，了解其个性特点、心理健康状况、心理问题的严重程度和当时的心理状态等。第三，面谈咨询一般是个别进行，在这种情境中，来访罪犯易于消除顾虑，说出自己内心深处的想法和困惑，便于心理咨询的顺利开展。第四，在咨询过程中，当来访罪犯情绪失控或者突发意外时，咨询员能够及时处理，保证其安全。

由于面谈咨询是咨访双方面对面的交流，而且来访罪犯的年龄、案由、文化背景等均不相同，需要咨询的问题非常广泛，对监狱心理咨询员的要求很高，即咨询员不仅要有积极诚恳的态度和娴熟的技巧，还要具备丰富的专业知识和经验阅历。

在面谈咨询过程中，必要时可进行有关的心理测验，测验结果可作为分析、治疗、提出帮助的一种依据。轻度的心理问题，有时通过一次咨询即可解决；较为复杂的问题，则需要多次咨询。复诊时间可在首次咨询结束时约定，也可由来访罪犯根据需要自己决定。

二、电话咨询

电话咨询，是通过电话对来访罪犯进行心理疏导的咨询形式。这是一种较为方便又快捷的心理咨询形式，在防止由于心理危机而酿成的自杀和狱内犯罪方面有很好的效果。电话架起了心灵沟通的桥梁。当一个人由于一时冲动而准备采取某种冒险行为的时候，如果拨通了心理咨询电话，就可能得到意想不到的关怀和温暖，在心理上得到开导和慰藉，其冲动行为就可能被阻止，甚至还可能把他从死神手中拯救出来。

从实践来看，由于电话咨询不必通报姓名，双方互不见面，有一种"幕帘效应"，在监狱中，电话咨询被罪犯认可的程度较高，在罪犯心理咨询中占据非常重要的地位。有些监狱把电话咨询称作"心桥热线"，主要以婚姻家庭、人际关系、情绪控制与调节、监狱环境适应等为咨询内容，为罪犯架起了敞开心扉、沟通思想、获得援助、走向光明的心灵之桥。有些关押男犯的监狱发挥女警心理咨询师的作用，使监狱中的电话咨询更富有特色，成效更佳。监狱在开展电话咨询时，需要注意以下几点。

1. 不要高估电话咨询的作用。实践证明，电话咨询的作用是有限的，进行电话咨询的咨询员并不是"万能的救助者"，他只为来访罪犯提供心理上的援助，促使来访罪犯提高自己解决问题的能力，或者做一个好的听众，使来访罪犯通过诉说消除自身的烦恼。电话咨询员不能代替来访罪犯去解决问题，有时只是给来访罪犯提供一定的情绪支持和提出一些忠告而已。当罪犯遇到严重的心理问题时，还是需要当面进行心理咨询。

2. 电话咨询员要具备较高的素质。由于电话咨询缺乏视觉上的直观性，因而对咨询员的专业素养要求很高。在电话咨询中，来访罪犯是什么样的人、存在什么问题、什么时候打来电话等，都无法预见，这使电话咨询无法进行事前准备。同时，电话咨询往往又是一次性的，需要在很短的时间内掌握信息和提供心理援助，这些都要求电话咨询员具备较高的职业素质和专业技能（尤其是丰富的咨询经验），能够对各种各样的罪犯心理问题应对自如，达到咨询效果。

3. 限定电话咨询的时间。一般来说，电话咨询的全过程最好限定在30分钟左右，如果超过30分钟还不能结束谈话，除救急的情况外（如来访罪犯已经做好自杀或行凶的准备并马上要付诸实施），咨询员应策略地引导心理咨询和把握谈话时间，如果当下无法进行有效的电话咨询，可以约定再次咨询的时间（给双方留出一段思考问题的时间），必要时可以给来访罪犯介绍一位更适合于他的电话咨询员。

三、书信咨询

书信咨询，就是通过书信往来的形式进行心理咨询。在监狱中，书信咨询适用于咨询专家对路途遥远或暂时不愿暴露身份的罪犯进行咨询，咨询员可针对罪犯信中所描述的情况和提出的问题，进行疑难解答和心理指导。

书信咨询的优点是简单易行、运用方便、涉及面广，能使罪犯畅所欲言，并能打破时空限制，还可以避免某些存在心理障碍的罪犯当面交谈带来的尴尬局面等。

但是，书信咨询也有不足之处：第一，由于咨访双方不能直接见面和对话，不利于深入了解情况并详细询问心理问题产生的缘由。这样一来，咨询员只能提出一些原则性的疏导意见，很难给予深入、具体的指导。第二，受罪犯文字表达能力的限制，有的来信存在表达不清、陈述不详等情况，致使咨询员无法把握要点而影响了对来访者心态的分析、帮助和指导。第三，有时还可能出现地址不详、邮政编码不清、署名潦草等疏漏而影响复函。第四，时效性不够，当罪犯收到回信时可能几天之后了，罪犯的心境可能已经有了新的变化，心理指导不够及时。

在监狱开展心理咨询初期，鉴于许多罪犯对心理咨询心存疑虑的情况，可在监狱内设置咨询信箱，一般问题可以通过书信咨询解决。但是，对于心理问题较严重的罪犯，还需安排面谈咨询。

四、团体咨询

团体咨询，也称集体咨询、小组咨询，这是相对于个别咨询而言的，是同时对多个求助者（组员）开展咨询的一种心理咨询形式。团体咨询一般有两种形式：一种是由有共同问题的来访罪犯自愿组织为两三人或更多人数的小团体，来心理咨询室询问或磋商一些共同关心的问题；另一种是由心理咨询员把存在共同问题的来访罪犯组织在一起，和他们一起讨论问题，并给予切实的指导。团体咨询的人数没有固定的标准，从两三人到十几人均可。人数太多不利于讨论，如果人数超过20人，则可分成几个小组进行。对来访罪犯普遍存在的共同问题，可组织开展心理卫生讲座。

在团体咨询中，由于来访罪犯之间的问题比较接近，并且都具有解决问题的迫切性，这会促使他们积极地讨论问题，可以集思广益、相得益彰。在相互交流、讨论中，当来访罪犯了解到其他人也有与自己类似的苦闷时，就会减轻原有的心理负担，消除孤独感，紧张的情绪也得以放松。另外，从共同的讨论中还可以得到启发与帮助，实现解除重负和心理治疗的目的。团体咨询本身就是一种社交活动，通过来访罪犯之间的相互观察和沟通，可以起到示范、模仿和练习的作用，从而使许多来访罪犯的社交障碍得到一定程度的克服，使他们学会有效化解人际冲突，建立良好的人际关系，营造良好的改造氛围。

团体咨询也有不足之处，例如，由于人数较多，咨询员难以顾及每一个组员的特殊问题，保密性差使有些组员产生顾虑而不愿暴露自己，有些组员还可能受到其他组员的伤害等。因此，团体咨询只能解决一些共同存在的表层心理问题，而深层心理问题则需要通过个别咨询单独加以解决。同时，团体咨询对咨询员要求非常高，需要严格坚持团体咨询的原则，同时在咨询之前能够预想到可能出现的突发问题并能恰当应对，而不专业的咨询员带领团队可能会使成员受到伤害或者误入歧途。实践中尤其要注意的是，团体咨询的目的是解决问题和促进发展，不要只做游戏或者流于形式。

第五节　罪犯心理咨询的一般过程

罪犯心理咨询需要遵循一定的步骤，了解咨询每个阶段的任务、重点、难点和注意事项。但需要说明的是，心理咨询过程原本是一个自然发展的过程，咨询步骤只是一种人为的划分。成功的心理咨询过程犹如小溪流水，顺势而至，一切尽在自然之中。由于咨询形式不同，其过程也不同，本节主要介绍罪犯面谈咨询的一般过程，其他形式的咨询也可以参考。

一、罪犯心理咨询的准备

在罪犯心理咨询中，为了避免可能出现的危险，也为了使咨询能顺利进行并取得成效，监狱心理咨询员在正式进行咨询前应做好各种准备，主要包括物质准备和对来访罪犯的甄选。

（一）咨询准备

咨询准备是指围绕心理咨询所必需的各种环境和物品的准备，如咨询室、接待室的房间选择及其设备等。

第一，监狱应设立专门的心理咨询室，最好还配有若干间谈话室。谈话室不必很大，但要保证相对独立，特别是要保证隔音，以满足谈话的保密性要求。咨询室的布置要自然，如物品的摆放、桌椅的放置等要自然一些。制定咨询室的有关规定，挂在醒目的位置，在来访罪犯不清楚时，咨询员应给予具体的说明。为了创造良好的咨询气氛，咨询室内一般应光线柔和、色彩温和，使来访罪犯感到放松、平静、精力集中，不至于因分散注意力而影响咨询的正常进行。此外，钟表最好放在来访罪犯的背后咨询员容易看到的地方，以免咨询员经常看手表而使来访罪犯不能平静地谈话。

第二，咨询室的设备一般有以下几类：一是必备的心理测试问卷（包括电脑软件）；二是必需的实验仪器，如电脑、音响设备、录放机、听力器、视力表、放松椅、血压计、听诊器等；三是桌椅、沙发及日常摆设用品。

第三，在咨询员伸手可及的地方放置做笔记的用具，可以随时将来访罪犯所说的重要信息记下来，以防止忘记或记忆不清。咨询员有时可以在草纸上写写画画，或让来访罪犯自己写一下、画一下，以确认来访罪犯所描述的某些事情或情节。

第四，给每个咨询室起个名字，以温馨或有生机的名字为主，用木板雕刻并安置在门上，让来访罪犯有焕然一新的感觉。同时，咨询室要有窗户，保证合适的采光。为了咨询的安全，咨询室的楼层不宜过高，且需要安装防护窗。

（二）来访罪犯的甄选

由于罪犯处于被监管改造的特殊地位，需要接受心理咨询的罪犯要办理相关手续才能走进心理咨询室。一般先由罪犯提出申请，填写罪犯心理咨询申请单，申请单由主管民警送至心理咨询室，经咨询员初步审核后，下达罪犯心理咨询通知单及其他需要填写的表格，罪犯收到通知单后，按上面约定的时间，由主管民警送到心理咨询室。

按正规操作程序，罪犯初次来咨询要先进行受理面谈，根据受理面谈的情况选择适宜的咨询员为其进行正式咨询。受理面谈也称预备咨询，是指对来访罪犯所存在的心理问题及对此可能给予的心理援助进行判定的、正式咨询前的谈话。对于有各种心理问题而前来求助的来访罪犯，咨询室能否为其提供咨询服务？如果能，需要制订怎样的咨询计划？由谁来承担心理咨询更合适？等等，这些都属于受理面谈过程所要解决的问题。因此，受理面谈并不单纯指受理来访罪犯的咨询申请，它是构成心理咨询的重要步骤。受理面谈的工作人员多为经验丰富的咨询员，有时也可由受过专门心理咨询训练的咨询助手或事务人员承担。需要强调的是，受理面谈并不是心理咨询的正式开始,因此,咨询员应避免随意推测和主观假设,以免影响今后心理咨询的顺利开展。实践中,由于多数监狱的心理咨询室规模较小,咨询员较少,往往忽略了受理面谈,而直接按照罪犯在申请单中所描述的问题,指定咨询员进行咨询。

二、了解情况,建立关系

在正式开始心理咨询的初期,咨询员的首要任务是了解来访罪犯的情况,主动帮助来访罪犯把问题搞清楚、理出头绪。与此同时,咨询员需要与来访罪犯建立良好的咨访关系。

(一)全面收集来访罪犯的情况

一般来说,收集和了解来访罪犯及其问题的资料越详细,对下一步进行心理诊断与帮助就越有利。因此,咨询员要在有限的时间内最大限度地收集来访罪犯的各种相关信息,主要包括:

1. 来访罪犯的基本情况。包括:姓名、年龄、民族、籍贯、文化程度;犯罪案由、刑期、余刑、服刑次数、服刑期间的奖惩情况、劳动工种及适应程度、与周围人的关系;犯罪前的个人简历,如学习工作情况,等等。

2. 来访罪犯的社会文化背景。包括:家庭背景(如家庭结构、父母的职业、文化程度、宗教信仰、健康状况、养育方式、对子女的期望等),社会关系及其往来情况,社区背景(如原居住社区治安情况、文化服务设施情况等)。

3. 来访罪犯的个人心理发展情况。包括:幼儿期、少年期、青年期对其心理发展有影响的事件(如小时候与谁一起生活,家庭是否发生过不幸事件,在什么地方上学,得过什么奖励或处分等),是否有精神问题,智力发展状况,气质和性格特点,有无反社会人格,近期是否发生家庭生活事件,等等。

(二)建立相互信赖的咨访关系

建立相互信赖的咨访关系是咨询过程的第一步,也是贯穿整个咨询过程的一个极为重要的问题。咨询一开始就需要建立相互信赖的咨访关系,取得来访罪犯的信任,为此,咨询员应做到以下几点。

1. 给来访罪犯留下良好的第一印象。初次见面,咨询员要友善真诚,接纳罪犯,愿意为其提供帮助。谈话正式开始前,咨询员可作简单的自我介绍,介绍要实事求是,既不要自我吹嘘,也不要过分谦虚,避免使来访罪犯产生顾虑。咨询员和来访罪犯最好成直角入座,因为面对面坐会使来访罪犯产生压迫感。咨询员应衣着得体,仪态大方,举止庄重。

2. 细心倾听，接纳对方。细心倾听是建立良好咨询关系的决定因素。为来访罪犯提供心理帮助，而对方又愿意接受，首先要接纳对方，认真倾听。如果咨询员一个人滔滔不绝，或是以教训的口吻说话，或是喜欢抢话，均不利于建立良好的咨访关系，也不会获得翔实的信息以及罪犯的真实想法。

3. 仔细询问，明确主要问题。在了解问题阶段，咨询员应主动引导来访罪犯讲清自己求助的问题及原因。事实上，并非每位来访罪犯都能开门见山地讲出自己的主要问题，有的问题涉及隐私，羞于启齿；有的问题复杂，来访罪犯自己理不出头绪，说不清楚。咨询员要恰当地运用开放性提问，使来访罪犯对有关问题、事件给予较为详细的描述，并讲出有关情况、想法、感受等。对于那些急于说出自己的苦恼与问题，而又一时表达混乱、没有头绪的来访罪犯，咨询员可帮助他们从中选择最主要的一件事先讲，或者了解其主要的咨询目的，然后由此问题展开。

4. 订立咨询“契约”。咨询员在初步了解来访罪犯的情况后，要同来访罪犯就咨询目的、咨询方式、咨询时间地点及保密范围等问题达成一致意见，约定在咨询过程中双方的责任和义务，尤其是来访罪犯自我探索不断成长的责任，双方约定共同遵守，以达成咨询效果。

三、诊断分析，明确咨询目标

（一）对来访罪犯的诊断分析

诊断分析，就是咨询员对来访罪犯的问题范围和可能性质进行验证、分析，准确把握问题的症结及其本质，为确立咨询目标创造条件。

1. 对咨询对象的区分。心理咨询的范围只是一般的心理问题，如果来访罪犯的问题是比较严重的精神疾病症状，就超出了咨询员的能力和服务范围，需要把来访罪犯介绍给有关的精神科医生，或与社会上的医疗机构取得联系，进行精神疾病的诊治。

2. 确认来访罪犯问题的性质。从目前罪犯心理咨询的实践来看，咨询中经常遇到的问题主要有：认罪服判问题，监狱生活适应问题，婚姻家庭问题，学习、劳动中的问题，人际关系障碍，与减刑、假释及奖惩有关的问题，回归社会问题，人格障碍，等等。根据我国罪犯心理咨询的实际，可以从以下六个方面对来访罪犯的问题进行诊断分析：

（1）发展状况（指个人发展）。包括：来访罪犯的年龄、教育水平及本人提出的问题；分析与来访罪犯的年龄、身份相关的任务、角色和问题；目前的改造态度、情绪及与改造相关的其他问题。

(2)心理状况。①一般情况:来访罪犯的人生观、价值观、幸福观、需求观,成熟水平,目前监狱生活中的不利因素,个人的生活方式、习惯、嗜好等;②自我认识:包括来访罪犯对自我的看法,认为别人怎样评价、对待自己,理想自我,对成就的看法等;③独立性:包括应对现实的能力,对挫折的耐受能力,作出判断、决定的能力,自我控制的程度,应变能力等。

(3)工作或职业。包括:来访罪犯现在的劳动工种及将来的理想选择,对待劳动的情感和态度,目前的人际关系情况或人际关系成熟水平,业余生活。

(4)对改造的适应。包括:认罪服判的态度,犯罪归因倾向,对待公检法机关的情感倾向;改造表现,对待监规纪律的态度,对奖惩的认识水平,对待改造和反改造行为的倾向性;监管条件下对理想、前途、人生目标的看法;对待政治、文化、技术教育的态度,学习兴趣。

(5)人际关系。包括:与监狱民警(包括直接管理者、间接管理者及监狱领导等)的关系,与其他罪犯之间的关系,与家庭成员(包括父母、兄弟姐妹、子女等)的关系,与配偶的关系,与上述人员之间产生的问题、冲突及解决办法。

(6)健康状况。包括:对自身健康的看法;有无重大疾病,健康对生活的影响;健康习惯;过去和现在对心理咨询的态度及接受过心理咨询的情况。

上述只是就一般情况而言,咨询中还必须根据来访罪犯的具体情况给予调整和补充。此外,心理测验还可以作为诊断分析的辅助工具,测验有助于咨询员更加深入地了解来访罪犯,同时要保证心理测验的客观性和真实性。但是,心理测验在咨询过程中并不是一个必不可少的环节。若盲目施测,不仅会大大影响心理测验的效果,而且还可能对某些来访罪犯造成心理伤害。

(二)明确咨询目标

在罪犯心理咨询实践中,往往忽视对咨询目标的确定,常常带有盲目性和随机性,直接影响到咨询的效果。实际上,明确咨询目标是十分重要的。

1. 咨访双方共同制定咨询目标。现实中,有些监狱咨询员只根据来访罪犯的要求提供咨询,而有的咨询员只根据自己的理解来确定目标,这两者都不可取。因为:一方面,来访罪犯表达的期望,并不一定就是咨询目标,有的来访罪犯由于自身问题的复杂性、隐秘性,或者由于个性比较内向,或者表达能力欠缺,提出的问题可能不准确;另一方面,咨询员可能没有了解清楚情况,若不与来访罪犯进行交流,就会使目标偏离,最重要的是,这样会造成咨访双方努力方向的差异。因此,咨询员在诊断分析的基础上,既要考虑来访罪犯的问题和需要,又要根据咨询理论与咨询师的专业,与来访罪犯共同分析、制定咨询目标。

2. 把握咨询目标的特征。咨询目标主要有以下四个特征：

（1）咨询目标是具体的。所谓具体，就是比较明了，具有可测性，比如：改变自己对他人的不友好态度、能有较好的睡眠、能认识到犯罪的危害性进而认罪服判；等等。如果目标不具体，模糊而抽象，就难以操作和判断，无法实施。

（2）咨询目标是可行的。咨询目标的确定不能脱离现实，要根据来访罪犯本身的潜力、现有水平及周围环境来确定，超越现实可能性的目标不会使咨询达到满意的效果。

（3）咨询目标属于心理问题。心理咨询目标不应是生理方面或物质条件方面的，而应当围绕心理障碍问题、心理适应问题和心理发展问题确定目标。对于有躯体症状的来访罪犯，如果这些症状与心理因素有关，那么咨询目标应该是怎样改变有关的心理因素，如让来访罪犯变得更自信、不再自卑、少发脾气、减少焦虑等。

（4）咨询目标是多层的统一。一个来访罪犯面临的问题可能是多方面的，因此要分层次确定咨询目标。既有当前目标（如改善和他犯的关系），又有长远目标（如提高自己的社交能力）；既有特殊目标（如正确对待此次自己没有被减刑的现实），又有一般目标（如培养合理的思维方式）；既有局部目标（如克服嫉妒心理），又有整体目标（如具有较高的心理健康水平）。不能只考虑眼前的、局部的目标，如果“头痛医头，脚痛医脚”，则来访罪犯难以在整体上成长。但要达到心理咨询的终极目标，要靠一个个具体的目标逐步实现，只有将这些多层次的目标统一起来，才能真正促进来访罪犯的成长。

四、选择方案，实施咨询

咨询目标一旦确定下来，就要着手选择方案，解决问题，这是咨询过程最重要的阶段。

（一）选择解决问题的方案

一般来说，同一个问题可有多种解决方案。咨询员需要知道哪种方法及途径最适合来访罪犯。在此过程中，咨询员切忌为来访罪犯硬性制定行动方案，因为心理咨询是一种磋商行为，咨访双方是一种彼此合作的伙伴关系。咨询员的责任是帮助来访罪犯分析他们的心理问题，提供指导意见，而最后解决问题要靠来访罪犯自己的努力。

然而，这并不是说咨询员的作用无足轻重。罪犯之所以来访，是因为他们遇到了心理上的困难而难以摆脱，需要咨询员给予指导和帮助。这种帮助不是以开方与抓药的方式，而是以咨询员丰富的专业知识和对人性的深刻领悟，在对来访罪犯的心理和处境充分理解的基础上，帮助他分析问题的性质，寻找问题产生的根源，树立战胜困难的信心，商讨解决问题的对策。咨询员可以为来访罪犯提出几种解决问题的行动方案的设想，并预测可能产生的后果，同时列举他人成功或失败的例证，使其结合自身的环境条件和个性特点，对各种方案进行选择。通过充分的分析和讨论，来访罪犯一般会从多方面受到启发，形成新的思路，最后如何行动，要尊重来访罪犯的意愿。

（二）咨询方案的具体实施

当解决心理问题的最后方案确定下来后，就要根据方案具体实施。实施中特别要把握好以下几个方面：

1. 鼓励。鼓励在帮助、指导过程中占有重要的位置。咨询员通过对来访罪犯的积极方面给予真诚的表扬、鼓励和支持，可以增强来访罪犯解决问题的自信心，促进其积极行为的增长。在运用鼓励时，要防止一些缺乏根据的保证或不负责任的安慰，如“你会好起来的”“你一定能成功”，等等。这种承诺内容空泛，没有说服力，影响咨询效果。同时，在咨询过程中，咨询员要尽量避免来访罪犯对鼓励产生依赖。

2. 指导。这是指咨询员直接指导来访罪犯做某件事、说某些话或以某种方式行动。不同的理论流派指导的内容与方式不同。例如，心理分析学派指导来访罪犯进行自由联想，寻找问题的根源；行为主义学派指导来访罪犯进行行为上的训练或探索；理性情绪学派指导来访罪犯学会用合理的信念代替不合理的信念，等等。在罪犯心理咨询中，指导对来访罪犯的影响很大，但指导一定要在与来访罪犯建立良好的咨访关系的基础上进行，指导的内容要明确，要求要清楚。如果在来访罪犯不理解或不情愿的情况下，要求他一定要怎样做，可能会使他产生对立情绪，影响咨询效果。

3. 解释。解释有助于来访罪犯从一个全新的、更全面的视角看待自己的问题，重新认识自己及周围的环境，提高认知水平，最终促进行为的改变和问题的解决。在运用解释的过程中，咨询员一方面要依据各种咨询理论，另一方面则依据丰富的经验、实践与观察。对来访罪犯的同一个问题，不同的心理学派别有不同的解释。例如，心理分析学派的解释更偏重压抑在无意识中的东西，而认知学派更关心来访者的认知结构等。解释是一项富有创造性的工作，仅仅知晓理论是不够的，还要在具体的实践中灵活地运用理论。解释既不能牵强附会，千篇一律，也不能叙述不清，晦涩难懂。解释一定要对来访罪犯的情况把握准确，在来访罪犯有了一定的心理准备，并且对某一理论有了一定的认同时进行解释，这样才容易水到渠成，富有成效。在解释时,需要考虑来访罪犯的文化水平和认知能力,采用通俗易懂的语言。

4. 中断的处理。中断是指经初次或数次面谈之后,尚未取得预期效果,来访罪犯不再来访的情况。咨询中断的原因主要有三个:一是罪犯对心理咨询期望过高,认为咨询不能马上见效;二是来访罪犯感到不安与威胁而加以防范;三是咨询员对来访罪犯没有充分接纳和理解。当发现有中断的可能时,必须进行深入的沟通,分析影响因素,提高来访罪犯的动机与信心,在必要情况下转介给匹配的咨询员。

5. 咨询员的责任。在罪犯心理咨询中,来访罪犯常会提出以下问题:“您说我究竟是什么样的人?”“我的问题是什么?”“我应该怎么办?”,等等。他们把咨询员当作心理上的建筑大师,似乎咨询员能为他们解决一切问题,而咨询员也常常在不知不觉中扮演这种角色。其实,咨询员的责任不是为来访罪犯提供对其有利的外在环境和良好的人际关系,而只是提出某些说明、解释、意见、建议,教授某些方法,帮助来访罪犯自己领悟和学习,协助来访罪犯自我成长,使他们能自主自立,承担起人生的各种责任,监狱心理咨询员要培养的是来访罪犯的独立性和自我成长。

6. 咨询过程中的心理技术应用。在罪犯心理咨询过程中,咨询员要根据来访罪犯的情况以及咨询的不同进程,恰当运用心理咨询的参与性技术和影响性技术。参与性技术包括:倾听、开放式询问与封闭式询问、鼓励技术、重复技术、内容反应、情感反应、具体化、非言语行为的理解与把握等;影响性技术包括面质技术、解释技术、指导技术、情感表达技术、内容表达技术、自我开放技术等。

五、评估咨询效果,结束咨访关系

咨询进行一段时间,逐步达到咨询目标以后,便可进入结束阶段。

(一)综合所有资料作出结论性解释

在咨询结束之前,咨询员要与来访罪犯作一次全面的总结,回顾整个咨询会谈的情况,强调咨询要点,使来访罪犯对自己有一个更清醒的认识,进一步了解自己问题的前因后果,明确自己今后努力的方向。同时,还可进一步要求来访罪犯复述咨询中的要点,使来访罪犯开动脑筋,加深理解和印象。

(二)帮助来访罪犯运用所学的经验

咨询员要渐渐退出自己的角色,引导来访罪犯把咨询中学到的新知识、新经验应用到日常生活中去,逐渐做到不需他人指点也能很好地应对周围的环境,好好改造和生活。

(三)让来访罪犯接受离别

有些来访罪犯经过较长时间的咨询,可能会形成依赖,不愿结束咨询。依赖性强的罪犯此时还可能使原来的症状重新出现。为此,可采取逐渐结束的方法,慢慢缩短咨询时间,延长咨询间隔,在不知不觉中离别。有时也可以明确停止日期,提前通知来访罪犯,使其思想上有所准备。

(四)追踪研究,检查巩固

追踪研究有助于评价原来的诊断分析是否正确、心理咨询是否成功。这是咨询过程中不可忽视的一步。

1. 追踪研究的方式一般有以下四种:

(1)备忘录。在心理咨询结束以后,将咨询备忘录交给来访罪犯,让他按要求坚持填写,咨询员定期收回备忘录进行研究。

(2)通信征询。这是最简单易行的方式,由咨询员发出征询信件,然后对来访罪犯的回信进行分析研究。

(3)直接访问来访罪犯。由咨询员定期对来访罪犯进行访问,以检查咨询效果。这种形式容易获得真实可靠的信息。

(4)召开座谈会。约请来访罪犯所在监区的民警、同宿舍的罪犯等,让他们对来访罪犯的各方面表现发表意见,从而获得比较全面的反馈信息,取得咨询效果的客观评价。

2. 咨询效果的评价。通过追踪研究,咨询员一般会得到以下几种情况:

(1)咨询效果显著,来访罪犯的适应能力明显增强,问题顺利解决。对这种情况,咨询员可以对咨询过程作一次回顾与反思,把成功的经验总结上升为理论,以便将来更好地解决其他来访罪犯的问题。

(2)咨询有较大成效,但问题并未完全解决。咨询员此时应适当调整咨询目标和解决问题的策略,以使来访罪犯的问题得以全面解决。

(3)咨询效果不大,问题解决不明显。咨询员应分析造成这种结果的原因,一方面可能是自己诊断错误或处置方法不当,另一方面可能是来访罪犯主观不努力,未按咨询员的要求去做。如果是前一种原因,咨询员要对咨询过程再作一次回顾与反思,找出问题所在,制定新的咨询目标;如果是后一种原因,咨询员就需调动来访罪犯的责任感和主动性,使其按照咨询员的要求去做。

有时,咨询员可能发现自己的经验和能力不能满足某项咨询工作的要求,这时,咨询员应及时终止咨访关系,并在来访罪犯同意的情况下,将其介绍给相匹配的其他咨询员。

第六节　罪犯心理咨询方法及操作技巧

罪犯心理咨询的效果在很大程度上取决于如何运用咨询的方法和技巧。这些方法、技巧，不仅要通过心理咨询的正规训练去掌握，更重要的是在咨询实践中反复摸索和总结。

一、会谈的技巧

会谈是心理咨询的基本技巧。有经验的咨询员都发现，会谈是心理咨询中最难掌握、最值得探索的基本方法和技巧之一。在罪犯心理咨询中，掌握会谈技巧需要注意以下几点：

（一）增强来访罪犯的谈话动机

在正式会谈开始之前，咨询员应告知来访罪犯会谈的保密原则，以及会谈的意义，激发他们的谈话动机。

首先，通过与来访罪犯交谈，咨询员可以了解罪犯的具体问题和困难所在，这一点应详细告诉来访罪犯。例如："我们的谈话是非常重要的，只有通过交谈我才能知道你有什么问题，你为什么有这样的问题，你对此已做了什么样的努力，怎样才能从根本上解决你的问题。你能详细说出来，我才能了解你的问题及原因，帮你找出解决问题的办法。"

其次，告诉来访罪犯，坦率的谈话本身具有宣泄和治疗作用，不仅可以了解来访罪犯的情况，会谈本身也有助于不良情绪的宣泄，坦诚的谈话可以使人感到心情放松、压力减少，更容易解决实际问题。

最后，咨询员应及时对来访罪犯的谈话给予适当的反馈，具体做法是：认真倾听，注意和关心来访罪犯所讲的内容；在适当的时候进行交流，分析具体原因，等等。

（二）减轻来访罪犯对会谈的焦虑

在会谈开始时，来访罪犯往往带着种种期望，希望他的问题会被了解并得到解决，也希望和自己面谈的人是有能力的和可靠的。他们也会担心自己是否会被看不起、被嘲笑或被利用。因此，咨询员应尽量采取措施减少来访罪犯的焦虑。

1. 保证对谈话内容保密。大部分来访罪犯都觉得有心理困扰或心理障碍是一件不光彩的事，因此都不愿让别人（除咨询员之外）知道自己的秘密。咨询员在会谈开始时就要告诉对方，会谈是保密的，没有本人同意不得向任何人泄露，包括对方的亲人(如父母或配偶)在内。

2. 适当地说明会谈的方式。咨询员应向初次接受会谈的来访罪犯说明会谈的方式和方法,让对方知道在会谈过程中需要做什么或不该做什么,等等。这种说明是必要的,因为人在不熟悉的情境中很容易感到焦虑。

3. 宽容与接纳的态度。来访罪犯会担心被批评或被拒绝,希望被接纳和受欢迎。咨询员应以宽容和接纳的态度倾听对方的谈话,保持价值中立态度,能够站在对方的立场上,设身处地地考虑对方的言谈及感受,具有同理心。

4. 尊重对方的意见。在会谈中,咨询员要尊重来访罪犯。尽管来访罪犯每次进入会谈时都有很多的内容要讲,但由于跟咨询员尚不熟悉,或尚未建立相互信任的关系,经常会遇到不愿向咨询员提及的内容,这时咨询员应尊重对方的意见,不要强迫对方谈他不愿谈及的事情,可以给来访罪犯思考的时间。

(三)确保和促进会谈流畅性的技巧

确保会谈的流畅性是有效会谈的必要条件,其基本技巧是:

1. 使用过渡性语言。过渡性言语,如"是的""还有呢"等,表明听者不仅听到了而且赞成对方所讲的内容。有时来访罪犯因为心急,或因其他情况,以过分简略的方式表述自己的看法,为了清楚了解来访罪犯每句话的含义,咨询员在听了意思不清的一段话之后,可以请对方再解释一下刚才这段话的意思。

2. 重复来访罪犯的某一段话或某几个字。这种重复表明咨询员认真倾听并且理解了来访罪犯的意思,咨询员也可以在重复的同时,考虑对方所讲内容的重要性。经过咨询员的重复,有些来访罪犯还会补充更多的与被重复的语句有关的信息,会谈的内容就会更加深入。

3. 了解来访罪犯的感受和看法。不论是诊断性会谈还是治疗性会谈,都需要了解来访罪犯对某一刺激或事件的情绪反应和看法。例如,"那时你的感受是什么?""你对此有什么看法?",等等。

4. 对所讲内容进行概括。在会谈过程中,咨询员应聚精会神于对方的谈话内容,了解其表层和深层的含义,以及隐藏其后的态度。为了帮助来访罪犯了解他已经谈了些什么,也为了检验咨询员对会谈了解得正确与否,咨询员可以把来访罪犯的谈话内容作一个概括,也可以让来访罪犯自己进行概括,这样能够促使来访罪犯清楚地认识和深入地思考。

5. 感情移入。有时来访罪犯会严格控制自己的情绪。这时咨询员可以帮助他讲出他的情绪感受,例如:"那时候,我想你一定会感到很高兴(或很伤心,很意外等)。""假如我是你,我一定感到很难过……"但是感情移入需要咨询员认真倾听和真正做到共情。

6. 给予鼓励和安慰。有些来访罪犯在谈了一段话后，他们会用缺乏信心的眼神询问咨询员：自己所讲的是否对诊断或治疗有用？这时，咨询员应以鼓励的语气告诉他："想到什么就讲什么。"另外，依赖心强的或有不安全感的来访罪犯，常在会谈过程中频繁地提出问题，期望能得到满意的答复。对于这种提问，咨询员最好作出安慰性以及鼓励性的回答。咨询员可以告诉来访罪犯，有治好的愿望又肯努力接受治疗的人是可以治好的；相反，不希望被治好也不努力接受治疗的人是不可能被治好的。

7. 适当反问。反问的谈话技巧可以激发来访罪犯的潜力。如果咨询员对问题没有明确的答案，可以先以反问的方式请对方提供几个可能的答案，然后一起讨论这几个答案正确与否。为了不增加来访罪犯的自卑感，对来访罪犯所提出的答案都应给予接受和鼓励，然后帮助他分析每个答案的利弊得失，并鼓励他对自己的答案进行修正。

8. 应对"沉默"的技巧。在会谈过程中，经常会出现来访罪犯沉默的现象，咨询员应对此进行适当的处理。出现沉默的原因很多，比如，有时是因为来访罪犯不知需要讲什么，这种情况下咨询员可以采取以下办法：(1)重申会谈的原则，即"想到什么就说什么"，告诉来访罪犯不必刻意寻找话题；(2)不急于打破沉默，给来访罪犯一点时间。

有时沉默是由于来访罪犯不愿谈及某一问题或是涉及来访罪犯的隐私，其产生了自我防卫心理，表现为缄默不语，以致会谈不能继续进行。这一问题又很重要，这时咨询员可以：(1)指出来访罪犯沉默这一事实，即"我发现你在思考"；(2)进一步说出沉默不语的原因，即"也许你想到不愿意提及的事"；(3)鼓励来访罪犯说出难以启齿的事，即"也许你不知道该不该讲，但在咨询中应该是想到什么就讲什么，这对你的治疗进步(或诊断)很重要"。这时为了避免来访罪犯产生太明显的压力，咨询员还可以说："你可以决定要不要现在把这件事讲出来，或者你觉得方便时再讲它。"

还有一种情况，当正在讨论一件事情时，来访罪犯的话题会突然中止，可能与刚才的话题有关。这时咨询员可以采用如下策略，帮助对方看到其沉默不语的原因：(1)"刚才我们正讨论某件事时，话题就断了，是这件事的某一方面使你不能继续谈下去吗？"(2)"我们的谈话好像碰到一件很重要的事，而因这件事，你不能继续谈下去了。"

有的来访罪犯对抗意识很强，表现出一副玩世不恭的态度，认为自己的痛苦完全是由外界、他人造成的，一旦要求其自我反思，便会产生反感、抵抗情绪。被审判机关判处刑罚的罪犯，在执行刑罚期间，大多在无意识或潜意识中产生敌对情绪，这种情绪除针对监狱民警外，对咨询人员也会有高度的戒备心理，因此，其在心理咨询中不愿暴露自己的内心世界，进而使心理咨询难以开展下去。当然，也有一种可能，来访罪犯和咨询员的匹配度不够，用沉默表达抗拒。这时咨询员需要分析具体原因，调整咨询状态和咨询技巧，如果打破不了这种沉默，可以转介给与之匹配的咨询员。

二、提问的技巧

在心理咨询的会谈中，无论是需要了解情况，还是想控制谈话的内容，都要用提问的方法。提问是否恰如其分，会直接影响到咨询关系和信息的交流，因此掌握提问的技巧非常重要。心理咨询中的提问分为封闭式提问和开放式提问两类，下面分别介绍。

（一）封闭式提问

封闭式提问，是指咨询员事先对罪犯的情况有一种固定的假设，而期望得到的回答只是对假设的验证。对于这类提问，来访罪犯只需要以“是”“不是”“有”“没有”“对”“不对”等一两个字予以回答。例如：“你现在最关心的就是这件事吗？”“你近来睡眠不好，是吗？”“你确实这样想过？”

封闭式提问在咨询会谈中具有收集信息、澄清事实、缩小讨论范围、使会谈能集中探讨某些特定问题等作用，还可以帮助咨询员把来访罪犯偏离的话题引回正题上，例如：“我们还接着讨论刚才的问题，好吗？”

应注意，封闭式提问在必要时才用，不要使用过多。因为来访罪犯总是带有希望别人分担自己的问题、理解自己的情感等愿望，而咨询会谈恰恰是他得以表达自己的一个时机，没有人愿意自己在谈话中总处于被动回答的地位，封闭式提问的运用如果超过一定的限度，就可能对咨访关系产生破坏性影响，使来访罪犯产生一定的压抑和被动。同时，过多的封闭式提问也不利于获得更详细的信息。

（二）开放式提问

开放式提问，是指咨询员事先没有固定的假设，希望来访罪犯能对有关问题、事件给予较为详细的叙述。开放式提问常常运用包括“什么”“怎么”“为什么”等词在内的语句发问，它作为引起话题的一种方式，能使来访罪犯更多地讲出有关情况、想法、感受等。

在开放式提问中，每一种问题的提出都可能引出来访罪犯较特殊的反应，使咨询员得到想要了解的有关情况。“能不能告诉我,这事为什么使你感到那么生气?”“能告诉我,你是怎样想的吗?”上述以“能不能……”“能……”开始的提问,有助于来访罪犯给予详尽的回答,一般都会得到较满意的答复,但也可能有的来访罪犯会说“不能”或“现在我还不想说”等,如果发生这种情况,咨询员还可以进一步用其他开放式提问,如“为什么……”等。

“那后来又发生了什么事情?”“当时你有什么反应?”“还有什么人在场?”上述包括“什么”在内的疑问句,可以帮助咨询员找出与问题有关的特定的事实资料。

“对这件事你是怎么看的?”“你是怎么知道别人的这些看法的呢?”上述带“怎么”一词的提问往往会引出来访罪犯对事情经过的描述,当问题涉及罪犯自己的想法、看法时,咨询员所要了解的就是来访罪犯个人对问题的考虑。

“为什么你觉得这样做不公平?”“为什么你说别人都看不起你?”“你当时为什么那样做?”上述与“为什么”有关的问题,通常是要找出来访罪犯对某事所产生的看法、做法、情绪的原因,一般会得到多种较具体的解释与回答。

总之,开放式提问能给来访罪犯的回答较大的自由度,而且其目标始终是趋向于来访罪犯问题的特殊性。通过这类提问,咨询员能获得对来访罪犯问题的一般了解,对与问题有关的具体事实的掌握,以及对来访罪犯的情绪反应、有关看法、推理过程的了解。应当注意的是,开放式提问的运用应以良好的咨访关系为基础。提出问题时态度要诚恳,注意语气语调,不要连珠炮式地发问,也不要用辩论式、进攻式、强硬的语气发问,避免来访罪犯产生疑虑、不满或与咨询员形成对立,不利于咨询的顺利进行。

虽然封闭式提问和开放式提问各有其优势,但开放式提问可以让罪犯以自己的方式来详细说明问题,咨询员可收集到许多翔实的资料,甚至能有意外的发现。在咨询实践中,把封闭式提问改为开放式提问是避免提问过多的最有效办法。还要注意,多重问题或含混不清的问题容易造成来访罪犯不知所措或难以回答,应尽量避免;责备性问题能引起来访罪犯强烈的心理防卫,应予以杜绝;提出敏感性问题时应慎重,要注意引导。总体而言,在会谈开始阶段,应尽量少提问,若必须提问时,要注意运用开放式提问,并且防止来访罪犯产生心理防卫及由于提问不当影响其对自身解决问题潜能的挖掘。

三、倾听的技巧

倾听是心理咨询的基本技巧。在心理咨询会谈中,咨询员耐心细致地倾听本身就是对罪犯的安慰和鼓励,可以缩小咨访双方的心理距离,使来访罪犯对咨询员产生信任感与亲切感,向咨询员吐露内心的想法和感受。在倾听中,咨询员还要借助来访罪犯言语的表述,“听”出对方所讲述的事实真相、所体验的情感、所持有的观念等。有效的倾听必须掌握下面的技能。

(一)非言语性关注

咨询员认真倾听,其微表情能让来访罪犯感觉到被关注和尊重。在认真倾听时,咨询员要对来访罪犯的讲话作出适当的反应,如点头、微笑、思考等表达理解和共情,使来访罪犯感觉到被接纳和被理解。

(二)完整而耐心地倾听

在倾听过程中,咨询员要有耐心,不要随意打断来访罪犯的话,不过早地作出评价,认真倾听,等来访罪犯的一段话叙述完毕,再作出恰当的反应。完整而耐心地倾听不仅是技术问题,也是一个态度问题。要帮助一个面临某种困境的人,首先必须理解与接纳他在日常生活中的真实面目,不要因为来访罪犯文化层次或价值观念与自己不同而拒绝接受他们。

(三)重复

重复是指咨询员对来访罪犯所讲述的内容用简明的语言或其中某些关键词语进行复述。重复可以达到三个目的:第一,验证自己对来访罪犯提供信息的理解是否正确;第二,对来访罪犯的言语性关注,可对来访罪犯起到鼓励作用;第三,重复的内容往往是最重要的信息,可以引起来访罪犯思考,并把谈话引向深入。此外,在运用重复对来访罪犯进行鼓励时,咨询员还要运用身体语言来加强鼓励的作用,如对来访罪犯表现出专注的神情、认真倾听的姿势以及点头示意等。

(四)说明语句的使用

说明语句,是指对来访罪犯在谈话中所讲的主要内容及其思想实质进行复述。咨询员可以用自己的词汇对来访罪犯的话进行复述,但某些带有敏感性的词汇和一些重要的词语,最好用来访罪犯用过的词汇。说明语句可以帮助咨询员检查对来访罪犯问题的理解程度,把一些分散讲出来的事情联系起来。咨询员的说明语句也给予来访罪犯以重新解释自己思想的机会,也是其重新探索自己的问题、重新思考事物之间的关系以及深化所谈话题的机会。对说明语句的使用,举例如下:

咨询员:你刚才说了那么多,主要意思就是你希望减刑,你也很努力去做了,而且在劳动、学习等方面都还表现不错,但因为主管警官你却不能减刑,对吗?

来访罪犯:差不多吧。在他眼里,我不是这儿不好,就是那儿做得差点,反正没有他满意的时候。

咨询员:因为他对你太“苛刻”,你觉得减刑无望,因而非常苦恼。

来访罪犯:是的(点头)。

此外,说明语句在初次咨询会谈中,对了解来访罪犯所谈问题的各方面材料都极为有用。咨询员可以借此机会检查他对来访罪犯所诉说的许多事实的理解程度,澄清、确认一些关键的信息与线索,为进一步的咨询会谈打下坚实的基础。

(五)对情感的反应

情感反应,是指咨询员对来访罪犯语言与非语言行为中包含的情感进行整理后,反应给来访罪犯。对情感的反应技巧为咨询员提供了一个探查来访罪犯情感卷入程度的机会。一般来说,对来访罪犯情感的反应常常这样表示:“你觉得……”“你心里感到……”对情感的反应有时与说明语句结合使用,例如:“你感到很伤心?”“这件事你现在想起来仍然很气愤?”

在运用情感反应这一技巧时,咨询员必须对人类丰富的情感有较好的认识,能够比较准确地定义某些常见的情绪、情感,如愤怒、恐惧、高兴、悲哀、孤独等。有时来访罪犯可能根本说不清他复杂而丰富的内心体验,有时只是叙述了某件事,并没有说出他的主观情绪体验,对于这样的来访罪犯,就需要咨询员能比较准确地对这种情感进行反应,加深来访罪犯对自我情感的认识。

此外,心理学对记忆的研究表明,人的记忆是有选择性的,而这种选择性又与人的情感有关。事实上,人类所了解、认识、感受的各种事物都与我们当时的情绪、情感有关。人们所接触的许多事物都可能产生遗忘,但某些带有特殊情绪色彩的事件会在人们的记忆中长久保存,重新回忆时仍会有类似于事件发生时的情绪体验。咨询员如果能很好地体察来访罪犯的情绪,很多来访罪犯的情绪体验就会成为我们了解其问题为什么产生、为什么会对他有那么大影响的重要线索。对于来访罪犯的情绪体验,无论是过去的还是现在的,咨询员都要进行准确而及时的反应,使之成为了解罪犯、打开罪犯心灵之门的一把钥匙。

(六)总结

在罪犯心理咨询中,总结就是把来访罪犯所谈的事实、信息、情感、行为反应等,经过咨询员的分析综合以后,以概括的形式表述出来。总结有点像穿珠子,把来访罪犯所表述出来的信息的主要内容整理成串,分门别类。总结可以说是会谈中咨询员倾听活动的结晶,这是咨询员每次会谈必用的技巧之一。例如,在收集资料的会谈结束时,咨询员可以给来访罪犯概括一下他目前存在的几个问题:“从我们前面的谈话可以看出,你现在主要有这样几个问题:改善和家人关系的问题,与其他犯人和谐相处的问题,继续努力争取减刑的问题。除此以外,还有其他问题吗?”当然,总结并非只有在结束会谈时才用,在会谈中咨询员可以随时运用,只要判定对来访罪犯所说的某件事情的有关内容已基本掌握即可,这可以说是划出了咨询会谈的一个小段落。

总之,心理咨询会谈中的倾听活动对咨询员来说并不仅是一个被动记录事实与听取罪犯谈话的过程,还是一个主动引导、积极思考的过程,是咨询过程中重要的一环。各种倾听的技巧只要运用得当,都能对会谈起到积极的作用。

四、共情的技巧

(一)共情的含义及其作用

共情也称神入、同理心,是由人本主义创始人罗杰斯阐述的概念。按照罗杰斯的观点,共情是体验别人内心世界的能力。简单来讲,共情就是设身处地的意思,用别人的眼睛看世界。共情被认为是心理咨询中咨访关系建立的首要因素。

在罪犯心理咨询中,共情包含三方面的含义:一是咨询员借助来访罪犯的言谈举止,深入来访罪犯内心去体验他的情感、思维;二是咨询员借助知识和经验,把握来访罪犯的体验与他的经历和人格之间的联系,以便更好地理解问题的实质;三是咨询员运用咨询技巧,把自己的情感传达给来访罪犯,影响他并取得反馈。

共情在罪犯心理咨询中十分重要。通过共情,咨询员才能设身处地地理解来访罪犯,从而更准确地把握信息。有了咨询员的共情,来访罪犯才会感到自己被接纳、被理解,进而促进良好咨访关系的建立。咨询员的共情还会促进来访罪犯的自我表达、自我探索,实现更多的自我了解和咨访双方更深入的沟通。此外,对于那些迫切需要获得理解、关怀和情感倾诉的来访罪犯,共情具有明显的助人、治疗效果。在一般情况下,共情也被认为是一种治疗因素。

(二)共情的表达

咨询员不仅要明白来访罪犯的感受、信念、价值观等心理活动,而且要善于把对来访罪犯的共情传达给他们。不同的咨询员共情能力有高低层次的差异,这会产生不同的咨询效果。卡可夫(Carkhuff)把共情分为五种不同水平,从有害的反应(第一层次)到交换式的反应(第三层次),再到累积的共情(第四、五层次)。[①] 下面举例来说明这五种层次的反应。

来访罪犯:……我太伤心了,原以为她会支撑起这个家,把孩子抚养大,把老人照顾好,没想到,我刚进监狱不久,她就耐不住寂寞……还提出

① 马建青:《辅导人生——心理咨询学》,山东教育出版社1992年版,第163页。

要与我离婚。想到自己刑期较长,让她长期独守空房也真委屈她了,离就离吧。可是我实在舍不得把我们辛辛苦苦建起来的家拆散,况且我对她也不薄,她怎么说变就变,太让我意外了,因而又不想与她离婚,想拖一拖。这些天我翻来覆去地想这个问题,不知道自己怎么做才好。

咨询员1:你为什么感到如此伤心呢?

咨询员2:你一直对妻子很好,但想不到刚进监狱不久她就提出离婚。

咨询员3:因为妻子向你提出离婚,你感到很伤心。

咨询员4:因为妻子提出离婚,所以你感到很伤心、难过,也不知是否该和她离婚,心中很混乱。

咨询员5:你一直对妻子很好,没想到这么快她会提出离婚,因此你特别伤心,也有点怨恨。你觉得该与她离婚,但又对她这么快变心不满,因而内心很矛盾。

上例中,咨询员1属第一层次的回答,他似乎根本没有留意来访罪犯所说的话,而他问来访罪犯为何如此悲伤,是一个很不妥当的问题,反映了他不但没有细心倾听,而且完全忽略了来访罪犯所表达的重要感受。

咨询员2属第二层次的回答,他的反应虽然在内容上和来访罪犯表面所说一致,但他只注意到了来访罪犯表面的感受,在反应中只有内容上的复述,缺乏感情的响应。从他的反应中,可以看出他的倾听不是很准确,以致对来访罪犯的真实意思了解得不够全面。

卡可夫认为,若要在心理咨询过程中产生有效的结果,咨询员最起码要具有第三层次的共情。咨询员3属第三层次的回答,他的反应与来访罪犯所表达的意思与感受比较一致,但未能对来访罪犯较深的感受作出反应,没有对隐藏于言语背后的感受作出共情反应。

咨询员4属第四层次的回答,其共情程度较高。在咨询员的反应中,他所表达的感受已深于来访罪犯所能表达的,即咨询员把来访罪犯深藏于言语背后的感受也表达了出来,因此,来访罪犯可由此来体验和表达起初未察觉和未能表达的感受,同时也因此可以掌握到这些感受背后的含义。

咨询员5属第五层次的回答,他做到了最准确的共情。无论是在表面还是深入的感受上,都很准确。他不但明白来访罪犯很伤心、难过这一表面的感受,甚至对很深入的情感,如怨恨、不满、矛盾等,也作了准确的反应。此时咨询员已能对来访罪犯作全面而准确的共情了。

(三)运用共情应注意的问题

咨询员不但要正确表达共情,还要妥善运用共情,这样才能避免共情运用不当带来的消极影响。咨询员在运用共情时,应注意以下几方面的问题。

1. 咨询员应走出自己的参照框架,把自己放在来访罪犯的位置和处境上去感受他的喜怒哀乐。这样的感受越准确、越深入,共情层次就越高。有些初学者往往以自己为参照标准,这样就无法设身处地,也就无共情可言。因此,初学者应多提醒自己:“我是否主观性很强?”“我是否对来访罪犯抱有一种开放、接纳、理解的态度?”“我是否做到了设身处地地进入到来访罪犯的内心世界中去?”这样做有助于提高共情的质量。

2. 当咨询员无法确定自己的理解是否准确时,可用尝试性、探索性的语气来表达,请来访罪犯检验并作出修正。如下例:

咨询员:听你的话,你好像对李队长很反感,但又敢怒不敢言,是不是这样?

来访罪犯:噢!不是这样的,我对他的印象并不那么坏。

咨询员:噢,对不起,我可能听错了,但由于这一点很重要,我希望你能举些例子,好让我更清楚你对李队长的态度。

(来访罪犯举了几个与李队长相处的典型例子,于是咨询员对他的共情便更准确了。)

3. 共情的表达应因人而异,适时适度。一般来说,情绪反应强烈的与情绪稳定的、表达比较杂乱的与表达清楚的、寻求理解愿望强的与愿望一般的来访罪犯相比,前者应给予更多的共情。共情要适时适度,不宜在谈话中间随便插入,否则容易破坏情绪。共情反应的程度应与来访罪犯的问题程度、感受程度成正比,共情过度会让人感到咨询员小题大做、画蛇添足、过度渲染情绪,共情不足又会让人觉得理解不够。

4. 共情除用言语表达外,还可适当运用非言语行为,如目光、面部表情、身体姿势、动作变化等。有时运用非言语行为表达共情比用言语更有效,因此咨询时应重视把两者结合起来运用。

5. 角色把握在共情时显得尤为重要,咨询员既要能进,也要能出,出入自如,恰到好处。有些咨询员确实做到了设身处地,以致同喜同悲,但完全忘记了咨询员的角色,这样就可能失去客观性。咨询员应能保持客观公正的立场,即参与观察,防止完全受来访罪犯情绪的左右。咨询员的共情是指体验来访罪犯的内心世界“如同”体验自己的内心世界一样,但永远不要变成“就是”,这就是共情的真谛。

6. 用某些非言语行为表达共情,应考虑到文化背景及来访罪犯的某些特点。

比如，西方心理咨询员有时可以用拥抱、抚摸甚至亲吻表达自己的共情，但中国的文化背景一般不要求这样，甚至不允许这样。一般来讲，在咨询过程中，咨询员握住来访罪犯的手以表达共情，这在同性中可以用，在异性中则应慎重；女性咨询员对悲伤、痛哭的女性来访罪犯可以用拥抱、爱抚来传达自己的关切、共情，但一般不用于异性之间。有时，在来访罪犯哭泣时给他递一下纸巾，也是在表达共情。

实训设计

不同目的的团体咨询活动

实训一：连环炮（促进团体成员相识的活动）

目的：初步相识，并建立团体互动关系。

时间：约40分钟。

准备：麦克风（道具）。

操作：以“接龙式”自我介绍访问进行。首先，全体讨论自我介绍应有的内容，并讨论当一名记者与被访问者应注意的事项。然后，由指导者手持麦克风访问一位成员，再由这位成员访问另一位成员，直到全体都被访问。访问内容主要是姓名、兴趣等个人资料。访问过程中，记者可以用生动活泼的语言来发问。

实训二：信任圈（建立相互信任与彼此接纳的活动）

目的：增进彼此合作，建立信任感，培养团体气氛。

时间：约25分钟。

准备：宽敞的场地，8～12人一组。

操作：每组围圈，邀请一位成员到中间，其他成员手拉手围圈。练习开始时，圈内人闭上眼睛，自觉舒适地倒向任何一方，其他成员必须手挽手，形成保护圈给予保护，不能让圈内人摔倒。他往哪里摔，团体就往哪里去接住他，给予保护，将他推到中间的位置。如此倒下、接住，使中间的成员从紧张到放松。可以换人到圈内去体验。

实训三：家的感觉（加强团队合作的活动）

目的：让成员体会和感受个人与团体的关系，团体对个人的重要性，从而更愿意投入团体，增强团体的凝聚力。

时间：约20分钟。

准备：宽敞的场地。

操作:开始时让全体成员围圈手拉手,充分体会大家在一起的感觉。然后,指导者说“变,4人一组”,成员必须按照要求重新组成四人组,形成新的“家”,此刻,请那些没有找到家的人谈谈游离在团体之外的感受,大多数人会谈到孤独、孤单、被抛弃、没依靠、失落、担心等词语也可以请团体内的成员分享和大家在一起的感觉,大多数人会表达温暖、有力量、安全、踏实等感受。指导者可以多次变换人数,让成员有机会去改变自己的行为,积极融入团体,让成员体验有家的感觉,体验团体的支持,从而更加愿意与团体在一起。

实训四:我的收获(结束团体的活动)

目的:成员在纸上写下有关团体的学习心得,并且与成员分享,回顾和总结自己的团体经验和收获。

时间:50分钟。

材料:每人一张纸、一支笔。

过程:指导者给成员发纸笔,请成员在纸上写下有关团体的感受和体会。如“在团体中我所学到的三四件事”“团体中对你最有帮助的经验是什么”“你的个人目标完成的状况如何”“怎样才能将团体中所学到的运用到日常生活中”等。写完后成员分组交流,再到团体中分享。

研究与思考

1. 罪犯心理咨询与社会心理咨询的区别是什么?
2. 罪犯心理咨询工作要坚持什么原则?
3. 简述监狱中开展罪犯心理咨询的常见形式。
4. 罪犯心理咨询一般包括哪些阶段?
5. 罪犯心理咨询要注意哪些方法及操作技巧的运用?

第九章　罪犯心理治疗

重点提示

罪犯心理治疗，是由受过专业训练的心理医生或其他心理学工作者，应用心理学的理论和技术，对患有心理障碍及其他异常心理和行为的罪犯，给予诊断与治疗，增进其心理健康的过程。主要适应症是入监罪犯的适应问题、比较严重的情绪行为问题、神经症和人格障碍等心理问题。治疗过程包括问题的确认和分析、对来访罪犯的帮助和来访罪犯改变以及结束治疗三个阶段。常用的治疗方法主要有精神分析疗法、行为疗法、以人为中心疗法，以及后来兴起的认知行为疗法、表达性艺术治疗、正念疗法、内观疗法、森田疗法等。罪犯心理治疗的理念是影响心理治疗能否取得成效的关键因素。

第一节　罪犯心理治疗的内涵

一、心理治疗和罪犯心理治疗

心理治疗有广义和狭义之分。从广义上讲，凡是药物治疗之外的可以减轻或消除症状的良性刺激和影响，都可以叫作心理治疗，其中包括使用医院的设备和器械，以及医院的院风、院容、医务工作者的言谈举止对改善患者心态、提高治疗效果所造成的良好心理影响。从狭义上讲，心理治疗是指在良好的治疗关系基础上，由经过专业训练的治疗者运用心理学的理论与技术对患者进行治疗，以缓解或消除患者的问题和障碍的过程。广义的心理治疗可以说从人类社会产生医疗关系以来就已经存在，而狭义的心理治疗是19世纪中叶在西方出现的，尤其是在20世纪以后才逐渐发展成为一门系统化、理论化的专门学科——心理治疗学。

本书所讲的罪犯心理治疗，是指狭义的心理治疗。如前文所述，罪犯是心理问题、心理障碍及其他各种精神疾患的高发人群，其犯罪心理的形成也往往与心理疾患有关。在罪犯服刑改造过程中，原有的心理疾患不仅仍然存在，有的还会进一步恶化，有的在监狱这种特殊环境中会产生新的心理疾患，严重阻碍了罪犯的改造进程。因此，对服刑罪犯进行心理治疗就显得非常必要。

罪犯心理治疗，就是在建立良好治疗关系的基础上，由受过专业训练并取得相应资格的心理医生或其他心理学工作者，应用心理学的理论和技术，对患有心理障碍及其他异常心理和行为的罪犯，给予诊断与治疗，以减轻或消除其心理症状、促使其克服行为障碍、增进其心理健康的过程。从这一定义可以看出，罪犯心理治疗包含以下四个不可缺少的要素。

1. 实施治疗者——具有资质的心理医生或其他心理学工作者；

2. 被治疗者——罪犯中的人格障碍者、神经症患者、情绪或行为障碍者、精神活性物质（如酒、鸦片类毒品、致幻剂、兴奋剂、镇静催眠药）成瘾者，以及患有其他异常心理和行为者；

3. 治疗手段——语言、文字、表情、态度、动作、姿势、行为、治疗者形象、与被治疗者的人际关系、治疗场所的环境及装饰等，精神分析、行为矫正、生物反馈、表达性治疗等技术；

4. 治疗目的——促使罪犯心理疾患康复，帮助他们消除变态心理、消极情绪和异常行为，恢复心理健康，重塑健康人格，提高社会适应能力。

二、罪犯心理咨询与罪犯心理治疗的关系

（一）关于心理咨询与心理治疗关系的争论

心理咨询与心理治疗的关系一直存在争议。有人认为，心理咨询与心理治疗很接近，咨询中有治疗，治疗中有咨询，把二者区分开来没有必要；也有人认为，心理咨询与心理治疗虽有相似之处，但二者确实存在区别。究竟二者有何区别，不同学者仍存在不同意见。关于这一点，哈恩（M. E. Hahn）的一段话较好地表达了学者们对二者关系的分歧所在："就我所知，极少有咨询工作者和心理治疗家对于已有的在咨询与心理治疗之间的明确的区分感到满意的……意见最一致的几点可能是：(1)咨询与心理治疗是不可能完全区分开的；(2)咨询者的实践在心理治疗家看来是心理治疗；(3)心理治疗家的实践又被咨询者看作是咨询；(4)尽管如此，咨询和心理治疗还是不同的。"①

由此可见，心理咨询与心理治疗的关系十分复杂，二者既有相似之处，又存在

① 钱铭怡编著：《心理咨询与心理治疗》，北京大学出版社 2016 年版，第 5 页。

一定的区别。在罪犯心理矫治实践中,搞清二者的关系是十分必要的。下文结合罪犯心理矫治的实际,论述二者的相通之处和主要区别。

(二)罪犯心理咨询与罪犯心理治疗的相通之处

1. 二者都以建立良好的人际关系为基础。罪犯心理咨询与罪犯心理治疗都强调在良好的人际关系氛围中,运用心理学方法解决来访罪犯心理方面的问题。在帮助者与求助者之间只有建立良好的人际关系、彼此互相信任,咨询与治疗才可能取得成效,达到目的。

2. 二者所遵循的理论和方法是一致的。罪犯心理咨询与罪犯心理治疗都以心理学的理论和方法为指导,传统的精神分析疗法、行为疗法、患者中心疗法以及后来兴起的森田疗法、理性情绪疗法等各种理论,在罪犯心理咨询和罪犯心理治疗中都是通用的。

3. 二者都是为来访罪犯提供心理帮助的过程。罪犯心理咨询与罪犯心理治疗都希望通过帮助者与求助者之间的互动,帮助来访罪犯解决心理问题,促进其人格健康发展,使其不良心理与行为得到矫正。

4. 二者对从业人员都有严格要求。罪犯心理咨询与罪犯心理治疗都必须由受过心理学专业训练的监狱民警或心理学工作者、精神科医生来承担,从业人员必须掌握心理咨询或心理治疗的理论知识和技术。

以上几点表明,罪犯心理咨询与罪犯心理治疗在许多方面交叉、重叠、互相渗透,很难严格分开。

(三)罪犯心理咨询与罪犯心理治疗的区别

罪犯心理咨询与罪犯心理治疗虽然有很多相通之处,但二者的区别也很明显。岳晓东博士提出的心理健康与咨询中的“灰色区”概念,有助于我们加深对二者区别的认识和理解。

“灰色区”的含义,是指人的精神正常与不正常没有明确界限,它是一个连续变化的过程。具体来说,如果将人的精神正常比作白色,精神不正常比作黑色,那么,在白色与黑色之间存在一个巨大的缓冲区域——灰色区。大多数人散落在这一灰色区域内,灰色区可谓非器质性精神痛苦的总和,其中包括心理不平衡、情绪障碍及变态人格,这些问题不同程度地干扰了人们的正常生活与情绪状态。灰色区又可以分为浅灰色与深灰色两个区域。浅灰色区的人只有心理冲突而无人格变态,突出表现为由失恋、丧亲、夫妻纠纷、家庭不和谐、工作不顺心、人际关系不和睦等生活矛盾带来的心理不平衡与精神压抑。深灰色区的人则患有种种异常人格和神经症,如强迫症、恐怖症、癔症、性倒错等症状。浅灰色区与深灰色区之间也没有明确分界，后者往往包含了前者，如图 9－1 所示。①

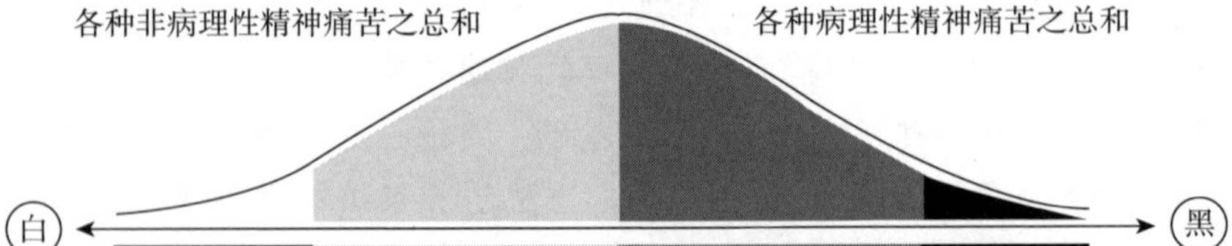

	纯白	浅灰色	深灰色	纯黑
服务对象	健康人格 自信心高 适应力强	因生活、人际关系、压力产生心理冲突	各种变态人格、人格异常与障碍之人	精神病患者
从业人员		心理咨询员 社会工作者	心理医师 心理门诊大夫	精神病医生
服务模式		咨询心理学模式	临床心理学模式	医学模式

图 9－1　心理健康中的“灰色区”概念示意图

“灰色区”概念主张，针对人们心理冲突与人格变态的不同，应采取不同的咨询与治疗手段。通过对“灰色区”概念示意图的分析，我们可以看出罪犯心理咨询与罪犯心理治疗在从业人员、服务对象与服务模式等方面是有区别的。此外，二者在工作范围、所需时间、涉及的意识层次以及起源等方面也存在一定的区别。具体表现为：

1. 工作对象不同。罪犯心理咨询的对象是在监狱服刑的有心理问题的罪犯，罪犯心理治疗的对象是患有心理疾病的罪犯。

2. 处理问题的领域不同。罪犯心理咨询的内容涉及罪犯生活的方方面面，主要有认罪服法、犯罪原因、改造前途等问题，狱内的人际关系、监规纪律及服刑过程中遇到的困难和问题，家庭关系、婚姻、恋爱、子女抚养、财产分割与继承等问题，监狱适应、情绪障碍等心理问题。罪犯心理治疗的适用范围主要是罪犯的某些神经症、人格障碍、性心理障碍、行为障碍、身心疾病及轻度精神病或康复中心的精神病人等。

3. 工作模式不同。罪犯心理咨询主要遵循发展与教育模式，帮助罪犯解决在服刑生活中产生的各种心理问题，促进其心理健康成长。罪犯心理治疗遵循医疗模式，是医疗工作的一个方面，主要任务是治病救人，帮助罪犯治疗心理疾病。

4. 对从业人员的要求不同。罪犯心理咨询要求从业人员除受过专门的心理咨询训练外，还应具有丰富的社会生活经验。罪犯心理治疗要求从业人员受过专门

① 张小乔主编：《心理咨询的理论与操作》，中国人民大学出版社 1998 年版，第 13 页。

的心理治疗专业训练，具备医学知识，特别是精神疾病方面的知识，还要求有临床实践经验，只有经过心理治疗专业训练的人才能从事治疗工作。

5. 涉及的意识层次不同。罪犯心理咨询大多在意识层面进行，重视教育性、支持性、指导性工作，焦点在于找出已经存在于来访罪犯自身的内在因素，并使之得到发展。罪犯心理治疗主要在无意识层面进行，重点在于重建病人的人格。

6. 所需时间不同。罪犯心理咨询所需的时间较短，一般咨询次数为几次或十几次；罪犯心理治疗往往费时较长，一般需几十次不等，有的甚至需要几年方能完成。

7. 起源不同。心理咨询的起源主要有四个：(1)与源于20世纪初的职业指导运动的兴起有关；(2)与20世纪初由美国大学生比尔斯(C. W. Beers)发起的心理卫生运动有关；(3)源于心理测量运动和心理学中对个体差异的研究；(4)与以罗杰斯为代表的非医学的、非心理分析的咨询与心理治疗的崛起有关。心理治疗的起源则可以追溯到19世纪末弗洛伊德创始心理分析的努力，甚至可以追溯到19世纪中叶催眠术的施行。

通过上述分析不难看出，罪犯心理咨询与罪犯心理治疗既有联系又有区别。首先，二者是同一性质的工作，在许多方面交错、重叠、互相渗透，咨询中有治疗，治疗中有咨询，很难截然分开。其次，不能将二者混为一谈，它们之间的区别也是明显的，无论是工作对象还是工作思路。因此，在开展工作之前，需要诊断来访罪犯的问题类型，然后由相应专业的人员开展，以保障矫治效果，同时也可以保障来访罪犯的安全及监管安全。

第二节　罪犯心理治疗的基本理念

罪犯心理治疗是受过心理治疗专业训练并通过考核的治疗人员，运用心理学的理论与技术对被治疗罪犯进行帮助，以缓解或消除其心理问题和心理障碍的过程，使被治疗罪犯发生某种心理上的转变。治疗者和被治疗罪犯对治疗持何种观念和态度，是影响心理治疗能否取得成效的关键因素，这就是罪犯心理治疗的理念问题。

一、治疗者应持的观念和态度

(一)相信被治疗罪犯的理性和潜能

对于治疗者而言，必须相信被治疗罪犯是能够改变的，而且被治疗罪犯具有一些积极因素使这种改变的发生成为可能。如果治疗者认为被治疗罪犯是顽石一块,那么任何的帮助都只能是徒劳无功的,并且被治疗罪犯也会接收到这种信息,他在治疗中也就可能不会有收获。其实,被治疗罪犯并非一无是处,在他们身上仍有理性的一面,有尚未被发现的个人潜能,在治疗者的帮助下,他们能够对自己有全新的认识,找到产生心理障碍的根源,并运用自己的能力使心理障碍得以缓解或消除。尽管这个过程可能很漫长,但最终仍会有一个比较圆满的结局。

相信被治疗罪犯的理性和潜能并非一句空话,治疗者必须通过其言行把这一观念表达出来,使被治疗罪犯接受并对其真正起到促进作用。

首先,不要戴着"有色眼镜"来看待被治疗罪犯。如果戴着"有色眼镜"来看待被治疗罪犯,那么治疗者就会更多地关注被治疗罪犯的消极方面,而忽视其积极方面,这对心理治疗工作是极为不利的。例如,某罪犯常常违反监规监纪,常受到监狱民警的批评和教育,并给监狱民警留下了不好的印象。但当他有积极劳动、助人为乐、帮助他犯改正错误等良好行为时,监狱民警不仅不及时给予表扬,有时甚至还讽刺挖苦,使该罪犯极为失望,违反监规监纪的次数逐渐增多,监狱民警的批评教育也越来越没有效果。由此可见,过分关注被治疗罪犯的消极方面而忽视其积极方面,会使消极方面被逐渐强化,积极方面却被淡化,向好的方向转化就变得十分困难。因此,作为治疗者,要去掉"有色眼镜",更多地去发现被治疗罪犯的积极方面,只有发现并明确指出被治疗罪犯的积极方面,才能使被治疗罪犯看到希望,产生自信,增强改变自己的信心。

其次,对被治疗罪犯要积极关注。积极关注是一种共情的态度,是指治疗者以积极的态度看待被治疗罪犯,注意强调他们的长处,即有选择地突出被治疗罪犯言语及行为中的积极方面,利用其自身的积极因素。积极关注是罗杰斯倡导的来访者中心理论提倡的,并在其治疗实践中身体力行。有人这样谈到他的工作:"第一眼看上去,你可能会认为前来寻求帮助的人没有任何长处,没救了。但是,走出令人沮丧的阴暗的沼泽地,卡尔·罗杰斯似乎总能在某个个体身上发现某些积极的东西,并且通过对情感的反应和(近来)直接的个人反馈使那些积极的东西突出出来。"①不仅来访者中心理论提倡积极关注,其他一些理论也有相似的成分。例如,行为治疗家坚定地认为,实际上所有的来访者都能通过强化增进个人的发展,达到学会应对他们所遇到的各种情景的目的。各种疗法所用的词汇和方法是不同的,但所有有效的心理治疗的理论构架中都包含这样的信念,心理治疗能够使患者的

① 钱铭怡编著:《心理咨询与心理治疗》,北京大学出版社1994年版,第38页。

生活产生积极的变化,而这种变化来自对患者积极方面的肯定。治疗者所看到的积极的方面,不是凭空臆想出来的,而是那些蕴含在特定事件之中、存在于被治疗罪犯本身的积极因素。在治疗过程中,治疗者会遇到某些对自己感到失望、认为自己一无是处、全完了的被治疗罪犯,这类罪犯往往由于意识范围变得狭小,只看到自己的不足却看不到自己的成绩和希望,甚至他们会把芝麻大的失误看作如西瓜一样大。此时治疗者的积极关注会开阔其视野,帮助他们重新打开希望之门。在治疗中,治疗者的积极关注式的话语,不能是空泛的或虚假的保证(如"要知道你还是有优点的,我相信你会解决这个矛盾的""一切都会好起来的,要相信明天一定胜过今天"等),应该是以事实为基础的实话(如"你能实话实说,说明你对对方是关心的,但在指出别人的缺点时,如果能讲究策略,我想对方是能接受的,也就不至于把关系搞僵")。治疗者的出发点应是对被治疗罪犯负责,一切有利于其成长和改变的实话应该怎么说也就清楚了。另外,做积极关注式反应时,一种情况是从被治疗罪犯所讲述的事实当中发现他们的积极方面,但做这一点时,注意不要游离到与此事无关的被治疗罪犯的长处上去。另一种情况是当你感到前一点难以做到或未能做到时,你可以注意对方对事件的描述本身是否准确、形象、生动,这也是你可以发现的积极方面。在具体运用时,二者结合效果更好。

总的来讲,积极关注要求治疗者持续地发现被治疗罪犯身上的长处和积极方面,与此同时,直接明确地针对他们的问题进行工作。治疗不是帮助被治疗罪犯把问题抹平或化小的过程,而是帮助被治疗罪犯正视他们置身其中的世界的过程。

(二)理解被治疗罪犯的心理冲突

心理冲突是一种普遍的现象,意味着两种对立而无法调和的情绪、评价、态度和行动倾向之间的冲突。我们的日常用语中有许多描写心理冲突的俗谚或成语,如"又要马儿跑得好,又要马儿不吃草""左右为难""前怕狼,后怕虎""自己打自己的嘴巴""自寻烦恼""自讨苦吃""作茧自缚",等等。

与日常生活中大多数人所产生的心理冲突不同,被治疗罪犯所产生的心理冲突往往是严重的心理冲突,被称为神经症性心理冲突。这种心理冲突一般符合以下三条标准:一是当事人感到精神上很痛苦,不能自拔;二是妨害了人际关系,或者使工作、学习效率下降,降低了人的社会功能;三是持续时间长,一般在一年以上。

由于被治疗罪犯陷入心理冲突无法自解,这种状况对其正常的生活、劳动以及日常交往等都产生了不利影响,他们才前来进行心理治疗以期从困境中解脱。心理治疗的根本目的就是帮助被治疗罪犯将于人于己都没有好处的甚至是破坏性的心理冲突进行建设性的转化。要想帮助被治疗罪犯解决心理冲突,治疗者必须对被治疗罪犯心理冲突的实质、产生根源、对被治疗罪犯产生的影响等一系列问题有正确的认识和真切的体验,即理解被治疗罪犯的心理冲突。

被治疗罪犯的心理冲突有常形与变形之分。常形一般有以下表现:一是感到控制不住自己的情绪和思想,同时又觉得非控制住不可;二是感到持续的精神(或心情)紧张而无法使自己放松;三是经常后悔,却悔而不改,老是重复同一水平或同类性质的错误;四是对未来没有信心,却绝不甘心;五是模糊而强烈的委屈感;六是完美主义(总是苛求自己做到十全十美);七是不安全感;八是自卑与自大的冲突;九是两价性依赖(对别人有高度的依赖,同时又很容易对别人心怀不满和怨恨,甚至公开的敌意和攻击);十是性的心理冲突,等等。另外,心理冲突也可以通过变形来表现,主要有以下三种情况:一是伴随有严重的或明显的生理功能障碍,如焦虑症和恐怖症,或者通过生理障碍的中介,变形的观念内容集中于疾病、诊断和医药治疗一类的事情,如疑病神经症;二是没有明显的生理障碍,但变形与常形之间的联系不难理解,如性压抑的患者害怕看异性的眼睛;三是变形与常形之间的联系不明显,如通过某种防御机制的方式表现出来。无论是常形,还是变形,被治疗罪犯的心理冲突都具有恶性循环的特点。所谓恶性循环,也有人译为怪圈,泛指相互关联的两个因素彼此加强,或者指作用与反作用之间存在正反馈。被治疗罪犯的心理冲突成为病态,就在于冲突的双方互相加强,形成恶性循环,以致罪犯不能自拔。例如,压抑使情欲加强,而情欲越强烈,当事人越感到有加强压抑的必要;心情紧张使效率下降,而效率下降,当事人的心情就越紧张;越害怕自己在异性面前失礼或出洋相,就越感到自己表情不自然,甚至张口结舌、手足无措。越加强自我约束,表情举止就越发拘谨而不自然。

心理冲突者常有能产生不快感的自己证实的理论,正是由于他们反复地自我证实使自己陷入了恶性循环之中。如自卑的人往往觉得周围的人看不起他,而自卑的被治疗罪犯则认为:周围人的表情和语气等都证明他确实不如人。正因为他对此深信不疑,其注意力遂集中于别人的态度上。罪犯也许进一步加强对自己的情欲的压抑,极力不让别人觉察出他的"邪恶",也可能费尽心机去取悦于人,以博得别人的好评。这样一来,罪犯对别人的态度会越来越敏感,爱面子也越来越严重,但自尊心日益下降。因此,被治疗罪犯的努力不仅没有达到预期的目的,反而使别人都不大愿意和他交往,由此他更相信他确实不如人,因而就更加自卑了。

不仅如此,心理冲突者还常有自己实现的预言。例如,预言自己今夜将失眠,心里不由得紧张不安起来,实际上也久久不能入睡,预言也就成了现实;预言某事将做不成,一开始做就紧张害怕,慌乱中便无法发挥自己的才智,结果将事情弄得一塌糊涂,预言又实现了。预言的实现使心理冲突者陷入恶性循环的黑洞而不能自拔。

被治疗罪犯处于心理冲突之中往往是很痛苦的,因而他可能会采取特征性的行为模式,即神经症性行为,这种行为的特点是:行为使痛苦迅速减轻,或者使被治疗罪犯面临的问题获得表面的和暂时的解决,却留下长期的后患,或者使问题进一步和彻底解决变得更加困难。例如,回避行为是一种典型的神经症性行为。患恐惧症的罪犯回避他所害怕的客体或处境就是神经症性行为。从本质上讲,克服恐惧的积极有效行动是面对现实,通过锻炼,恐惧是可以减轻的。回避虽使恐惧的痛苦暂时解决了,但后患无穷:劳动、学习、交往受到严重妨碍,甚至不敢出门;故意做些毫无社会意义的动作,转移注意力以减轻心理冲突的痛苦,也是典型的神经症性行为。对抗性强迫动作就是这样发展而来的。有些被治疗罪犯为了减轻不安全感和不确定感,别出心裁地制订一套死板的生活程序,即进行仪式化。例如,有个罪犯刷牙必须按照左上、左下、右上、右下、中上、中下这样一个严格的顺序,每个地方刷三下,一遍完了按原顺序重复,共三遍,不能多也不能少。有不安全感的人容易认为世界上偶然意外事件太多,似乎没有规律,把握不住,因而产生强烈的不确定感。人为地制造确定,可以减轻紧张不安,但干什么都死板,势必造成适应不良,因为社会中的人和事是变化多端、复杂多样的。这种被治疗罪犯给人以作茧自缚的印象。用喝酒服药减轻心理冲突造成的痛苦,也是一种神经症性行为。正因为如此,神经症患者容易产生药物依赖。

总之,被治疗罪犯的心理冲突内容多样且表现形式各异。作为治疗者,需要真正理解被治疗罪犯的心理冲突,切身体验其心理冲突的双方,具体感受被治疗罪犯面对心理冲突时的无奈,设法帮助被治疗罪犯缓解或消除心理冲突。

(三)对被治疗罪犯尊重——最基本的治疗态度

在心理治疗中,尊重被治疗罪犯意味着把被治疗罪犯放在与治疗者平等的地位上,不仅能增强被治疗罪犯对治疗者的信任度,促进良好治疗关系的建立,对被治疗罪犯能真正接受治疗者的帮助也大有益处。因此,在罪犯心理治疗工作中,尊重被治疗罪犯应是罪犯心理治疗者所持有的最基本的态度,对治疗取得成效至关重要。

尊重被治疗罪犯要求治疗者坚持价值中立,能接纳对方,接纳对方的不同观点、态度、行为习惯等。一个对被治疗罪犯不尊重的治疗者,可能会自视清高与轻视被治疗罪犯,也可能会有其他不那么友善的言行,可能会觉得“帮助”他人是一种可以自行设计、操纵的游戏,这种现象是治疗者应予以注意和警惕的。事实上,每个人尽管分工不同,地位处境不同,相貌有别,智能有异,却都是平等的人。被治疗罪犯都是带着问题前来治疗的,当他暴露了自身问题之后,本身就处于易受伤害的状态,而且此时会变得异常敏感。如果治疗者给予被治疗罪犯尊重,就会使被治疗罪犯产生被人理解、被人接纳的感觉,从而心存感激而对治疗者产生信任,并且产生了成长的动力,良好的治疗关系就开始形成了。如果治疗者不尊重被治疗罪犯,对被治疗罪犯来讲可能就是雪上加霜,其可能对治疗者产生对立情绪,最终使治疗无法开展。因此,作为治疗者应该尊重被治疗罪犯,治疗者此时比被治疗罪犯多的不过只是本专业知识和技能而已。在监狱内对罪犯进行心理治疗时,罪犯特殊的服刑者的身份就已经使他们感到自身地位低下,如果治疗者不尊重和接纳他们,被治疗罪犯就会更加感到卑微与无能,可能会不愿意敞开自己的内心世界,甚至封闭自我,使治疗难以进行。因此,尊重被治疗罪犯是治疗者应持有的最基本的治疗态度,离开了这一态度,罪犯心理治疗就无法进行。

在心理治疗中,许多人认为治疗者要有权威性,而某些治疗者曲解的权威性就是告诉被治疗罪犯他应该做什么和不应该做什么,让被治疗罪犯跟着自己的思路走,而不允许他们与自己的思路相悖。他们不是靠引导,而是依靠命令和指导,这样的治疗对某些被治疗罪犯可能有效,但对愿意独立思考的被治疗罪犯效果不佳。在这样的治疗关系中,治疗者想压服被治疗罪犯,这实际上就是对被治疗罪犯的一种不尊重,易伤害被治疗罪犯的自尊心,难以建立良好的治疗关系,治疗也就很难取得好的效果。

有时治疗者会碰到被治疗罪犯有不同意见的情况,他们表达出来,然后询问治疗者的看法。这时即使治疗者完全不同意被治疗罪犯的观点,也不应该对被治疗罪犯全盘否定,而应该理解和接纳他们为什么会这么想。治疗者在表达自己的观点时要讲究策略,以免伤害被治疗罪犯的自尊和动力。这时治疗者可采用以下说法:“虽然我对这事儿不这么看,但我能明白和理解为什么你会这样想。”这样的反应充分体现了对被治疗罪犯的尊重和理解。

总之,尊重被治疗罪犯,治疗者把被治疗罪犯放在与自己平等的地位上对待,不居高临下,不去伤害被治疗罪犯的自尊心,对被治疗罪犯全面接纳并感同身受地去体验他们的内心世界,再去开展对应的心理治疗,对被治疗罪犯的帮助才能有的放矢并能取得预期的效果。

二、被治疗罪犯应持的观念和态度

（一）全面接受真实的自我

一个人只有正确地认识自己，才能在社会生活中有恰当的言行表现，很好地进行生活、学习、工作及人际交往等，对社会生活适应良好。如果一个人没有自知之明，那么他可能会到处碰壁，事事受挫。前来接受心理治疗的罪犯产生心理障碍，其根源就在于不能全面认识和接纳真实的自我，无法准确认识自己，因而可能会对自己或他人提出过分的或不适当的要求，当这种要求无法满足时会使这种欲望更加强烈，进入恶性循环而使罪犯陷入心理冲突之中不能自解。例如，某些被治疗罪犯不能接受现在的服刑身份，不能面对真实的自我，并控制不住自己的某种情绪和思想，因而使自己陷入心理冲突之中。这种冲突之所以产生，是因为被治疗罪犯没有接纳现实，没有真正去分析自我，导致焦虑、抑郁等消极情绪产生，无法正常地改造和学习。如果被治疗罪犯能全面接受真实的自我，从中成长，正确面对并接受现实，心理冲突也就不会产生了。

因此，使被治疗罪犯全面接纳真实的自我是心理治疗的一个重要目标，也是心理治疗能取得成效的关键因素之一。全面接受真实的自我，是指对一个人的所有人格特点全面接纳，即对优点和长处与弱点和短处都要同样接受。对被治疗罪犯来讲，需要他们对自己有全面的、正确的认识，而且能够接受自己的不足，不自我强求，消除产生某种心理障碍的根源。

（二）相信自己并积极行动

在心理治疗中，不仅是治疗者要相信被治疗罪犯具有理性和潜能，被治疗罪犯本人也要相信自己的理性和潜能，相信自己通过努力是可以改变的。如果被治疗罪犯没有这样的信念，不相信自己能够改变，那么不管治疗者多么努力，所使用的技术多么高超，最终也会徒劳无功。

被治疗罪犯不仅要相信自己是能够改变的，而且还要付诸积极有效的行动，使这种改变变为现实。因为心理冲突者有一个共同特点：对自己是好是坏想得多而有效行动却很少。事实证明，积极有效的行动对消除或缓解被治疗罪犯的症状是极为有利的，特别是对那些只想不做的心理冲突严重的罪犯更为有益。如前文所述，罪犯之所以会有非控制住思想或情绪不可的自我强求，就是因为他们以为直接控制自己的思想情绪是容易和成功的，其实不然，通过有效行为去改变思想情绪才是最有效的办法，如果通过行为改善了现实，其情绪和认知就会有直接的改善。所以，被治疗罪犯与其说整日冥思苦想，为苦恼而苦恼，不如相信自己，积极有效地行动起来,改善现实。

(三)积极参与和责任心

罪犯心理治疗是一种合作,是治疗者与被治疗罪犯双方都积极参与其中并共同为罪犯的心理困难负责的相互作用过程。心理治疗师不能像江湖医生那样把病人的责任完全揽过来:包好,去根。正如弗洛伊德所说:“通常要使一个病人接受一种新方法的治疗时,医生往往夸大这种方法的轻便,好使病人相信它的效力……但是要用精神分析治疗神经症病人的时候,我们的手续就不同了。我们要告诉他这个方法如何困难,如何需要长久的时间,如何需要他本人的努力和牺牲,至于疗效如何,我们告诉他不敢肯定,一切成功都靠他自己的努力、了解、适应和忍耐。”①

被治疗罪犯普遍有推卸责任的倾向,他们往往缺乏独立自主精神,依赖心理较强,他们的“重心”往往不在自己身上,总是以某种方式放在别人身上,因而倾向于把自己心理上的问题归咎于客观原因,却从不在自己身上找根源。如果治疗者迎合被治疗罪犯的这种依赖心理,似乎治疗者可以包打天下,不需要被治疗罪犯的努力,其症状就一定会好,那就更加强化了被治疗罪犯的依赖性,降低了其自我负责的态度,对被治疗罪犯是弊大于利的。并且,如果治疗者言过其实和不负责任地保证,一旦被治疗罪犯觉察到不能兑现,被治疗罪犯将会陷于幻灭的痛苦甚至绝望之中,这会对被治疗罪犯造成新的伤害,也会严重破坏治疗关系以及被治疗罪犯求治的动力。

因此,在心理治疗中,被治疗罪犯应积极参与到治疗中,和治疗者共同努力,而且还应具有为自己负责的态度,这不仅有助于治愈被治疗罪犯当前的症状,对其今后更好地适应环境、增强独立解决问题的能力也大有益处,因为心理治疗的任务之一就是帮助被治疗罪犯克服依赖心理并形成责任心。

第三节 罪犯心理治疗的主要适应症

心理治疗的理论与方法虽然有很多流派,但任何一个流派都有自己擅长的治疗方法和具体的适应症。例如,行为主义的心理治疗方法就比较适合治疗恐惧症。另外,很多心理障碍,在其发生、发展和变化过程的某一阶段,应该以心理治疗为主,而在其他阶段,心理治疗方法应该处于辅助的地位。譬如急性焦虑,在其惊恐

① [奥]弗洛伊德:《精神分析引论》,高觉敷译,商务印书馆1984年版,第3页。

发作时,心理治疗方法是难以实施和操作的,而在惊恐发作的间,心理治疗就可以起作用,也容易见效。具体来说,在监狱中,罪犯比较适合接受心理治疗的情况一般包括以下几方面。

一、入监罪犯的适应问题

及时恰当的心理治疗工作,对罪犯在入监后的生活适应问题有极大的改善和帮助。一般来讲,个体对新环境的适应过程是个体与环境的互动过程,既包括个体根据环境的要求改变自己的过程,也包括个体作用于环境并改变环境的过程。在这个过程中,个体既可能出现适应良好,也可能发生适应困难,甚至出现适应障碍。在监狱中,随着时间的推移,大多数罪犯对监狱生活一般能够比较好地适应。但也有一些罪犯在进入监狱后的很长时间内,仍不能较好地融入监狱生活,发生适应困难。这就需要对其进行心理治疗,消除和缓解其在适应过程中产生的各种负性心理现象。例如,以情绪低落为主的情感波动,面对新环境的恐惧和无力感,离开亲人后的失落和孤独感,面对漫长刑期的绝望和痛苦心情,回忆作案经过时的后怕、惊恐、后悔自责,以及其他相应心理问题。

二、罪犯各种比较严重的情绪、行为问题

服刑期间,罪犯容易出现情绪或行为方面的问题,需要专业的心理治疗进行干预。例如,出现比较严重的焦虑、抑郁、紧张、担心、恐惧等,还有在监禁过程中出现的人际关系、劳动态度、生活态度等方面的问题,以及出狱前的心理准备等,拘禁性的情绪反应也是心理治疗的适应症。上述出现的情绪和行为问题严重影响着罪犯的生活和改造,监管安全也会受到威胁,需要及时发现并进行有效的心理治疗。

三、罪犯罹患的各种神经症

罪犯罹患的各种神经症主要包括恐惧症、焦虑症、强迫症、疑病症、神经衰弱等,这是心理治疗最主要的适应症。在对神经症进行心理治疗时,应该分为近期目标和长期目标两个阶段。近期目标主要是最大限度地缓解罪犯的各种心理症状,长期目标一般是促进其人格的改善和心理健康整体水平的提高。

四、罪犯中的各类型人格障碍

对罪犯中各类人格障碍进行心理治疗,主要是建立良好的治疗关系,利用各种心理学的原理与方法,通过长期的努力,使罪犯认识到自己人格特点中的缺陷和不

足，正确认识这些不足以及产生的原因，完善自己的人格，在今后的生活中（包括回归社会之后）避免被自己的不良人格左右，能够很好地生活以及与人相处。

五、罪犯中的各种性心理障碍

罪犯在进入监狱前，有些已经是某种性心理障碍的患者，如恋物症、露阴症、异装症等。在对这部分罪犯的性心理障碍进行心理治疗时，重点是针对他们性心理障碍的症状表现及认知，所产生的后悔、自责、内疚等负性情绪，以及担心将来回归社会后会重蹈覆辙的紧张和忧虑情绪。

监狱内的性心理障碍罪犯虽然数量并不很多，但由于经常会发生类似异性恋的“失恋”“单相思”“第三者插足”等境遇性的同性恋，出现感情纠葛，引发争风吃醋、打架斗殴，甚至自杀或伤害他人等行为，对监管安全构成一定的威胁，因此需要及时发现、引导和治疗。针对这些“假性同性恋”的心理治疗，治疗效果一般是比较明显的。

六、罪犯中各种较严重的心理障碍

罪犯出现的比较严重的心理障碍，如精神分裂症、心境障碍（主要是躁狂症和抑郁症）、各种器质性心理障碍、偏执性精神障碍等严重的心理障碍，都可以进行有针对性的心理治疗。在其发病期，需要药物治疗并辅助心理治疗，心理治疗主要是针对他们因患病而继发或伴发的其他心理问题，如心理障碍痊愈后产生的“烙印感”，对心理障碍复发可能产生的担心和恐惧等。必要时，还需要精神专科医生介入治疗，或者入院治疗。

七、罪犯中的各种心身疾病

心身疾病的本质是由各种不良的社会心理刺激（强烈的、长期持续存在的）导致的，或者是与心理因素密切相关的躯体方面的病理性改变。譬如，原发性高血压、偏头痛、紧张性头痛、哮喘、消化性溃疡、甲状腺功能亢进、肥胖症等。在这类心身疾病的发生、发展、变化和转归的过程中，心理因素起着非常重要的作用。尤其是罪犯在服刑期间出现的心身疾病，很多是由于心理因素的影响，在进行药物治疗的同时，应发挥心理治疗的作用。

八、各类躯体方面的慢性疾病

无论是哪种躯体疾病，即使不是由心理因素引起的，都会伴有心理问题。例如,感染艾滋病后的抑郁、后悔、自责等。这些心理问题的存在常使罪犯的病情更加复杂化,严重影响疾病的康复过程。良好的支持性心理治疗、认知疗法以及其他的心理治疗方法,对促进这些疾病的康复、延缓疾病恶化,都具有非常重要的作用。

第四节 罪犯心理治疗的一般过程

对心理治疗的过程,不同的心理治疗专家有不同的看法。但总的来看,心理治疗一般有三个必须经历的阶段:问题的确认和分析,对来访罪犯的帮助和来访罪犯改变以及结束治疗阶段。罪犯心理治疗也应遵循这一基本过程。

一、来访罪犯问题的确认和分析

在来访罪犯第一次踏进心理治疗门诊时,治疗者就需要确认来访罪犯的心理问题。这是治疗的最初步骤,对其后的治疗过程有重要影响。前面的章节已经探讨了罪犯心理诊断和评估的有关知识与技术,这里仅就问题的确认和分析进行探讨。

(一)信息的采集

要想在较短的时间里比较全面而准确地把握罪犯的问题,下列信息的采集非常必要:

1. 这名罪犯是谁?其性别、年龄、被捕前职业是什么?有何重要特征(人格特征)?其家庭背景和生活方式如何?与其有关的文化与环境因素有哪些?

2. 问题是何时发生的?问题发生之前的情境和问题发生之后的情境如何?来访罪犯对这个问题的反应模式(行为、情感、认知三方面的整体反应)是什么?

3. 问题发生在何处?在什么情况、什么条件、与什么人在一起时发生?

4. 这个问题为什么会发生?来访罪犯对自身问题有什么看法?在来治疗之前做过哪些努力?

有关来访罪犯身份信息的采集可以在会谈开始前以填表的方式完成。

(二)问题确认和分析的主要过程

对来访罪犯问题的确认和分析可以沿循图 9 - 2 所示的过程进行。

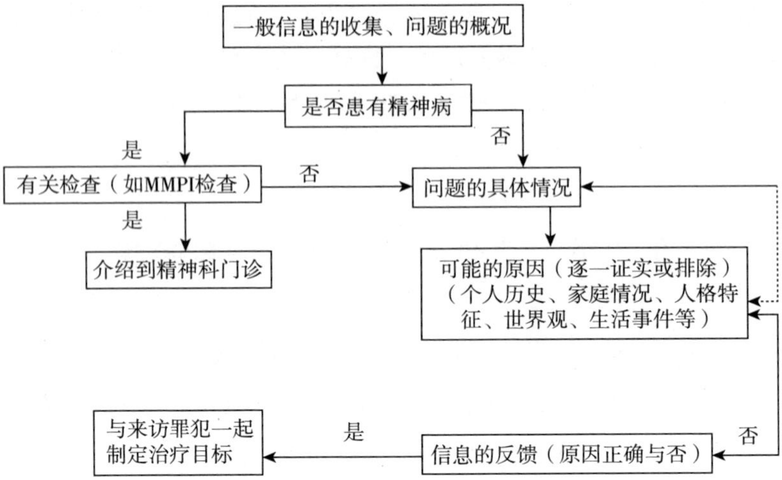

图 9－2　来访罪犯问题确认和分析的程序

在排除了来访罪犯患有精神病的可能性之后，治疗者面临的问题就是对来访罪犯问题的确认和分析（当然，如果一开始很难排除精神病可能性的话，在收集信息的任何阶段发现疑点，都要回过头来重新核查）。确认和分析的大致过程如下：

1. 问题。由来访罪犯提出，治疗者围绕此问题了解有关详细情况。最好的做法是引导来访罪犯以他自己的方式、选择他自己比较习惯或喜欢的方法来讲述，治疗者不要提过多的问题和对来访罪犯的叙述进行干预。当来访罪犯讲述完时，治疗者可以询问一些问题，以填补信息采集上的空白。这样可以以一种自然的方式获得有关来访罪犯的很多信息。当然，如果罪犯不太健谈，就需要治疗进行较多的引导，适合运用开放式提问，那种一问一答式的方式使罪犯从一开始就显得比较被动。

2. 问题形成的可能原因。问题形成的原因可能多种多样，可能与来访罪犯看问题的方式、价值观和人生观有关；可能与其个人历史、人格特征有关；可能与其家庭、所在监区、劳动岗位等周围环境有关；可能是生活中发生了重大变故；或与事前的原因、事后的强化有关……但是主要原因是什么，需要治疗者边倾听边分析，进行排除或证实。

3. 对问题进行分析。一般来说，来访罪犯问题的原因往往不止一个，而是几种因素同时起作用的结果。

罪犯刘某（盗窃罪，刑期 15 年），不爱与人讲话，抑郁不合群，时常坐在座位上发愣，有时还自言自语。自述压抑、悲观，对任何事情都不感兴趣，认为周围的人都不爱理他，对他有仇恨，曾因告发另一名罪犯私自索要他人物品而产生矛盾，心里害怕、不安。从小母亲去世，遭受继母打骂，流浪街头。经过倾听和分析，治疗者认为使来访罪犯压抑、悲观的主要原因有三个：一是与其产生矛盾的张犯仍然在同一监舍，对刘某构成威胁；二是刘某性格内向，不爱与人交际，经过投射，认为别人都不爱理他；三是刘某自幼得不到母爱，又遭继母打骂，对周围环境容易产生怨恨、不满心理。其最主要的原因可能就是早年的成长经历。

因为事物的联系性、连带性，经常发生多因一果的情况，治疗者在分析时，应根据有关材料形成一条有关信息的主线，找到问题的来龙去脉，即对来访罪犯的问题形成整体性认识。即便多种因素影响问题的产生，也应把握好主次，找到最主要的原因，有时最明显的因素可能只是导火索，应深入分析背后最主要的原因，同时还要注意求证。

4. 表面问题与深层次问题。表面问题往往表现为来访罪犯直接诉说的问题或表现在外在行为方面的问题，如罪犯诉说自己失眠，失眠是表面性问题，背后隐含着来访罪犯的心理冲突和矛盾，因为很多失眠都是情绪性失眠，由心理问题导致。如果治疗者只依据来访罪犯诉说的失眠症状，对罪犯进行睡眠指导，就会忽略其可能的深层次原因。

罪犯张某（25 岁，抢劫罪），自述见到警官就感到莫名其妙的紧张；每当有任务下达时，心里也发慌，有紧张感；每当遇到表扬、取得好成绩时，不但体会不到高兴，而且感到紧张。经过长时间分析，罪犯张某自幼生长在教师家庭，父母管教十分严格，他经常因小事受到体罚、批评，从小对父母又惧又恨，但又不得不服从，一方面要做好父母交代的事情和作业以得到父母承认；另一方面心理对这些任务产生抵制和逆反。这种对权威的服从和叛逆的内心冲突一直伴随他这么多年，导致如今的紧张情绪。罪犯张某存在典型的对权威的冲突，由父母转移到监狱民警身上，并表现在对重大任务的完成过程中。如果不对深层原因加以认识和分析，仅对罪犯施以放松疗法，并不能从根本上解决问题。因此，治疗者要凭借专业功底和丰富经验，以及专业的敏锐性，发现与处理那些表面问题的深层原因，以使来访罪犯的问题得到根本性解决。

5. 问题具体化。如果对来访罪犯的问题进行归类，通常有狱内适应问题、人际关系问题、家庭问题、人格问题、性问题、重大变故的适应问题等。但是，来访罪犯之间的个体差异很大，即使同一类问题，不同的来访罪犯也会有不同的原因、不同的表现、不同的过程，因此问题要想得到解决，不能只停留在抽象的、一般的分类上，而应该将其具体化、个体化。例如，可将来访罪犯人际关系不良的问题具体分解为：来访罪犯是否有自卑问题（信念系统的问题，可采用认知改变的技术以及支持疗法等），来访罪犯是否存在社交技能差的问题（可采用行为改变的技术），来访罪犯是否存在偏执、猜疑人格问题（可采用认知—行为疗法中的合理情绪疗法，以及角色扮演、空椅技术）等。对每一个具体的来访罪犯，要寻找其问题的特殊性，这样容易找到有效的帮助办法。

总之，对来访罪犯问题确认和分析的过程，是一个由此及彼、由表及里的过程。治疗者要通过现象看本质，注意问题的具体性和特殊性，实际上，这是一个由部分到整体再到部分的循环上升的认知过程。只有这样，才能确立合理、现实的治疗目标，才能根据问题的主次内外、轻重缓急有条理地实施治疗。

二、对来访罪犯的帮助和来访罪犯的改变

这一阶段是治疗中的重要阶段，治疗者采用什么方法和技术，治疗者在哪些方面给予被治疗罪犯具体的帮助和启发，来访罪犯产生了哪些方面的变化，都是这一阶段的问题和任务。

（一）常用的治疗技术

罪犯心理治疗过程中常用的治疗技术包括前面心理咨询内容中的会谈技术、倾听技术、提问技术等，还包括下面介绍的一些在罪犯心理治疗中常用的技术，当然，这些技术在心理咨询中也适用。

1. 支持技术。治疗者要在某些事件或情境中给予来访罪犯积极的、有益的指导，对来访罪犯每一点积极的改变要敏于捕捉、仔细辨认，并给予鼓励、表扬和支持，以减轻他们的焦虑，促进来访罪犯积极性的增长。

运用支持技术要注意，这是建立在来访罪犯确实发生了的、具体的、积极改变的基础上，而治疗者的鼓励和支持也不应该是泛泛而谈的，不宜用诸如“别担心，慢慢会好的”“你真是个不错的人”“你变化很大，我很高兴”，而应该将这种泛泛的、空洞的、抽象的语言具体化，并且真诚地表达，如“你能意识到自己应该对这件事负起责任，我感到很高兴”“你谈到最近一次主动找王某交流，我觉得这是一个很大的进步”，等等。

2. 面质技术。面质技术是在治疗的中后期，在建立了良好的治疗关系的基础上，对来访罪犯表现出的矛盾心理进行揭示、指出的技术，又称对立、对峙、正视现

实等。面质技术不是对来访罪犯认识和感受的简单反馈,而是更重视来访罪犯较深层次的矛盾,包括动机之间的矛盾以及动机和行为之间的矛盾。面质技术往往通过指出来访罪犯前后言语之间的矛盾、非语言行为与语言行为的矛盾、语言与行动的矛盾等,帮助对方面对和正视自己内在真实的心理,体验自己的内心冲突(而不是回避和忽略)。下面是面质技术的一个实例。

来访罪犯:你不知道我多想我妻子留在我身边,要是真离婚了,我活得都没有奔头了。

治疗者:我很理解你的心情,不知你为了挽留她做了哪些努力?

来访罪犯:(叹气)我们一见面就吵,她走后我就后悔不该太暴躁。

治疗者:你都对她说了些什么?

来访罪犯:气极了,我就冲她喊,要走就走吧,永远别再回来了。

治疗者:你有没有注意到,你心里渴望妻子留下来,但是你的语言和行为深深伤害了她?

来访罪犯:(哭泣)每次看她哭着走了,我的心都碎了,但我就是说不出软话,说不出求她的话。

治疗者:但你心里又特别渴望,是吗?

来访罪犯:(点点头)

治疗者:你自己如何解释你的这种矛盾心理呢?心里想的是一样,做起来是另一样,仔细体验一下这种矛盾心理,告诉我,如果要你说出体贴和理解的话,你的担心是什么?

面质技术具有很大的挑战性,容易引起来访罪犯的防卫心理或感到受伤害,因此运用面质技术一定要建立在良好的治疗关系的基础上,面质的内容也必须有充分的事实依据。当然,还要注意在恰当的时机运用,而且不能过于频繁。

3. 解释技术。解释是治疗者运用有关理论和经验对来访罪犯的观念、情感和行为的原因、过程和实质进行解释,让来访罪犯产生领悟,加深自我认识,促进改变。解释技术是一项难度较大、比较复杂、富有创造性的工作,其效果取决于治疗者的理论功底和实践水平。

解释应该在充分会谈的基础上,在恰当的时机运用,来访罪犯已经充分倾诉,并获得了某些方面的领悟。目前的问题是,有些治疗者往往没有经过认真倾听,没有充分的资料依据,没有给来访罪犯足够的领悟时间和机会,就凭借主观经验和理论模式过早地或者空洞地进行解释,容易导致解释不清或者解释错误,破坏治疗关系和治疗效果。

4. 澄清技术。澄清技术也称具体化技术，指治疗者对来访罪犯所叙述的模糊、混乱、矛盾的内容加以澄清和具体化的过程。运用澄清技术可以使来访罪犯更加清楚自己想要表达的思想和情感、观念和愿望以及自己的真实处境，从而使问题更加集中、明确。下面的例子是关于澄清技术的具体运用。

来访罪犯：我觉得自己一无是处。

治疗者：能否具体说说你感觉自己不令人满意的地方？

来访罪犯：我恨死她了。

治疗者：给我说说，当你恨她的时候，你都有哪些体验？你感受到了什么情绪？

来访罪犯：我对她又恨又爱又气。

治疗者：给我具体讲一下，她哪些方面让你恨，哪些方面让你爱，哪些方面又让你生气呢？

澄清的目的是让罪犯对一些关键和重要的内容进行更具体、更清楚的描述具体化的描述，不仅具有倾诉宣泄的作用，也能使来访罪犯更清楚自己的感受和思路，有时还会使其发现自己认知上的偏激或者错误。

5. 角色扮演技术。角色扮演技术是指在心理治疗中，治疗者和来访罪犯相互扮演对方或其他相关的角色，以增进彼此及与他人的理解和沟通的技术。下面是一个运用实例。

来访罪犯：我不知如何向她诉说心里对她的惦念和留恋。

治疗者：让我来扮演你，你扮演你的妻子，我们在接见室说话。好吗？

来访罪犯：可以试一试。

治疗者：(扮演罪犯)你一路挺辛苦的，爸妈还好吗？

来访罪犯：(扮演妻子)没什么，家里都挺好的，你就放心吧。

治疗者：(扮演罪犯)你不知道，这些天我特别想念你，想得都睡不着觉。

来访罪犯：(扮演妻子)你心里还有我呀，瞧你每次都凶巴巴的样子，恨不得把我吃了才解气。

治疗者：(扮演罪犯)，(特别动情，望着对方的眼睛)我这些天想了很久，觉得特别对不起你，让你受了这么多委屈。你别看我对你凶，我心里其实很难受，每次你走后我都忍不住躲在被子里哭。我和孩子都需要你，留下来吧。

来访罪犯:(哭出了声)您说出了我的心里话,我确实对不起她呀!

治疗者:(等来访罪犯情绪稳定下来)来,我扮演你的妻子,把你心中想对她说的话说给她听。

由上例可以看出,角色扮演以一种直接的场景模拟的方式让来访罪犯表达内在的情感,不仅使来访罪犯得到了宣泄,并在角色互换中学会体会他人的内心世界,体验人际互动,并恰当地表达自己的需求和情感,而且使他以后能够正面认识和面对这些内部情感或矛盾冲突。

6. 放松技术。放松技术,是指按一定的练习程序,学习有意识地控制或调节自身的心理生理活动,以达到降低机体唤醒水平,调整那些因紧张刺激而紊乱了的功能。放松技术的运用可以帮助来访罪犯调整紧张、恐惧的情绪,促进来访罪犯身心健康。放松技术包括深呼吸放松技术、肌肉渐进式放松技术、想象放松技术等。

(二)来访罪犯获得改变的主要因素

在帮助来访罪犯改变的过程中,一些因素起着重要的作用,这些因素包括:治疗者与来访罪犯的关系以及对治疗者的责任,帮助来访罪犯获得领悟,帮助来访罪犯的认知体系得到改变,帮助来访罪犯重新体验以及促进来访罪犯作出新的有效行为。

1. 双方关系及治疗者的责任。治疗者与来访罪犯的关系既是保证治疗顺利进行的有效因素,本身也是重要的治疗因素。双方关系应是积极的、建设性的、良好的、新型的关系,在这种关系中,来访罪犯能够体验到以前从未体验过的来自他人(治疗者)的真诚与接纳、治疗者对他内心世界的关注和理解、治疗者对他人格的尊重以及治疗者对他长远利益的考虑和顾及,从而使来访罪犯能够真诚地面对自己、面对现实,并有勇气去改变自己。

治疗者的角色是促进来访罪犯积极改变和人格成长,对来访罪犯的问题提出说明、解释、引导,并教授某些方法,让来访罪犯通过领悟和学习获得成长。但是,治疗者所提供的这一切必须与来访罪犯参与治疗的积极性和为自身改变而做的努力相配合,才能真正实现心理治疗的目标,来访罪犯是自身改变的主体,治疗的最终目的正是帮助来访罪犯成为自己的治疗者。

2. 引导领悟。领悟是改变的第一步,在这一阶段中,治疗者可以帮助来访罪犯重新审视自己内心深处与问题有关的内容,发现无意识动机、内心冲突和愿望对自己情绪和行为的支配,使其获得某种程度的领悟。这样可以帮助来访罪犯找到自己问题的根源、重新建立起内心的平衡支点,为外显行为的改变提供依据,促进罪犯行为的改变。

罪犯李某有一个习惯，经常用小刀或其他锐器在自己的身体上划出一道道痕迹，在情绪不良时尤甚，以致身上留下很多伤痕。他说这个习惯已经很久了，小时候就有，也不知道自己为什么会这样。后来在治疗者的帮助下，逐渐回忆起儿时的生活，他说从小母亲管教自己，就不让自己哭，一哭就要挨打。一开始他想哭的时候就咬自己的嘴唇，有一次，因为与小朋友打架遭到母亲训斥，心中感到委屈，但又不敢哭，便用削铅笔的小刀划弄自己的胳膊，不小心划破出了血，这时他既感到害怕又有些莫名的兴奋。从此，每遇到此类事情，便有一种拿小刀划破皮肤的冲动，看到有血流出来，就感觉心里比较舒服。在治疗者的帮助下，这名来访罪犯获得了领悟，认识到这种行为一方面是企图通过外在的伤痛平复内心的痛苦，实际上是一种对内心痛苦的逃避；另一方面，幼小的他不能对父母表达他的愤怒和攻击的冲动，因而转而伤害自己，实际上，对自己的伤害恰是想伤害父母的替代，这两方面使他达到不健康的心理平衡。当这名罪犯获得领悟后，意识到了行为背后的真正原因，不再逃避潜在的冲动和情绪，行为上也有了良好的改变。

3. 认知改变。来访罪犯的问题绝大多数包含着或多或少的认知歪曲或不合理的思想观念，如"别人都针对我""我在哪方面都不如别人"等。在治疗过程的第二阶段，应该帮助来访罪犯对这些不合理观念进行检测并帮助他改变，建立起健康积极的认知体系。

来访罪犯的观念体系在成长的几十年中形成、固化，有很多不良的观念没有经过他对这些信息的加工而自动地成为他观念体系的一部分。这些观念有些来自不良的童年经历，有些来自社会的暗示性影响以及不良团伙价值观的内化。治疗者要帮助来访罪犯按照自己的现实生活和成人的、理性的价值观去剖析和判断，重新建构认知体系。

4. 重新体验。来访罪犯的心理障碍表现在情绪方面是对某些人物、事件或环境存在不健康的体验和感受，如对井下劳动的极度恐慌、对大家如何评价自己过分看重的焦虑、对未来非常担忧以及对自己不自信等。这些体验和感受与不良认知相连，建立在过去和现实生活的直接经验或间接经验上。来访罪犯的一个核心体验是不自信，因此而衍生出其他情绪：疑心重，不信任他人；容易焦虑，缺乏安全感；依赖他人和环境，不敢自己对自己做主。因此，心理治疗在促进来访罪犯自我认识、真实地面对自己、勇敢地挑战自己的时候，也注重来访罪犯自我内心体验的积极变化，帮助他们真实地感受和表达，而不是逃避。通过重新体验，来访罪犯可以对过去的人和事物产生新的积极的感受和体验。

5. 作出新的有效行为。任何一种改变都必须落实为行为的改变，最终养成一种健康的行为，才能得到根本的改变。很多来访罪犯尤其是神经症罪犯整天冥思苦想，在自己的思维和想象的世界里循环往复地考虑所担忧的事情，他们更多的时候是在逃避现实，却很少作出有效的行动去改变。

治疗者可以与来访罪犯共同讨论行为对改变现状的意义，以及需要在哪些方面作出行为改变。从来访罪犯可以接受的、最小的行为改变开始，如鼓励感觉孤独的来访罪犯主动与他犯接触、交流，鼓励情绪抑郁的来访罪犯参加一些狱内公益性活动，鼓励与家人关系不良的来访罪犯向家人讲出闷在心里的话，等等。需要注意的是，任何人在尝试新的行为时都会多少有一些恐惧和犹豫。在鼓励来访罪犯进行行为改变的时候，治疗者要做好三点：第一，给来访罪犯提供有力的心理支持，让他真实地感觉到治疗者与他同在；第二，治疗者不仅仅建议改变，还要给予来访罪犯方法上的指导，可以通过角色扮演和行为排练，让来访罪犯学习在不同的真实场景中如何行为；第三，对来访罪犯作出的好的行为，要及时和真诚地鼓励和赞赏。

三、结束治疗阶段

结束治疗阶段的工作非常重要，对整体治疗工作的质量有很大影响。在这一阶段，治疗者要向来访罪犯指出他在治疗中已取得的成绩和进步，并指出还有哪些应该注意的问题。治疗者应该向来访罪犯传达这样的信息："你已取得了很大的进步，现在你自己可以做好它了。"治疗者还要帮助来访罪犯重新回顾治疗要点以及治疗目标的完成情况，巩固治疗所取得的成果，帮助来访罪犯在生活中运用所学的新东西。治疗者可以允许对方进一步提一些疑问，还可要求对方复述治疗要点和需要继续完成的作业。最后，治疗结束，送上祝福和期望，来访罪犯带着收获、怀着期待、用新的行为开始新的生活。

总之，罪犯心理治疗过程的各阶段相互重叠、相互关联、相互承接，形成一个完整的整体，每一个阶段又统一在治疗目标之下。罪犯作为主角积极参与这个过程，无论是认知还是行为都获得了成长，能够更好地接纳和面对现实，拥有更加健康的心理和精神生活。

第五节　罪犯心理治疗的主要方法

在罪犯心理治疗实践中，运用的治疗方法主要有精神分析疗法、行为疗法、以人为中心疗法，以及后来兴起的认知行为疗法、表达性艺术治疗、正念疗法、内观疗法、森田疗法等。上述疗法在罪犯心理咨询和罪犯心理治疗中都适用，下面结合罪犯心理治疗实践介绍几种主要的方法。

一、精神分析疗法

精神分析疗法，是奥地利著名精神病学家和心理学家弗洛伊德创立的心理治疗方法。19 世纪末 20 世纪初，弗洛伊德从其临床治疗工作中逐步发展起一套精神分析理论及心理治疗方法。他的工作是心理治疗领域中的开创性事件，使这一领域第一次有了自己完整的理论体系和工作方法。

（一）精神分析疗法的内涵

弗洛伊德的精神分析理论主要包括潜意识理论、性心理发展理论和人格结构理论。潜意识理论是弗洛伊德精神分析理论的核心内容。他认为，人的心理活动可分为意识和无意识两大部分。人在清醒状态下进行的各种有目的的活动，可以直接感知到的心理称为意识；反之，自己不能直接知觉的，但对活动有影响的心理称为无意识或潜意识。人的潜意识中包含各种为人类社会伦理道德、宗教法律所不能容许的原始的、动物性的本能冲动，以及与各种本能有关的欲望，这些无法满足的本能欲望与冲动被压抑到无意识之中，然而，这些被压抑的冲动欲望并不安分守己，也不会消失，而是在无意识中积极地活动，影响着个体的情绪和行为，并不断地寻找出路，以梦、口误、笔误、记忆错误等方式表现出来，病态的压抑则可能导致心理疾病。此外，弗洛伊德把人格结构分为本我、自我和超我三部分，本我（完全潜意识）代表欲望，受意识遏抑；自我（大部分有意识）负责处理现实世界的事情；超我（部分有意识）是良知或内在的道德判断，三者统一协调，心理就会健康，不协调，就会导致心理问题。他还把人的心理发展分为前后相继的五个阶段：口腔期、肛门期、性器期、潜伏期与生殖期，每个阶段都有需要在成长中完成的任务，否则就会产生固着，成年以后会以畸形的方式去渴求。所有这些论述都对我们分析人的心理有极为重要的价值。

弗洛伊德根据其理论观点，创立了一系列相关的心理分析治疗方法。其中主要有自由联想、梦的解析、移情和解释等。其中，自由联想是弗洛伊德心理分析疗法中的主要技术之一，要求患者不加任何评价地说出其想法，无论它们是如何荒唐或不重要。自由联想是连续的，如果能持续下去，就会越来越接近潜意识的内容，这时治疗者就能从中发现被患者压抑的冲突。具体操作方法是：布置一个安静、光线柔和的优美环境，让患者坐在或躺在舒适的椅子上，在心理医生的适当引导下，患者无拘无束地回忆，并如实报告出来；医生主要是听患者讲，并不时给予恰当的引导，但不要随意打断患者的谈话；然后帮助患者找出疾病的根源，让其有所领悟，重塑健康心理。通过对长期隐藏的潜意识冲突的分析，患者便可逐渐领悟并成长起来。当患者难以说出其被压抑的冲突时，治疗者可以通过投射或者催眠等技术帮助患者摆脱潜意识的束缚。

（二）精神分析疗法在罪犯心理治疗中的应用

在罪犯心理治疗中，针对某些罪犯的异常心理，可以通过精神分析疗法加以治疗。不必严苛要求自由联想的硬件环境，在一般的咨询环境中就可以进行。让罪犯自由联想，使其深藏于无意识中的心理表达出来，使潜意识意识化，达到领悟，从而减轻内心的压抑和痛苦，面对现实，积极改造。

罪犯焦某，26 岁，因犯盗窃罪被判刑 3 年。在服刑一年后脱逃，被抓回后加刑一年。但他并不吸取教训，在后来的服刑过程中，他又先后 9 次脱逃，均被抓回，刑期被加到 20 年。焦某脱逃的欲望十分强烈，但脱逃动机模糊，脱逃方式也与众不同。他每次脱逃时，要么躲在食堂的某个角落，要么藏在工地的某个地方，并不走远，只是躲起来让大家焦急地寻找，而他自己却感到无比愉悦和满足。除了反复脱逃和并不严重的盗窃行为之外，该犯没有其他明显劣迹。

经过自由联想和分析，治疗者对该犯的生活经历有了详细的了解，发现其反常心理和行为的产生是他幼年生活创伤的反映。焦某在家是长子，5 岁左右丧母，不久父亲再婚。他与继母经常发生矛盾，父亲面对家庭的矛盾束手无策，只会动用拳脚痛打年幼的儿子。为了躲避父亲、继母的伤害，他不得不常常逃离住所，藏到邻居家的屋檐下、柴堆旁栖身，或者到亲戚家躲避。焦某当时正处于幼年，他渴望母爱、渴望被人关注，于是采用“逃避”这种方式，一方面可以躲避父亲的打骂，另一方面潜意识中又想通过这种方式引起家长对他的重视和关注。然而，父亲和继母从来没有像别人的家长那样四处呼叫着寻找一个期待被发现的孩子。因此，他幼小的心灵受到重创，这一精神创伤深深地埋在他的潜意识中。在他犯盗窃罪被关押之后，潜意识中的精神创伤又开始显现。他反复脱逃的心理和行为，就是期望得到人们的关注，弥补他潜意识中对“亲情”的渴求。虽然他的脱逃一次次失败，但他的本能欲望却一次次得到满足，所以虽然屡次受到严惩，意识也明确地告诉他不能再脱逃，然而理智始终没有占据优势，稍一疏忽“逃避”欲望就会冲破理智的闸门，导致行为重复。他的行为需要进行专业的心理治疗，采用精神分析、认知行为治疗等技术。

二、行为疗法

行为疗法又称行为矫正技术，以行为主义心理学派的学习原理为理论基础。学习理论认为，人的行为都是通过后天的学习获得的，不符合社会要求的异常行为是在不良的环境影响下习得的结果。影响学习效果的主要因素是强化，强化是通过奖励或惩罚方式实施的。改变不利的环境条件，采取适当的奖励或惩罚等措施，可以改变、矫正或治疗病人的异常行为，使其更好地适应环境。实践证明，行为疗法对矫治罪犯的不良及变态行为有很好的效果。

行为疗法的具体方法很多，主要包括系统脱敏法、厌恶疗法、满灌或冲击疗法、代币强化法、发泄疗法、模仿疗法、生物反馈疗法等。下面主要介绍系统脱敏法、厌恶疗法和代币强化法。

（一）系统脱敏法

系统脱敏法又称交互抑制法，是由美国学者沃尔帕（J. Wolpe）创立和发展的。这种方法主要是诱导求治者缓慢地暴露出导致神经症焦虑、恐惧的情境，通过心理的放松状态来对抗这种焦虑情绪，从而达到消除焦虑或恐惧的目的。如果一个刺激所引起的焦虑或恐怖状态在求治者所能忍受的范围之内，经过多次呈现，他便不再会对该刺激感到焦虑和恐怖，治疗目标也就达到了，这就是系统脱敏法的治疗原理。

采用系统脱敏法进行治疗分三步进行：第一，建立恐怖的等级层次，根据求治者感到恐怖的事件的主观感受程度，按由小至大的顺序排列；第二，进行放松训练，以达到全身肌肉能够迅速进入松弛状态为合格；第三，要求求治者在放松的情况下，进行想象脱敏或实地脱敏。在对求治者进行系统脱敏治疗恐怖或者焦虑情绪时，具体操作可以灵活应用。

某监狱采用系统脱敏法对罪犯的“矿井恐惧症”进行集体治疗，取得了较好的效果。罪犯恐惧的事件是下井挖煤，有的罪犯甚至“谈井色变”。具体治疗方法是：一是让罪犯下井看一看，让有经验的罪犯带领恐惧程度较轻的罪犯下井，让他们亲身体验入井及井下各项生产的全过程，待他们适应了井下环境后便组织他们与重病犯交流，后来，轻病犯的态度影响了重病犯，使他们也敢下井去看一看。二是组织井下五大系统的工程师、技术员讲授作业知识，进行安全教育。当罪犯听课过程中出现恐惧症状时，即进行肌肉放松练习，缓解其紧张情绪。三是组织罪犯到井口观察别人作业。个别罪犯出现紧张、恐惧、焦虑时，即对其进行放松练习。紧张缓解后，再入井观察，反复体验。四是采取一些措施消除不安全隐患，将各种可能的情况及预防办法制成幻灯片、画成漫画，反复让罪犯观看，大大增强了罪犯的安全感。五是3个月之后让罪犯正式下井劳动，干活的时间由短到长，劳动难度由简到繁，逐渐加大。一周后，对20名重病犯进行心理复测，结果表明恐惧症状基本消除。

以上整个治疗过程，就是让罪犯在心理放松状态中从轻到重逐渐适应新的环境，最后从思想上发生转变，从而巩固良好的行为，达到治疗的目的。事实证明，这种针对性很强的方法是极其有效的。

（二）厌恶疗法

厌恶疗法是运用条件反射的原理，把需要戒除的目标行为与不愉快的或者惩罚性的刺激结合起来，通过厌恶性条件反射，消退目标行为对患者的吸引力，使症状消退。例如，把令人厌恶的刺激，如电击、呕吐或某种厌恶想象等与病人的异常行为联系起来，形成新的条件反射，最后达到消除或减少这种异常行为的目的。厌恶疗法治疗期较短，效果较好。在监狱中，厌恶疗法经常被用来矫治罪犯的酒癖、药癖、性变态行为、攻击行为、偷窃癖、纵火癖等不良行为。常用的厌恶疗法有三种，即药物厌恶法、想象厌恶法和电击厌恶法。

例如，国外某监狱采用电击厌恶法治疗三个成年男性恋童癖罪犯。治疗时，先放映幻灯片来激发罪犯的变态性欲，幻灯片的情境是成人与幼童发生性行为的场面，这一场面能够激起恋童癖罪犯的强烈性欲。当罪犯在观看幻灯片产生性欲时，对他们进行电击，使其产生痛苦感觉，将进行变态性行为时产生的快感与受到电击时产生的痛苦体验联系起来，对幻灯片中的情境和恋童癖行为本身产生厌恶感，从而戒除罪犯的恋童癖变态行为。

在对罪犯进行心理治疗时，想象厌恶法会更便捷，将治疗者口头描述的某些厌恶情境与罪犯想象中的刺激联系在一起从而使罪犯产生厌恶反应，以达到治疗目的。此疗法操作简便，适应性广，对各种行为障碍疗效较好。例如，罪犯想象自己的异常行为会导致加刑和众叛亲离等。

然而，厌恶疗法会有一定的消极后果，需要谨慎使用。首先，厌恶疗法会给求治者带来非常不愉快的体验，治疗者一般应把此种方法作为最后一种选择，治疗者在决定采用此法之前，务必向求治者解释清楚，在征得求治者的同意后，方可进行治疗；其次，厌恶疗法往往只是短暂压抑而不是消除不良的行为，也会导致厌恶的泛化，造成被治疗者对治疗者和治疗场所的厌恶，因此厌恶疗法要结合认知疗法，即让求治者在意识层面认识到此种疗法的意义。同时,厌恶疗法的应用要考虑到伦理问题,因为厌恶刺激疗法中呈现的刺激是非常强烈的,应避免或者减少对求治者的伤害。

(三)代币强化法

代币强化法是行为疗法中运用最广泛的方法之一,用奖励强化所期望的行为,用惩罚消除不良行为而达到目的。运用代币并编制一套相应的激励系统来对符合要求的目标行为的表现进行肯定和奖励,可以促使某种目标行为增强,也可以使某种不良行为减少或消退。代币起着表征的作用,只是一个符号,却与人们的生活密切相关,所以可以起到激励或者惩罚的作用。

在监狱中运用代币强化法,代币可以是记分卡、点数等,即根据罪犯的表现进行积分或者减分,当罪犯表现一贯良好达到一定积分时,可以得到对应的奖励,如会见时间、购物数量甚至出监探视和减刑,这对罪犯改造起到良好的激励作用。不过在对罪犯采用代币强化法时,要事先告知罪犯相应的规定要求,实施时做到客观、公正。

三、以人为中心疗法

以人为中心疗法是由美国心理学家罗杰斯于20世纪50年代创立的,被视为心理治疗理论中的"第三股势力"。以人为中心疗法以现象学和存在主义哲学为基础:现象学的座右铭是"回到事物本身",人感受经历的一切都是现象;存在主义哲学关心人的存在、人的存在困境、人的存在意义。以人为中心疗法认为人在本质上是可信赖的,人具有了解及解决自身困扰的极大潜能,人能向自我引导的方向成长。如果给来访罪犯提供一种最佳的心理环境或心理氛围,他们就会调动自身的大量资源去进行自我理解,产生自我指导行为,并最终达到心理健康的水平。

(一)以人为中心疗法的特点

以人为中心疗法与其他心理治疗方法相比,有以下突出特点。

1. 以当事人为中心,强调尊重当事人的人格尊严,将心理治疗的过程看作治疗者为当事人设置的一种自我成长的教育机会。

2. 注重与当事人建立健康、和谐的关系,这种新型的建设性的人际关系本身就是治疗因素。

3. 强调对当事人的潜能和自我发展、自我觉醒能力的信任与尊重,认为只要给当事人提供自然的、和谐的、宽松的环境条件和气氛,当事人就会摆脱自我观念中不真实的外衣,显露出个人人格中的真实面,最终使他们面对和接受真实的自我、重新构建全新的自我观念。

应当特别强调的是,罗杰斯强调治疗者与当事人之间和谐、坦诚的氛围和关系是治疗开始最重要的条件,具体有以下三点。

1. 当事人本身首先要承认自己在自我观念上的矛盾之处,并且愿意向治疗者倾吐自己的心声。

2. 当事人与治疗者需要彼此互相信任。当事人面对治疗者有足够的安全感,相信对方有能力给自己帮助;治疗者要真诚、接纳和信任当事人,表现出良好的职业素养,充分利用一切有利的条件开展工作,并相信对方有能恢复自我认识和自我发展的能力。

3. 治疗者在性格和态度上应具备:(1)真诚。治疗者对当事人的态度是表里如一、真诚坦率的,不隐瞒自己的情感和观念,不矫揉造作,让当事人切实感觉到治疗者的诚恳和自然的态度。(2)无条件地积极关注。把当事人作为一个独立自主的人予以接纳和关注,允许他拥有自己的情感和体验,并允许他从中发现属于他自己的意义。相信当事人具有成长的潜力,相信他们具有自我指导的能力,支持他们去发展自己的潜力,支持他们发展其独特的自我。(3)共情的理解。治疗者站在当事人的立场和角度,设身处地地为当事人着想,了解他生活上的困难,分担他感情上的痛苦,真正体会当事人的心路历程,不仅能感受到当事人的情绪,而且可以将这种情绪转换成深层的情感表现出来,让当事人感受到。

(二)以人为中心疗法的程序

按照罗杰斯的观点,以人为中心疗法的最终目的是使当事人达到自我实现的境界,但要想达到这个境界,必须通过治疗帮助当事人去除自我观念中的虚伪外衣,接受现实的自我,重建健康的自我。在罪犯心理治疗中,运用这一疗法可遵循下列程序。

1. 接受真实的经验。治疗者鼓励来访罪犯对经验采取开放的态度,使他变得更能倾听自身内心的声音,无论是自己的恐惧感、沮丧感、痛苦感,还是自己的勇气、柔情和崇敬心,都应充分地加以体验而不是把它关在意识之外。同时,要让来访罪犯更加重视现实生活,在现实生活中检验自身的经验,而不是加以曲解,使之符合预想的自我和人格结构。

2. 找回失去的信心。凡是失去真实自我的来访罪犯,也就失去了判断事物的标准,为了取悦别人、获得别人的赞许,常常没有自己的主见和信心。即使在治疗中也是如此,来访罪犯特别希望治疗者直接告诉他问题的答案和行动的方案。此时,治疗者切不可越俎代庖、包办代替,要鼓励来访罪犯自己认识和分析问题,主动、积极地解决问题,通过自身的努力和成功获得真正的自信。

3. 培养独立人格。进一步鼓励来访罪犯面对复杂的问题,不去依赖别人,转而倾听自己,以充分开放的态度对待来自机体内外的信息。一方面,要从外界收集广泛的信息,从而对周围的事物作出正确的权衡和判断;另一方面,要了解自己的真实需要,增进对自身的信赖。当来访罪犯发现他越来越信赖自己的反应时,就会产生自豪感和勇气,对自己产生自信和满意的体验。这些出自自身内在的真实体验,时刻塑造着他的独立人格。

4. 培养成长的能力。在治疗过程中,治疗者除了要鼓励来访罪犯接受真实经验和学会独立判断之外,更要让他知道,人生有许多挫折和困难,唯有磨砺自己的人格、不断地自我成长,才能从根本上做到事前能未雨绸缪、遇事能正确处理。为此,治疗者要不断地借助心理治疗的过程,帮助来访罪犯澄清自我观念、修正前进方向、明确生活目标,在实践中实现人格的成长,并不断向自我实现的人生境界迈进。

(三)在罪犯心理治疗中的运用

在国外监狱的心理治疗中,以人为中心疗法的具体运用,以美国加州心理医生格拉泽于1965年创立的现实疗法为代表。现实疗法是格拉泽在加州治疗女犯时归纳出来的一种方法,这种方法主要用于治疗行为上、情绪上有问题的罪犯。治疗目标是培养罪犯现实的、负责的、正确的行为。格拉泽认为,罪犯犯罪行为的出现是由于在现实生活中基本愿望得不到满足,于是就以某种方式否定现实世界,生活在虚幻的世界中(如吸毒)。这种人总是企图用不负责任的行为来适应现实,出现问题行为模式,于是导致犯罪。所以,治疗的核心就是培养罪犯现实的、负责的、正确的态度以及行为方式,帮助罪犯用这样的态度和方式适应现实生活。现实疗法在罪犯矫治中的作用可以概括为:

1. 强化责任意识。现实疗法把关注的焦点集中在来访罪犯的当前行为上,负责任的行为是现实治疗的核心目标,帮助来访罪犯认清什么是他们真正需要做的,对自己当前的所作所为进行分析评价,看看现有行为是否有益、有效、负责,强化他们的责任意识。

2. 促使来访罪犯认真改造。现实疗法不挖掘来访罪犯过去的痛苦经验,而强调是什么、做了什么、能够做什么,等等。它直接面对来访罪犯需要解决的问题,并提供直接解决问题的方法。把来访罪犯拉回现实,重心放在现实可以做的事情上,使来访罪犯改变过去得过且过、自暴自弃的改造态度,逐渐转变为重燃希望、主动规划自己的改造生活和未来人生,进而脚踏实地认真接受改造。

3. 提高心理健康水平。现实疗法强调来访罪犯的力量、潜能和光明面,接纳和信任来访罪犯,注重来访罪犯的发展与进取,在指导下作出正确的选择,成为负责任的个体。同时,现实疗法可增强来访罪犯的自尊、自信、责任感和自我效能感,使其心理健康水平得到进一步提升。

总之,运用以人为中心疗法对来访罪犯开展心理治疗时,要信任和接纳来访罪犯自我成长的潜力,为来访罪犯提供一种最佳的心理环境或心理氛围,引导他们调动自身的大量资源去进行自我理解,改变他们对自我和对他人的看法,产生自我指导行为,并最终达到心理健康。在此过程中,心理治疗技术并不是最重要的,最重要的是治疗者以人为本的态度和专业素养,以及良好的咨询关系。

四、认知行为疗法

(一) 认知行为疗法的内涵

认知行为疗法是由美国心理学家贝克(A. T. Beck)在20世纪60年代发展出的一种有结构、短程的认知行为取向的心理治疗方法,把着眼点放在患者不合理的认知上,通过改变患者对自己、他人或事物的看法与态度来消除心理问题,进而改善个体行为。认知行为疗法的治疗目标不仅针对行为、情绪这些外在表现,而且分析个体的思维活动和应对现实的策略,主张个体的认知缺陷和错误认知不是先天固有的,而是后天习得的,找出其错误认知并加以纠正。

认知行为疗法认为个体的想法支配其行为,个体的行为和感受是受其认知控制的。因此,如果要改变个体的行为和情感,首先要改变他的认知。该疗法将重点放在个体非功能性认知问题上,试图通过改变个体对己、对人以及对事的看法与态度来改变其不合理认知,进而矫正其不良行为。认知行为疗法是认知疗法与行为疗法的有机结合,它不仅能够有效地改变认知,并能在此基础上将积极的态度付诸行动,因此是卓有成效的心理治疗方法。

(二)认知行为疗法在罪犯心理矫治中的作用

认知行为疗法被广泛运用于罪犯心理矫治,实践证明是常用且有效的矫治方法。具体作用如下:

1. 增进自我了解,改正错误认知。认知行为疗法可以增进罪犯对自我的了解,使其认识到自身存在的不良认知或不合理信念,以及消极情绪和心理问题出现的主观原因,并对错误的认知进行改变,客观、全面、正确地认识自己和外在事物。

2. 疏导消极情绪,矫正不良行为习惯。认知行为疗法可以帮助罪犯了解产生负面情绪的主观原因,在一定程度上消除紧张、焦虑、抑郁和绝望等负面情绪,进而纠正不良行为习惯，培养符合社会要求的行为模式，更好地适应环境。

3. 改变错误社会认知，提高社会适应性。罪犯之所以产生危害社会的犯罪行为，是因为他们对犯罪行为、社会规范和法律权威具有与社会主流不一样的态度、信念和价值观，认知行为疗法可以帮助罪犯了解导致其犯罪的社会适应不良行为产生的认知根源，通过改变自身存在的错误观念，并以积极方式进行社会活动，进而更好地适应社会生活。

4. 重塑健全人格，降低重新犯罪率。提高罪犯认知水平、调整负面情绪、矫正错误行为模式，在一定程度上能够重塑其健全人格，不仅能促进罪犯积极参与到各项改造活动中更好地接受改造，而且在罪犯刑满释放重新回归社会后，也能够成为遵纪守法、身心健康的社会公民，并承担起应尽的社会责任和家庭责任，降低再次出现违法犯罪行为的可能性。

(三)认知行为疗法在罪犯心理矫治中的实施

认知行为疗法在罪犯心理矫治的运用中应遵循一定的程序和步骤，具体实施过程如下：

1. 建立良好的矫治关系。矫治者要具有良好的心理素养和专业技能，以真诚、尊重和接纳的态度与罪犯建立良好的矫治关系，对其行为问题及消极认知进行全面了解，同时调动罪犯改变自我的主观能动性。

2. 矫正错误认知。协助罪犯客观、全面认识和评价事物，反省自身的认知过程及不合理的认知，纠正自身存在的错误观念，尝试采用合理的认知方式替代原有的不合理自动化思维。

3. 改变不良行为。认知会影响个体的行为，行为改变也会在一定程度上促使认知改变。帮助罪犯建立正确的认知，鼓励其作出相应的行为上的积极变化。积极行为带来的良好效果，促进罪犯重新审视客观事物，从根本上帮助其改变错误认知。

4. 巩固新形成的观念和行为。在改变错误认知、建立正确认知并通过积极行为带来良好效果的基础上，让罪犯全面、客观地审视自己的经历，回顾自身一直存在的不合理认知及其消极后果，进一步增强对新的认知和行为的认可，继续以这种方式更好地适应生活。

罪犯王某，28 岁，犯盗窃罪，刑期 3 年。入狱一年来，各方面表现正常。突然有一天他收到一封家信，内容是妻子因出现外遇而提出离婚。王某认为是自己犯罪被判入狱才导致妻子提出离婚的，从此无心改造，悔恨交加，焦虑不已，而且日趋严重，最后主动走进监狱心理矫治室寻求帮助。

固然，罪犯王某妻子提出离婚是一个刺激事件，然而罪犯王某的认知错误是其心理失调的主要原因，可采用认知行为疗法进行矫治。面对来访的罪犯王某，治疗人员根据实际情况帮助他分析妻子提出离婚的真实原因，与其以往的想法进行辩论，让他认识到，妻子提出离婚的主要原因在于她品行不端，即使自己不进监狱，她也同样可能出现外遇，这种婚姻不值得珍惜。几次咨询使他幡然醒悟，摆脱了悔恨、焦虑的困扰，恢复了心理平衡，重新走上积极改造的道路。

五、表达性艺术治疗

（一）表达性艺术治疗的内涵

早在19世纪70年代，肖恩·麦克尼夫（Shaun McNiff）等在美国麻省的莱斯利大学设立了表达性艺术治疗项目，该项目提倡跨学科、跨专业的整合艺术治疗培训。1994年，国际表达性艺术治疗协会成立，将各个专业的艺术治疗（如音乐治疗、舞动治疗、绘画治疗、诗歌治疗等）整合起来。2000年，美国纽约州通过修法，将各类艺术治疗正式定名为“表达性艺术治疗”或“创造性艺术治疗”。

我国艺术心理学专家孟沛欣将表达性艺术治疗概括为：以心理学和艺术理论为基础，以多种艺术活动为媒介，通过治疗师、患者和艺术作品等多层关系的互动，可以解决情绪冲突、洞悉心理问题、揭示人际关系和整合人格等，从而促进个体的心理成长。①

表达性艺术治疗为个体创设了一个支持性、容纳性环境，使其可以安全地进行情绪表达，并为自我发现和自我分析提供媒介。引导个体进行艺术欣赏和表达，在认识美、创作美和欣赏美的过程中，抒发情感、调适心理、提升能力；从而提高个体的心理健康水平和实现生命价值。同时，舞蹈、绘画、写作、音乐、戏剧表演等，可以导入个体的潜意识层面，通过艺术形式进行整合的创造性表达，将个体多个分离的人格部分进行整合，对个体的心理成长具有很好的疗效。

（二）表达性艺术治疗在罪犯心理矫治中的作用

1. 有助于自我表达、稳定情绪。在安全和谐的环境下，表达性艺术治疗通过利用各种艺术媒介表达内在的情绪、感知及体验，可以有效地帮助罪犯平和心境，促进罪犯与外界沟通及交流，进而达到稳定情绪的作用。

---

① 孟沛欣：《艺术疗法——超越言语的交流》，化学工业出版社2009年版，第8页。

2. 提高心理健康水平。表达性艺术治疗可使罪犯发现自我内心世界与外界的联系,实现自我探索、自我理解及成长,提高罪犯的自我意识,降低其防御心理,解决潜意识冲突,进而实现自我修通。还可以帮助罪犯关注个人资源和创造力、重建自我价值以及与他人的联结、增强自我效能感,从整体上提高他们的心理健康水平。

3. 找到问题根源并有效化解危机。通过表达性艺术治疗,罪犯的消极情绪和压抑在潜意识中的问题会借助艺术作品投射出来,以便矫治人员更清晰地判断罪犯心理问题产生的根源,进而采取有针对性的矫治方法帮助罪犯解决心理问题,化解心理危机,使改造活动顺利进行并取得实效。

此外,在表达性艺术治疗过程中,罪犯还可学到某种职业技能,为其出狱后的人生选择拓宽了渠道,对其尽快适应回归后的社会生活起到促进作用,这也会在一定程度上提升罪犯接受改造的动力。

(三)表达性艺术治疗在罪犯心理矫治中的常用形式

表达性艺术治疗通过生活过程及其表达而起作用,通常以音乐、绘画、艺术品、心理剧等方式来改变个体的心理状态。在罪犯心理矫治中,常用的形式有以下四种。

1. 音乐治疗。在罪犯心理矫治中,音乐治疗既可作为言语心理矫治的辅助,也可单独实施。音乐有崇尚和谐的作用,欣赏或者演奏音乐能使罪犯的情绪得到表达,并使其心理得到修通。矫治人员可引导罪犯体验不同的音乐形式,可以组织全体罪犯每天集体收听一定时间的治疗性音乐,或者针对不同类型罪犯、在不同季节或特定时期,播放具有治疗功能的音乐。监狱既可建立具有缓解压力、平稳情绪、改善认知等作用的功能性音乐曲库,采用人机互动技术进行音乐治疗,也可以针对不同类型的罪犯,通过选择性的音乐倾听或演奏,进行心理调适。

2. 绘画治疗。绘画治疗一般在治疗师的指导下集体开展,以提高罪犯的心理表达、心理调适和人际交往能力。罪犯完成的绘画作品不仅可以表达其内心冲突和潜意识需要,对作品的解释和修复也具有心理矫治作用。罪犯在绘画创作过程中,可将潜意识中的感情与冲突呈现出来,其消极情绪也得到有效释放;在对绘画作品解释和修复过程中,既可以促进罪犯积极情感建立、心理改善和良好亲情关系的构建,又可以激发其积极向上的生活态度。专业的治疗师对罪犯进行绘画治疗,也可以培养罪犯发现美和创造美的能力。

3. 艺术品创作。通过陶艺创作、插画制作以及其他手工艺品制作等方式,罪犯可以释放淤积情绪,缓解心理压力,表达生活期望,并可体会艺术品创作的乐趣和成就感,达到自我和谐与统一。这些艺术品美的展现,不仅是个体内在潜意识的投射,也可以促进个体心理修通和成长。与此同时,罪犯还可以习得某种技能,提高自我效能感,并为出狱后顺利就业奠定良好基础。

4. 心理剧治疗。心理剧治疗是由美国精神病理学家莫瑞努(Moreno)1923 年在维也纳首创的一种集体心理治疗技术。剧情反映个体内心冲突,可帮助人宣泄情绪,恢复心理平衡,促进认知良性改变。在监狱中,相当多的罪犯存在创伤经历、情绪压抑、人际沟通不畅、前途迷茫等问题,压抑在心里或者无法表达而产生心理问题。心理剧表达或展演让罪犯进行角色扮演及剧情重现,可促使其更好地表达和认知压抑的情绪,促进其与他人沟通交流,放下沉重的心理负担,从而确定生活目标,安心改造。参与心理剧表演和观看心理剧的其他罪犯,内心也会受到积极影响和启发。在心理剧治疗过程中,治疗师不仅要把控剧情发展并进行引导解读,还要及时发现需要后续心理干预的罪犯,进行专业心理矫治。

此外,监狱还可结合罪犯的个性特点及存在的问题,选择其他适宜的表达性艺术治疗方式,最终目的就是促进罪犯心理健康及希望重塑,帮他们更好地度过服刑改造过程、适应未来社会生活。

六、正念疗法

(一)正念疗法的内涵

"正念"这个词最初源于佛教禅修,从坐禅、冥想、参悟等发展而来,是一种自我调节的方法。美国的卡巴金(Jon Kabat - Zinn)教授将其定义为一种精神训练的方法。在这种精神训练中,强调的是有意识地觉察,将注意力集中于当下,但对当下的一切观念都不作评判。因此,正念是有目的、有意识地关注、觉察当下的一切,而对当下的一切又都不作任何判断、分析和反应,只是单纯地觉察它、注意它。

正念有三个要素:第一,注意力。无论是呼吸、身体感觉、情绪还是其他感觉和思绪,都集中在当前的经验上,全神贯注地觉察当前发生的事情,而不是陷入过去或未来的思绪中。第二,非判断性觉知。保持开放和无偏见的态度对待当前的经验,接受和觉察一切,无论这些感受是愉快的还是痛苦的、积极的还是消极的,不试图去评判或抗拒它们。第三,非执着。维持内在的平静和觉知,不被思绪、感受或外在环境困扰。要观察这些经验的来去,而不执着于它们。这种态度有助于超越对过去和未来的执着,使注意力回到当前的存在状态。

正念因为对人们的心理问题有很好的疏通作用,20 世纪 70 年代逐渐被发展成为一种系统的心理疗法,即正念疗法。所谓正念疗法,就是以"正念"为基础的心理疗法，是对以正念为核心的各种心理疗法的统称，较为成熟的正念疗法包括正念减压疗法、正念认知疗法、辩证行为疗法和接纳与承诺疗法。正念疗法被广泛运用于治疗和缓解焦虑、抑郁、强迫、冲动等情绪心理问题，在人格障碍、成瘾、饮食障碍、人际沟通、冲动控制等方面的治疗中也有大量运用。

（二）比较成熟的正念疗法

1. 正念减压疗法。它产生于1979年，美国的卡巴金教授为麻州大学医学院开设减压诊所，并设计了正念减压疗法，协助病人以正念禅修处理压力、疼痛和疾病。实际上是用来缓解压力的一套严格、标准的团体训练课程。

每个进入减压诊所的患者都需要参加一个为期8周的团体训练班，每周一次，每次2.5～3小时。课程的核心步骤是正念冥想练习。练习的内容是禅定等正念训练，具体方法为：首先是被试为自己选择一个可以注意的对象，可以是一个声音、一个单词、一个短语，或者是自己的呼吸、身体感觉、运动感觉等；其次是舒服地坐着，闭上眼睛，进行一个简单的腹部呼吸放松练习（不超过一分钟）；然后，调整呼吸，将注意力集中于所选择的对象。被试在训练过程中，如果头脑中出现了其他想法、感受或者感情，使注意力出现转移也没关系，只需要随时回到原来的注意对象上即可。无论头脑中出现什么想法，都不用担心，不用害怕，不用后悔，也不用任何评判，只需要将注意力简单地返回到呼吸上来就可以。这样训练10～15分钟之后，静静地休息1～2分钟，然后再从事其他正常的工作。

2. 正念认知疗法。这是由剑桥大学泰斯德（J. Teasdale）等融合了认知疗法与正念减压疗法而发展的一种主要解决长期抑郁症复发问题的一种心理疗法。泰斯德通过研究发现，生活压力、烦躁不安的情绪、官能障碍的思维模式等，与长期易复发的抑郁有很高的相关性。由此，他提出了消除抑郁复发的方法：首先，要使人们认识到，消极思维的出现预示着抑郁的可能复发；其次，用某种方式使人们从易复发的消极思维中解脱出来。泰斯德和他的同事发展了正念认知疗法来达到上述目标。

正念训练使训练者“面对”而不是“逃避”潜在的困难。参与者被要求培养一种开放的、接受的态度来应对当前出现的想法与情绪。这都是通过打坐、静修或者冥想来完成的，其核心技术是：集中注意力，觉察自己的身体与情绪状态，顺其自然，不作评判。这种正念练习促使训练者产生一种“能意识到的”觉醒模式，而不是一种习惯化、自动化的浑然模式。因此，正念训练可以在早期就觉察到导致抑郁复发的消极思维模式，从而消除抑郁复发。除此之外，还可以采取认知疗法的技术，加强关于抑郁症的思想与症状的心理教育，促使患者更早觉察到这些体验，进而及时采取干预措施，防止抑郁复发。总之，正念认知疗法提供了一种不同的方式，主张带着痛苦与紧张的情绪生活。

3. 辩证行为疗法。这是由美国华盛顿大学心理学家玛莎·莱茵汉（Marsha M. Linehan）创立的用来治疗边缘性人格障碍（BPD）的治疗方法。莱茵汉将基于禅宗思想的正念作为辩证行为疗法的一个重要部分，原因在于他发现了传统认知与行为方法在治疗边缘性人格障碍上的缺陷。莱茵汉通过研究认识到传统方法的最大缺陷在于非常强调"改变"，而这在边缘性人格障碍患者身上几乎是无效且不可能的。所以，他尝试改变传统的认知与行为方法，强调确认以及接受而不是改变来治疗边缘性人格障碍患者。

莱茵汉认为，边缘性人格障碍患者的主要特征是不能忍受生活压力，不会自我接受。因此，治疗的核心就在于使他们能够忍受生活压力，学会自我接受。辩证行为疗法被设计用来治疗那些有极端异常行为的个体。其基本思想是主张通过学习"中道"思想而消除极端行为，并达到一种平衡状态。这就要强调佛教哲学的根本接受性原则，以及任何事情都是因缘和合而成的思想。鼓励患者认识到每一种行为都是可以按照逻辑推论出来的结果。

辩证行为疗法所采用的具体技术同样来源于佛教禅修的正念方法。其程序是：一年时间，每周 2～2.5 小时的课程，课程由 8 个患者和 2 个帮助者组成。通过理解正念以及练习正念，在团体进行训练的过程中培养患者的觉察性与接受性，使他们学会如何识别自己心灵的不同状态。另外，除这种正规的课堂训练之外，也要求患者进行适量的家庭训练，在训练中的体验与感受可以与团队的其他成员进行交流。

因此，辩证行为疗法与正式的冥想练习不一样，常常依赖非正式的冥想练习，如日常活动中的辩证活动。这种不同是因为边缘性人格障碍患者不可能进行长时间的静坐。

（三）正念疗法在监狱中的应用

正念疗法被引入监狱对罪犯进行心理矫治，旨在帮助罪犯通过觉察自己的情绪、想法和念头来缓解心理压力。这种训练有助于罪犯排除负面情绪、培养对身心的觉知和活在当下的心态，从而改善心理健康。

近年来，从我国一些监狱的实践应用来看，正念训练不仅减轻了罪犯的压力，还改善了他们的睡眠质量、专注力，甚至改善了狱内的人际关系。特别是对于老病残罪犯来说，正念训练对他们的身体康复、心理恢复和社会关系修复都产生了积极影响。

正念疗法在监狱中的应用可以有多种形式。比较重要的是正念训练与罪犯的日常改造生活相结合,如日常进餐、劳动、学习和亲情关系等,帮助罪犯以健康心态面对服刑和未来回归社会的生活。各监区都可以根据自身特点开展内容丰富、趣味性强的活动,以提高参与度和效果。某些监狱推广"正念小屋"项目,通过冥想、身体扫描等技巧,帮助罪犯不加评判地觉察和接纳当下发生的事情,从而调节情绪、舒缓压力,并激发改造动力。此外,正念训练不仅针对罪犯,还扩展到监狱民警。教授情绪管理与正念认知,帮助民警有效认识和控制情绪,提升心理健康水平,以更好地应对工作压力。

综上所述,正念疗法在监狱中的应用不仅有助于改善罪犯的心理健康和生活质量,也有助于提升监狱民警的专业能力,整体上创造了一个更加和谐和有利于改造的环境。

七、内观疗法

(一)内观疗法的内涵

内观疗法是日本心理学家吉本伊信于 1937 年创立的。"内观"有"观内""了解自己""凝视内心中的自我"之意,因此内观疗法也可以称作"观察自己法""洞察自我法",是一种深刻自我洞察的心理疗法。内观疗法通过设定一定主题,回忆个人成长历程中的重要人际关系,让个体从多角度去观察和感受过去的生活事件,深刻体验满足、感动和愧疚等情感,从而动摇和改变执着的自我中心意识,对非理性认知进行觉察和矫正,使主观与客观趋于和谐。内观疗法应用广泛,不仅对焦虑症、抑郁症和相关应激障碍等有治疗效果,对心理健康的人群也有积极作用。

内观疗法围绕"他人为自己所做的""自己给他人的回报""自己给他人带来的麻烦"三个主题,把自己从出生到现在的生活经历分成若干年龄段,从最亲近的人开始,以周围的人为对象,对自己的心态进行观察。内观疗法的基本主题就是要察觉到自己得到他人的恩惠,却一直未注意或未感恩图报,反而给他人带来太多的麻烦,自己的任性、固执、缺少体贴等是主要根源。对罪恶感的察觉是内观疗法重要的一点,因内观而面对自己的丑陋和错误时,不再过度执着和以自我为中心,敌意与不满的心理会随之消失,对他人的恩惠产生感谢与喜悦的念头,平心静气地接纳自己及他人,并作出积极改变。内观疗法除了要求察觉个人的罪恶,同时也要察觉他人给予的爱,去体会有哪些人关爱到自我,或他人为自己所做的事情。内观者一旦想起自己被爱的事实及体验,就会放弃对周围人的偏见,站在他人的立场上思考问题,进而作出改变。由内观疗法产生的"悔过的情感"与"感恩的情感"相互驱动,不断推动内观者更新自己的认知，获得与客观事物相符的情感和行为。

（二）内观疗法在罪犯心理矫治中的作用

内观疗法最初应用于那些渴望改变自己态度和行为的罪犯，目的是提升罪犯的心理素质。对于社会支持水平不高、改造动力不足、心理健康水平偏低、情绪消极和有自杀风险的罪犯，内观疗法可有效提升其积极心理资源，促进其心理健康，进而提升其改造质量。内观疗法在罪犯心理矫治中的作用主要体现在以下三个方面。

1. 打破偏执的思维模式。罪犯存在很多非理性信念和认知，如过度以自我为中心，看不到自身的问题，觉得生活对自己不公平，认为自己走到今天这地步都是社会和家庭的错。内观治疗可以引导罪犯客观和全面地认识自己、他人和社会，打破消极偏执的认知，以客观的认知替代错误信念，感知他人的善意和反思自己的错误，心平气和地接纳自己和他人，重新建立与他人互动的新模式。

2. 缓解心理危机。罪犯从自由人变为被监禁的囚犯，容易产生孤立无援的无助感，出现焦虑和抑郁等消极情绪，甚至会萌发自杀倾向。内观疗法可以协助罪犯发现他人的善良以及产生被爱的感觉，获得支持感和被需要感，重新感知与他人的关系，消除无助感和孤独感，缓解心理危机，重燃生活的希望。

3. 提升支持感和幸福感。罪犯通过内观能够感知到一直存在的社会支持资源，觉察到一直被忽视的爱，重新感受到尊重和温暖，进而对生活充满希望，重拾生活信心。同时，治疗者的言行举止谦和，态度宽容，处处表现出对罪犯的尊重和呵护，让其充分感受到真诚、接纳、温暖。尤其是内观中以诚相待和人格尊重的体验，会让罪犯产生一种全新的愉悦感和幸福感，从而重新审视生活，发现生活中的关爱和支持，提高幸福感和自信，提升心理健康水平，进而会更加珍惜生活。

（三）内观疗法在罪犯心理矫治中的实施过程

实施内观疗法之前，要先向罪犯介绍内观疗法及治疗过程，罪犯同意后签订内观协议书。在内观过程中，一般要求罪犯坐在一个用屏风围住的清静、舒适的空间里，该空间面积约 1 平方米，围绕着“内观三主题”将自己的一生分成若干年龄段，对过去进行回忆。除睡觉、洗漱、去卫生间以及面试外，罪犯不得走出屏风，除治疗者外，不与任何人交流和联系。每天早晨 6:30 开始，每隔一个半小时进行一次面试，面试时要求罪犯向治疗者陈述回忆的内容，到下午 4:00 内观结束。晚上要求罪犯仍和白天一样在内观室以三个主题回忆某个人，从 6:30 开始到 9:30 结束，每隔一个半小时自己记录回忆内容。

整个集中内观治疗的时间是一周，治疗过程可以分为以下三个阶段。

1. 初期。第 1 ~ 2 天,此时很多罪犯存在焦虑,给予心理疏导后注意力逐渐得以集中,回忆量少,感情变化不十分明显,自我洞察深度不够。

2. 中期。第 3 ~ 6 天,此时内观加深,痛苦也随之增加。若能够忍受这个痛苦,就继续进行内观,然后逐渐感受到自己被尊重、得到他人恩惠的事实,进而由衷地感觉到自己的存在完全被接纳。

3. 结束期。第 7 天,此时罪犯对父母、配偶等关系密切的人的看法有很大转变,对自己、对他人的认知有明显变化,逐渐意识到自己的现状完全是以自我为中心的个性特点造成的。

上述内观疗法的实施过程,可以结合每个监狱及罪犯的特殊性进行适当调整,以提高治疗的针对性和矫治成效。

八、森田疗法

(一)森田疗法的内涵

森田疗法是由日本精神病学家森田正马于 20 世纪 20 年代初创立的,是带有浓厚东方色彩的心理疗法,主要适用于焦虑症、强迫症、神经衰弱、恐怖症等心理疾病的治疗,也可用作正常人的心理调节,提高个体心理素质,从而积极乐观地面对生活。森田疗法的治疗原理可以概括为"顺其自然,为所当为"。"顺其自然"是指认识情感活动的规律,接纳自身可能出现的各种想法和观念;"为所当为"是指在症状仍存在的情况下,去做应该做的事情,将注意力指向生活中有意义的事情。

森田疗法具有四个特点:一是不问过去,注重现在。不去追究过去的生活经历,而是引导个体将注意力放在当前,鼓励其从现在开始,让现实生活充满活力。二是不问症状,重视行动。个体的症状不过是情绪变化的一种表现形式,注重引导患者积极地去行动,"照健康人那样行动,就能成为健康人"。三是生活中指导,生活中改变。不使用任何器具和特殊设施,主张在实际生活中像正常人一样生活,在生活中治疗,在生活中改变。四是陶冶性格,扬长避短。无论什么性格都有积极面和消极面,应该通过积极的社会生活磨炼,发挥性格中的优点,抑制性格中的缺点。

(二)森田疗法在罪犯心理矫治中的作用

森田疗法用于对罪犯的心理矫治,主要有以下作用。

1. 接纳现实,稳定情绪。罪犯进入监狱后,面对陌生的监狱环境、严格的监狱制度、家庭关系的变化等,必然会出现一定的焦虑、压抑、愤怒等异常表现。森田疗法对罪犯上述心理异常的治疗原则,就是帮助他们接纳自己的现状及情绪变化、不加排斥和压抑、接受入监改造的现实、用平静的心态去面对服刑生活。森田疗法

“顺应自然”的治疗原则,还可以启发罪犯对各种逆境和心理问题采取接纳态度,树立正确的人生观,将注意力转移到学习、劳动和健康的活动上,症状会自然消失。

2. 为所当为,积极改造。帮助罪犯做到“为所当为”,确立适当的改造目标,从事正常的改造和学习,安然地参与到各项改造活动中。因为个体理想目标的确立,不能仅局限于最后要达到的成果与状态,而是根据自己的情况制订出有效的行动计划。从这个意义上说,森田疗法可指导罪犯根据自己当下的状态,少想多做,积极参与当下改造,在行动中不断完善自我。

3. 与内观疗法结合,促进自我完善。内观疗法通过回顾自己与他人的关系而产生一系列的情感变化和感悟,森田疗法则是强调通过建设性的行动获得体验和感悟。指向自我的内观疗法与指向外界的森田疗法相结合,可以使罪犯由内而外全面完善自我,其行为也会更有建设性和方向性。

(三)森田疗法在罪犯心理矫治中的实施过程

在一般情况下,运用森田疗法对罪犯心理进行矫治,不直接询问罪犯的症状,只是在罪犯不断诉说痛苦和不安时,告诉他顺其自然,坦然接受痛苦和不安,或根据具体情况,参考罪犯的日记等,给予适当的指导。其余工作都放在治疗期间的生活中去完成,一切领悟、体验等都在罪犯遵守监规的生活中自然发生。具体的实施过程可分为以下四个治疗阶段。

1. 卧床期。4 ~ 7 天,禁止会面、谈话、读书等活动,除饮食及排便外,罪犯基本处于卧床状态。在此期间,罪犯自然会出现各种想法、烦恼和苦闷,有时难以忍受,但对此不采取任何措施。当罪犯对自己的症状和情绪听之任之的时候,就有了逐渐安静下来的倾向。由此逐渐增加寂寞感,出现很想起来做点什么的感觉。

2. 轻工作期。3 ~ 7 天,仍然禁止读书、交往,逐渐放宽工作量的限制,晚间卧床时间限制在 7 ~ 8 小时,白天到户外从事较轻的工作,晚上写日记。罪犯的活动欲望逐渐增加起来,开始对劳动过程感到愉悦,许多症状在不知不觉中消失。

3. 重工作期。7 天左右,从事稍重一些的劳动,如制作手工艺品、种花养草、练书法、下棋、读书等。罪犯的心态开始与以前不同,在工作中养成向外注意的习惯,体验到工作的愉快,逐渐培养起忍耐力、信心和勇气。

4. 生活训练期。1 ~ 2 周,开始加大读书量,并根据需要在室外进行复杂多样的改造活动。

在具体的实施过程中,以上过程可以根据监狱和罪犯的实际情况进行适当调整,以保证治疗效果。总体而言,对罪犯实施森田疗法要综合考虑以下三个方面的效果:一是生活态度和改造态度是否变得积极,二是对自己及自己的神经质症状是否有洞察力，三是对未来是否重燃希望。

以上介绍的几种心理治疗理论和方法是目前心理治疗领域的主要治疗模式。在心理治疗的实践中，往往是针对心理异常的性质和当事人的各种条件和需求，博采众家之长，综合运用各种疗法。在罪犯心理矫治中，这种做法更是一种明显的趋势。由于罪犯心理的差异性和极端复杂性，单一的心理治疗方法往往有很大的局限，必须综合运用多种疗法。在罪犯综合治疗实践中，要注意各种疗法的相互衔接和补充，治疗方法的选择运用要有针对性和有效性，最终以达到治疗目的为前提，灵活掌握，科学实施。

延伸阅读

关于心理治疗的副作用

"治疗"一词是比较专业的医学术语，各种治疗方法基本上都是专业技术性比较强的医学技能的具体应用，是"消除疾病，减少病人痛苦，促进恢复健康的医疗措施"。当然，在很多情况下，"消除疾病，减少病人痛苦，促进恢复健康"只是人们的一个良好的愿望和期待，更是人们为之努力奋斗的方向和目标。由于事实上存在用目前的科学理论和技术手段尚难以解决和消除的不利于治疗的主客观因素，所使用的任何一种治疗手段和方法都不可避免地会产生一些不希望出现的不良治疗结果，甚至是恶果。这些超出人们预期愿望的结果，可以被称为这种治疗方法或手段的"副作用"或"副反应"。

作为一种治疗方法，心理治疗同样存在这样或那样的副作用。如果我们不能正确地认识到心理治疗方法对人的心理可能产生的不良负面影响，就不可能采取措施去避免和防范，也就不可能最大限度地获得我们所期望的良好疗效。尤其是在监狱中，罪犯是一个极为特殊的群体，其本身就已经存在比普通人群更多、程度更严重的心理问题，这也是发生犯罪行为的一个非常重要的原因。到了监狱这种特殊的环境之后，罪犯不仅与家庭和社会隔离，而且与其他也有心理问题的罪犯共同生活、互相影响。因此，对罪犯开展心理治疗工作更加困难。如果矫治工作者心理学理论基础不扎实、对心理治疗的技术掌握不熟练，或者操作不当，那么对罪犯的心理治疗就会产生一定的副作用，甚至比对社会上普通人的心理治疗产生更严重的副作用。对罪犯开展心理治疗产生的副作用，对工作人员的专业性提出了更高的要求。

研究与思考

1. 如何理解罪犯心理治疗与罪犯心理咨询的关系?
2. 罪犯心理治疗应坚持哪些基本理念?
3. 罪犯心理治疗的适应症主要有哪些?
4. 结合案例分析罪犯心理治疗的一般过程。
5. 罪犯心理治疗的主要方法有哪些?

第十章 罪犯常见问题的心理矫治

重点提示

拘禁性精神障碍，是指罪犯在拘禁后或服刑期间发生的精神异常，可以进行药物治疗、心理治疗和环境支持与改善等各种方法的综合矫治。攻击性行为，是指没有合理和正当的理由而对他人故意实施伤害性打击。针对不同性质和类型的攻击性行为进行不同的矫治。罪犯出现的性心理障碍主要是“境遇性同性恋”，需要心理治疗与心理卫生教育、监规纪律教育相结合，采取及时发现和及时隔离的措施。罪犯人格障碍的矫治较为困难，但并非绝对无法改变，治疗者需要具备深厚的专业功底、丰富的治疗经验，有足够的耐心、细心和爱心。

综观已有研究，罪犯群体的心理健康状况较正常人差，其中抑郁、焦虑和精神病等问题较为显著，因刑期、年龄、婚姻状况、犯罪类型不同，罪犯心理健康状况表现出一定的差异。此外，罪犯群体普遍存在偏离正常人格的倾向，不同性别、不同年龄、不同犯罪类型罪犯的人格特征有所不同。本章选取罪犯常见的几类心理问题的矫治进行研究。

第一节 拘禁性精神障碍的矫治

一、拘禁性精神障碍及其在罪犯中的表现

拘禁性精神障碍，是指罪犯在拘禁后或服刑期间发生的精神异常。在广义上是指罪犯因被拘禁后的精神刺激或压力而产生的反应性精神障碍、癔症、精神分裂症或抑郁症；在狭义上是指因被拘禁后的精神刺激或压力而产生的反应性精神障碍，又称拘禁反应。广义的拘禁性精神障碍包括由拘禁诱发的拘禁性反应性精神障碍，其症状的表现和性质与一般的癔症、精神分裂症和抑郁症等基本相同，在此

不予探讨,这里主要介绍狭义的拘禁性精神障碍的表现。

(一)拘禁性情绪反应

拘禁性情绪反应在拘禁性精神障碍中程度较轻,在被拘禁后急性或亚急性起病,也可发生在接到逮捕证或判决书之后。表现以情绪障碍为主,如抑郁、恐惧、紧张等;言语动作减少或坐卧不宁、饮食减少、睡眠障碍等;可能发生轻度意识障碍和心因性幻觉,如表情恍惚、听到亲属的讲话声等;可能伴有神经症性身体症状,如失眠、疑病等。此类罪犯基本保持一定的自知力,知道自己是因被拘捕后感到"紧张、恐惧"而起病的。经过精神科检查,他们并无明显的思维逻辑障碍与妄想症状。此类症状多见于轻度或中度精神发育迟滞、人格缺陷、脑外伤或脑动脉硬化者,多见于案情特别重大者。

(二)拘禁反应性抑郁

拘禁反应性抑郁常在被拘禁后亚急性或慢性起病。表现为不由自主且无法摆脱地追忆往事、哭泣叹息、情绪抑郁、悲伤、虚弱无力等,常伴有食欲减退和睡眠障碍,也可有抑郁性激情发作,如大喊大叫、对自己抓头打脸等。患者很少有自责倾向,而是把失败或不幸归咎于他人,为自己辩护,常表现出愁眉苦脸、眼泪汪汪、祈求他人怜悯的样子。少数长期严重反应性抑郁罪犯可能有自杀念头,并付诸行动,偶尔还会发生带有冲动性的扩大性自杀行为。

(三)拘禁反应性偏执

拘禁反应性偏执在罪犯被拘禁后急性发病。表现为在焦虑或恐惧性激情背景下产生的被害和关系妄想,以本人的妄想观念评价周围的一切;还可表现为在轻度意识障碍基础上产生的错觉、幻觉,幻觉往往直接反映拘禁现实中的体验,如听到审讯、判决徒刑的声音,听到亲属的哭泣声,或听到否定他现有境遇的声音(如法院宣判他无罪释放);还可出现精神自动综合症、人格解体、非真实感等精神症状。另外,罪犯在暗示和自我暗示作用下还可出现类妄想性幻想症。

(四)拘禁反应性意识障碍

拘禁反应性意识障碍在被拘禁后突然发病。患者的意识障碍程度不一,有的表现为情感休克、情感反应突然丧失、意识恍惚、目光茫然、表情淡漠,对周围事物及周围人的言行漠不关心、无动于衷、反应迟钝、应答简单缓慢,可伴有无目的的重复动作。有些患者在情感休克解除后转为情感释放的激情状态,表现为兴奋躁动、言语增多、行为紊乱、易冲动等。有的表现为反应性木僵、不言不语,甚至不吃不喝,对外界刺激毫无反应。有的表现为意识朦胧、意识水平降低、意识范围狭窄,时间、地点、人物定向不全,常伴有生动的心因性幻觉或梦样体验,表情紧张恐惧,注意力不集中,答非所问,可能发生冲动毁物或向外奔跑等行为。

二、拘禁性精神障碍的心理矫治

拘禁性精神障碍程度较轻可在原关押场所进行治疗,程度严重的需要在监狱医院的精神科或当地的精神病院进行治疗。拘禁性精神障碍矫治需要药物治疗、心理治疗和环境支持等各种方法的综合运用。

(一)支持疗法

1. 认真倾听。安排充分的时间认真倾听罪犯的问题,鼓励他们说出内心的体验和各种真实的想法,了解其对监禁的真实感受,宣泄因被拘禁而产生的苦闷、痛苦和压抑的情绪,真正接纳和理解罪犯。

2. 解释和指导。倾听之后,用通俗易懂的语言对罪犯有关躯体感受和精神的问题,给予耐心解释,找到其紧张、恐惧情绪的原因和影响,并指导其运用心理卫生的基本方法和技术疏泄情绪、放松心情。

3. 面对现实。鼓励罪犯接纳现实,面对现实,针对现实中的痛苦体验可以进行调适和寻求帮助,正确认识现实中的积极因素,用良好的心态去生活。

4. 提高信心。让罪犯明白,监狱实行人道主义政策,对罪犯的合法权益实行保护,故其不必紧张恐惧罪犯出现心理问题是对监禁因素产生了过度的情感反应,运用适当的方法和技术可以降低其情绪反应的程度,使之恢复正常状态;还可以与罪犯共同讨论其优点和长处,以及未来的机会,发掘其环境适应能力,提高其生活信心。

5. 鼓励自助。鼓励罪犯自觉运用治疗过程中学到的心理知识和技巧,帮助他们提高自我处理问题的能力,学会自我理解、自我支持、自我帮助,以及解决问题和自我成长的方法。

(二)认知行为疗法

1. 正确认识监禁场所。多数拘禁性精神障碍患者对监禁场所存在不正确认知。例如,认为这些地方“黑暗潮湿,阴森恐怖”,认为监狱民警“拿罪犯不当人看”,认为牢头狱霸可以“随意欺凌、打骂新收犯”,因而对监禁场所存在预期的恐惧心理。监狱通过人性化管理,让罪犯真正认识监禁场所,可以降低其恐惧心理。

2. 正确认识造成自己目前状态的原因。有的罪犯认为自己被拘禁是“倒霉”“不幸”“冤枉”,完全是由他人和社会造成的。因而被监禁后,尤其被判重刑后,怨天尤人,情绪极为低落。要帮助这类罪犯正确分析、认识他们自身在被监禁这个事件中所起的决定性作用,抛弃不切实际的幻想和愤怨,引导其正确面对和接纳被监禁的现实，以平和、稳定的心态积极改造。

3. 发掘自身战胜疾病、恢复健康的能力。很多罪犯缺乏心理卫生基本知识，一旦出现身体和精神上的问题和障碍，就以为自己得了某种不治之症或某种怪病，从而心理恐慌以致加重病情。治疗者要重视发掘罪犯抗御疾病的个人能力和人格基础，并对治疗过程中罪犯的点滴进步予以鼓励，使其对战胜疾病充满信心。

4. 鼓励罪犯适应监狱生活。鼓励罪犯积极参与改造生活，建立良好的人际关系，不断学习“充电”，丰富其监狱生活；同时帮助他们建立改造信心，对其良好表现给予认可和鼓励，帮助他们适应监狱生活、积极参加改造。

此外，可以适当运用精神分析治疗，如运用经典精神分析或现代精神分析技术对变态心理与行为问题产生的深层次原因进行分析，该疗法对认知与领悟水平较高、危险程度不大的罪犯较为适用。

第二节　攻击性行为的矫治

一、什么是攻击性行为

攻击性行为，是指没有合理和正当的理由而对他人故意实施伤害性打击。

根据攻击的方式和后果可以把攻击分为心理性攻击和身体性攻击。心理性攻击，是指主要利用语言等方式，在不进行身体接触的情况下对他人实施心理上或精神上的伤害；身体性攻击，是指动用武力对他人实施身体上的伤害。

根据攻击的动机和当时的情绪状态可以把攻击分为愤怒驱动性攻击和诱因驱动性攻击。愤怒驱动性攻击由愤怒的情绪状态引起，对被害人的伤害降低了不愉快情绪体验，如激情犯罪；诱因驱动性攻击由外部诱因引起，攻击行为的目的在于获得诱因，而攻击是作为获取诱因的工具和手段来运用的，所以又称工具性攻击，如抢劫犯罪。在后一种攻击性行为里，愤怒的情绪状态不是必然的伴随物。

犯罪中的攻击性行为在暴力犯罪中较为常见。无论是预谋性的暴力犯罪还是情境性的暴力犯罪，犯罪人都具有残忍性和施暴时的情绪亢奋性，情绪色彩非常浓烈。

在押罪犯中的攻击性行为常见于性情狂暴的暴力犯、为了赢得霸主地位而不惜对他犯动武的牢头狱霸，以及因矛盾纠葛或自尊心受挫而采取报复行为的罪犯等。罪犯攻击性行为是监狱安全的威胁因素之一，严重影响监管安全和改造工作的顺利进行。

二、攻击性行为的矫治与控制

在对攻击性行为的矫治和控制中,要把愤怒性攻击、工具性攻击和病理性攻击区分开,针对不同性质和类型的攻击性行为进行不同的矫治。这里主要介绍对愤怒性攻击的矫治。

(一)精神药理学治疗

在确定暴力和攻击性行为具有某种医学—精神病学根源时,即确定攻击性行为属于病理性攻击时,可以慎重使用精神药理学治疗方法。在发生暴力行为的罪犯中,往往会发现偏执性精神障碍、精神分裂症、精神病性抑郁症和爆发性人格障碍。对这些罪犯,使用影响心境、情绪唤醒或大脑中枢信息传递的药物,可以改善或控制作为暴力行为中介的精神疾病,降低暴力行为的实施。

(二)心理动力学干预

心理动力学治疗者用人格发展理论解释暴力问题,治疗的目标是通过治疗关系促进自我认识、移情、自我控制和增强社会责任。治疗的前提条件和核心问题是建立人际信任关系,这也是转变那些可能把人际关系看成危险关系的治疗对象的一个目标。具体的做法如下。

1. 治疗人员对治疗对象表现出可以接受的态度(当然不接受其暴力行为),同时,对治疗对象的行为进行初步的限制和外部控制。

2. 反复强调治疗对象应对自己的处境和转化负起责任。

3. 通过心理动力学的倾听、疏导宣泄、自由联想、梦的分析、对移情和阻抗的分析等技术,鼓励治疗对象用言语表达破坏性幻想和不愉快感情,认识自己的真实自我和真实感情。

4. 为治疗对象提供指导,教导他们如何运用建设性方式应对和表达恐惧和憎恨。

(三)认知行为治疗

认知行为治疗是认知疗法和行为治疗的综合,是在认知治疗的过程中强调应用一系列行为矫正的技术,主要针对愤怒性攻击行为进行治疗。针对愤怒的认知行为干预方法,诺瓦克(R. W. Novaco)于 1978 年提出愤怒控制计划,这项计划包含以下三个阶段。

1. 认知准备。向治疗对象介绍愤怒的性质和影响,并且开始写作有关愤怒体验的日记,以便促进对愤怒与自我表达的认识。评论引起愤怒的条件,学会辨别合理的愤怒和不合理的愤怒。

2. 技能获得。教育治疗对象如何重新评价引起愤怒的事件，如何通过自我指导适度应对愤怒，通过放松训练进一步发展自我控制技能和交往技能，指导治疗对象通过模仿和角色扮演活动来维护自信，等等。

具体的技能训练内容可包括：(1)交谈的技巧；(2)自我介绍与介绍他人的技巧；(3)正确而适度表达情感的技巧；(4)说服别人的技巧；(5)接受教诲的能力；(6)参加社交活动的能力；(7)正确而适度发泄不良情绪的技巧；(8)对别人的情绪变化采取适当反应的技巧；(9)请求别人的技巧；(10)沟通与商谈和解的技巧；(11)自我控制能力；(12)正确对待挫折与失败；(13)正确估计自己的能力；(14)以适当方式捍卫自己的正当权利；(15)放松自己；(16)遵守公共道德与发扬助人为乐的精神；(17)决策与合理安排生活的能力；(18)就业技能准备。

3. 实践应用。将学会的上述技能加以应用，并且在具有不同强度刺激的愤怒情境和生活事件中具体应用，客观、全面认识各种刺激事件，减少愤怒等消极情绪，充满自信，进行正常的人际交往和生活。

延伸阅读

社会学习理论关于攻击性行为的解释

攻击性行为作为一种社会行为，受到研究者的重视。社会学习理论认为，人类的攻击性行为是一种习得的社会行为。该理论对个体的攻击性行为如何获得的、个体在具体情境中如何启动攻击性行为、如何将所获得的攻击性行为方式保持下来并在未来的情境中加以运用以及个体内部是怎样实现对自己攻击性行为的控制等问题给出了解释。

攻击性行为的获得机制。人类的攻击性行为主要是通过两条途径获得的：观察学习和亲历学习。(1)观察学习包括四个相互联系的子过程：注意过程，其是个体把学习的榜样从众多刺激中选择出来，以便集中观察、学习榜样的行为方式；保持过程，其是个体在经历了注意过程之后，观察者通常以符号的形式把示范者的行为保持在长时记忆中；动作复现过程，这是一种由内向外的过程，个体把记忆中的构成攻击性行为的动作表象整合为一种新的反应模式，不断地悉心练习，进行自我修正的调整，熟练地掌握该项行为技能；动机过程，个体在完成了上述三个过程之后，对已经习得的攻击性行为并不一定表现出来，而是当环境中出现了适当的诱因时，个体才表现出攻击性行为。(2)亲历学习是一种凭借直接经验的学习，个体通过一系列“试误”过程掌握行为技能。

攻击性行为的启动机制。诱发启动攻击性行为的因素有:(1)厌恶性鼓动者,是指那些能够唤起攻击性情绪、激起攻击性行为的令人厌恶的外界刺激因素,如暴力殴打事件、言语威胁和侮辱、生活条件的恶化、目标行为的受阻等;(2)激励性鼓动者,是指对于主动攻击者而言的主体对攻击性行为结果的预期;(3)示范性鼓动者,是指榜样的示范行为;(4)训导性唆使者,是指在命令的强迫下,人们因服从而实施攻击性行为;(5)妄想性唆使者,是指精神病人稀奇古怪的信念、被害妄想诱发的攻击性行为。

攻击性行为的保持和调节机制。社会学习理论认为,个体行为得以保持,是外部强化、替代强化和自我强化共同作用的结果。(1)外部强化,是指攻击性行为所导致的直接有利的结果,强化了个体的攻击性行为使其保存下来,如实物报酬、社会赞许、排除痛苦、被害人的痛苦表现等都是外部强化物;(2)替代强化,是指他人实施攻击性行为受到奖励或惩罚的后果对观察者产生的影响;(3)自我强化,是指个体根据自己设立的行为标准,以自我奖惩的方式对自己的行为进行调节。个体内在的行为标准是通过接受各种教育而内化了的行为规范,这种标准不仅与文化有关,也与个人有关。

攻击性行为就是通过上述一系列心理机制获得、启动和保持下来的,个体的自我调节在攻击性行为的学习过程和诱发过程中起着重要作用。

第三节 性心理障碍的矫治

一、性心理障碍及其在罪犯中的表现

在《中国精神障碍分类与诊断标准(第三版)》(CCMD-3)中,性心理障碍(又称性变态)的定义是:“有异常性行为的性心理障碍的特征是:有变换自身性别的强烈愿望(性身份障碍);采用与常人不同的异常性行为满足性欲(性偏好障碍);不引起常人性兴奋的人物,对这些人有强烈的性兴奋作用(性指向障碍)。除此之外,与之无关的精神活动均无明显障碍。不包括单纯性欲减退、性欲亢进,及性生理功能障碍。”由此可知,性心理障碍的主要表现是性欲和产生性兴奋的对象不是指向合宜的异性个体或正常的性活动,而是指向正常人感到不适甚至厌恶的对象。

性心理障碍的判定与一定的社会文化背景有关,并因所处社会历史、道德文化规范的变化而有所不同。例如,对同性恋的看法,过去各国均认为是不正常和不道

德的，然而，从 20 世纪七八十年代开始，不少西方国家已经不再认为同性恋是一个医学问题，并通过立法来承认其在社会生活中的合法地位。我国也在最新的精神障碍分类标准中对同性恋作了更严格的定义，认为只有“在正常的生活条件下，从少年时期就开始对同性成员持续表现性爱倾向”的人才是同性恋者，也就是我们平常所说的“真性同性恋”或“素质性同性恋”或“长期同性恋”。

监狱中的性心理障碍是罪犯的性意识及性行为在监狱环境中的变态反应，通常表现为同性恋、摩擦癖、强迫性手淫、窥阴癖、露阴癖等，其中以监狱同性恋最为典型。大多数研究者认为，监狱同性恋是由监狱中的性别隔离造成的，在监狱中往往是同性别的罪犯监禁在一起，他们很少见到异性罪犯或正常人，性的张力无法得到缓解，性的需要无法得到满足，于是就在同性罪犯身上寻求性的满足，从而促成了监狱同性恋现象的产生。一般而言，在那些因性方面的违法犯罪活动而被监禁的罪犯中，产生同性恋倾向的可能性大于非性欲型罪犯之间的同性恋，其轻微的表现如打情骂俏、精神依恋、写情书、用亲昵称呼等，严重的可有鸡奸等异常性行为。大部分监狱同性恋是境遇性的，或称假性同性恋，他们在离开监狱后就能过正常的性生活，较快地恢复到异性恋的状态。在监狱中罪犯出现的同性恋现象只有极少数属于真性同性恋，对罪犯中同性恋的矫治，主要针对的是假性同性恋，并且治疗效果比较明显。值得注意的是，监狱同性恋数量虽然不多，但经常会发生类似异性恋的“失恋”“单相思”“第三者插足”情况和彼此的感情纠葛，极易引发争风吃醋、打架斗殴、情感失落甚至自杀或伤害他人的行为，对监管安全构成一定的威胁，需及时发现、引导和治疗。对于监狱同性恋问题，西方某些国家有采用所谓“男女同监计划”的，即通过在监狱中有限制地安置类似于正常社会性别角色的环境，缓解罪犯的性紧张压力，以引导其适当的性意识与性行为规范，以便他们将来的社会适应。

二、罪犯性心理障碍的心理矫治

对罪犯性心理障碍的矫治应采用综合治疗，将心理治疗与性心理和性生理卫生教育、性道德教育、监规纪律教育相结合，与及时发现、及时隔离的措施相结合，与开展丰富多彩的业余活动疏导罪犯生理能量相结合，与引导罪犯多读书、读好书、培养健康向上的精神面貌相结合。在心理治疗方面，常见的治疗方法如下。

（一）支持疗法

支持疗法是一种以“支持”为主的心理治疗方法，其不分析求治者的潜意识，而是支持、帮助求治者适应目前所面对的现实，故又称非分析性治疗。监狱同性恋产生的主要原因是寻找性能量的发泄和感情的相互抚慰，前者在男犯同性恋中的成分较大，后者在女犯同性恋中的成分较大。由于监狱的规章制度不允许狱内同性恋存在，而且大多数罪犯对同性恋仍持鄙视、厌恶和排斥的心态，同性恋罪犯在狱内面临较大的心理压力，有可能导致自暴自弃，极个别罪犯甚至出现精神崩溃症状。可采用支持疗法疏导罪犯的情感压力，揭示其形成同性恋心理的原因，以及指导罪犯如何正确处理与其他犯人尤其是对其有性挑逗的犯人的关系，教会罪犯如何识别与处理自己与他犯的情感变异，更主要的是教会罪犯如何更好地适应监狱生活以及压力调适。支持疗法比较适合非素质性同性恋的治疗。

（二）厌恶疗法

向罪犯讲清厌恶疗法的基本原理、程序和作用，在得到罪犯的配合下，可以使用电击厌恶、药物厌恶和想象厌恶。电击厌恶的做法：给罪犯呈现同性健美、富有性感的裸体照片、模型或图片，当罪犯产生性兴奋时，当即给予电刺激，反复多次。药物厌恶的做法：给罪犯注射或口服催吐药，再出示同性的裸体形象，使其对同性的性兴奋和想呕吐的感觉同时产生，反复多次。想象厌恶的做法：事先了解令罪犯厌恶的现实刺激，然后让罪犯逼真地想象与同性罪犯的性行为，当罪犯出现性兴奋时，治疗者用生动、清晰的语言把罪犯的同性性伙伴描述为罪犯厌恶的事物，令罪犯作呕，从而失去对其同性性伙伴的兴趣；或让罪犯想象其同性性行为遭到周围人的窥见和耻笑，罪犯真切地感到厌恶和可耻的情景。

厌恶疗法的原理就是建立同性性兴奋与厌恶刺激的联系，从而降低和消除其同性恋冲动和行为。厌恶疗法一般隔日进行，坚持到对同性罪犯的性欲望和性冲动完全消失为止。一般应用于素质性同性恋，陷入较深的非素质性同性恋也适用。

（三）认知领悟疗法

按照弗洛伊德的观点，“变态的性生活就是幼儿的性生活”。儿童没有羞耻感，喜欢裸体或向异性小伙伴显示生殖器，窥视或玩弄异性或同性的阴部等。成年以后，当“里比多”受到现实的阻拦而无法宣泄时，就退回到早年的固结点，避开自我的控制，直接以幼儿性欲的方式表现出来，就成为性变态。所以，性变态是在成年人生活中持续地表现幼年性欲的成分并以幼年的方式得到满足。按照此理论，同性恋也应有其儿童时期与同性小伙伴性游戏的经历。因其在正常性欲萌发时，由于种种因素无法通过接触异性来满足，就转而退化到儿童时期，寻求同性之间性欲望的满足。认知领悟疗法就是要让性变态罪犯认识到他的行为是幼年取乐行为，是用幼年方式来宣泄成年人的性欲、解除成年人心理上的困难，是不可取的。该方法在治疗其他性心理障碍上取得了明显的效果，如对窥阴癖、露阴癖的治疗。

也有一部分同性恋罪犯从小就被当作异性培养，穿异性衣服，参加异性的种种活动，例如，给小男孩从小扎小辫，穿花衣服，与女孩子一块玩耍等，致使孩子从小就无法进行正确的性别认同，虽然生理上是男性，却拥有女性的心理和个性特征，当青春期到来时无法产生对异性的性兴趣，不可避免地产生同性恋行为。这种罪犯有其明显错位的家庭教育史，可帮助其回忆儿时的成长历程，让其领悟到同性恋心理形成的原因，以减弱寻求同性恋的动机，同时帮助他们正确认识和接纳自身当前性角色。

第四节　人格障碍的矫治

一、什么是人格障碍

人格障碍是一组以人格结构和人格特征明显偏离正常为主的精神障碍，患者因此而形成了一贯的反映个人生活风格和人际关系的异常行为模式。在特定的文化背景中，人格障碍者表现出来的那种根深蒂固的和持久的行为模式，显著偏离了该文化背景和一般的认知方式，与一般人的感知方式、思维活动、情感反应，尤其是待人接物方面，具有明显的偏离，与周围群体中的绝大多数人明显不相一致，影响其社会功能，造成对社会环境的适应不良。这种障碍不仅使自己遭受苦痛，也给社会带来了危害，并已具有临床意义。患者虽没有智能障碍，但适应不良的行为模式难以矫正，仅少数患者在成年后有所改善。这种偏离一般是非常广泛的，并具有稳定性和长期持续性。人格障碍通常开始于童年期或青少年期，并持续发展至成年或终生。

人格障碍患者不仅会有认知方面和情感方面的异常偏离，还会出现控制冲动，以及对满足个人需要的异常偏离和人际关系方面的异常偏离。患者对自身的人格缺陷一般缺乏认识，不仅不能从生活经验中吸取教训来改善个人的行为模式，还常常会给周围的人带来很大的麻烦和苦恼，同时常常使自己产生很大的内心痛苦。

总体来说，人格障碍的形成原因并不是非常清楚，目前一般认为是由生物因素、心理因素和社会因素综合作用形成的。这些因素并非孤立的，而是相互联系的，共同影响着人格的发展，这一观点与人格的形成原因是一致的。

二、人格障碍在罪犯中的主要类型与表现

在监狱中，具有人格障碍的罪犯不在少数，下面主要介绍在罪犯中较为常见的

人格障碍及其表现。

(一)反社会人格障碍

反社会人格障碍,也称无情性人格障碍、违纪性人格障碍、社会精神病态或悖德狂等,是对社会影响最严重的一类人格障碍,男性多于女性。在监狱男性罪犯中,反社会人格障碍在各种人格障碍中所占的比例是最高的。

反社会人格障碍的具体表现主要有:情感体验肤浅,与周围人缺乏正常的交流,与家人和朋友甚至配偶都不能保持比较长久、亲密和忠实的关系,对家庭、对社会缺乏责任感,待人冷淡甚至冷酷无情;两性关系混乱;做事没有计划,行为带有情绪性、冲动性和本能性;高度的自私、利己,屡教屡犯,不会吸取经验教训;法治观念非常淡薄,经常做一些损人利己甚至是损人不利己的事情;自控能力差,脾气暴躁,对挫折的耐受能力差,遇到不利的处境就推诿于客观或他人,或用一些似是而非的理由为自己辩解等。

(二)偏执性人格障碍

偏执性人格障碍主要以猜疑、敏感和偏执为特点。始于成年早期,男性多于女性。这种人格障碍表现为生性主观、固执、敏感、猜疑、不信任、心胸狭窄、自私自负、记仇、嫉妒、报复心强。他们过分警惕,总是提防他人胜过自己;怀疑别人欺骗自己,耍阴谋、搞诡计,从不信任其他人,常表现出社交困难;固执,喜好争辩,遇到他人提出的建议,常小心翼翼,生怕会损害自己的利益。

患者对任何人或事物都敌意甚高,容易记恨,报复心强。对别人的善意举动歪曲理解,常将别人的好心当成不怀好意,并因此而立即采取各种防御措施,周围的人都觉得他们难以相处、不可理喻。因此,常与人发生争执、对抗,甚至冲动,但多数情况下不会出现攻击行为。这种患者很难与周围人建立起亲密关系,并存在一定的社交回避。患者因此常常表现出孤单、沮丧、阴沉、不愉快、没有幽默感,经常处在紧张状态之中。

有的患者过于自信,自认为有非凡的能力,应该获得巨大的成就,深感自己怀才不遇或受压抑与迫害,当受到外界刺激、挫折或失败时便怨天尤人,认为别人故意同他过不去,认为是遭到了别人的背弃、阻挠、暗算或欺骗,所以往往以敌视态度对待他人。遇到冲突就推诿客观,强词夺理,夸大对方缺点,嫉妒心强,常常与人发生争吵和冲突。

一名男犯,8岁时耳聋,性格由此发生了意想不到的变化——沉默、孤僻、多疑、狭隘。结婚后,常常无端怀疑妻子想害他,甚至母亲因车祸去世,也怀疑与妻子有关系。长期的猜测、怀疑与埋怨使他对妻子恨之入骨。服刑后在一次接见时，因为一名监狱民警与其妻打招呼，他便认为二人可能有不正当关系。在日记中，他多次谋划杀死妻子的方法。在入狱后的几年里，对其他人也一直处于不信任的状态，他坚定地认为人与人之间是自私、欺骗的关系，有强烈的复仇心理。这是一例典型的具有偏执性人格障碍的罪犯，也是容易产生攻击性行为导致狱内事故的罪犯。

（三）表演性人格障碍

表演性人格障碍，又称癔症性人格障碍，这是一类以过分的感情用事或夸张言行以及喜欢吸引他人的注意为特点的人格障碍，女性比较多见。其主要有三类表现：

1. 丰富、强烈而肤浅的情感体验。患者的感情丰富，情感反应强烈而鲜明，具有表演色彩，但情感体验相对肤浅，而且不稳定，容易从一种情感迅速转化为另一种情感，显得有些变幻莫测。他们在待人处世方面往往感情用事，整个心理活动容易受情绪因素的影响，容易趋向极端。对某人产生好感时可以用尽世上所有的赞誉之词，稍不如意又会用所有恶毒的字眼攻击同一个人。是非判断标准完全从一时的情感变化出发。

2. 高度的暗示性和自我暗示性。患者的感情与行为非常容易受到其他人或自我体验的影响，而且暗示性在一定程度上取决于患者的认识活动和感情倾向。环境中凡是对患者具有特殊意义的变化，例如别人的谈话、周围人的表情、环境中的气氛等，以及自身的不适感都可以成为暗示和自我暗示的基础。

3. 自我为中心。患者总是从自身利益考虑问题，任性放肆，喜欢显示自己，喜欢成为大众的注意中心，喜欢别人重视自己，喜欢以新奇的方式吸引别人的注意，如采用无病呻吟的方式来博取他人的同情。幻想丰富，幻想的内容常常脱离现实，并往往与生动强烈的情感体验有关。

（四）冲动性人格障碍

冲动性人格障碍，又称爆发性人格障碍或攻击性人格障碍。主要以阵发性的情感爆发、伴明显行为冲动为特征，男性明显多于女性。患者平时或间歇期间的表现比较正常，无情感爆发时也不会出现反社会行为，但情绪很容易激惹，忍耐性极差，常常因鸡毛蒜皮的刺激突然爆发非常强烈的愤怒和强暴行为，难以自我控制。可出现暴力性攻击、自伤、自杀等行为。事后对发作时的所作所为感到后悔和内疚，但不能防止再次发作，做事虎头蛇尾，缺乏计划与安排。冲动行为的发作常常会导致违法犯罪的行为后果。在监狱的男性罪犯中，冲动性人格障碍的占比仅次于反社会人格障碍。

（五）边缘性人格障碍

很多专业人员认为边缘性人格障碍与违法犯罪的关系非常密切。边缘性人格障碍的主要症状特点是：患者在心绪、人际关系和自我形象等方面都具有明显的不稳定性。其主要有以下表现：

1. 情绪不稳定。患者具有不稳定的或反复无常的心绪，容易由正常心绪转变为激动、焦虑或抑郁，可持续数小时。

2. 有暴怒和暴力倾向。其行为常常具有明显的冲动性，具有难以控制、难以预测、不考虑后果的特点。

3. 强烈和不稳定的人际关系。患者的个人爱好、兴趣，甚至职业选择常常频繁转换；在遭遇挫折或急性应激情况下，患者的情绪可能出现向两个极端方向波动或动摇的趋势，如可以由极端的爱慕转向极端的仇恨。

4. 反复发生自我伤害或自杀的企图或行为。这些行为往往带有冲动性。

5. 自我同一感障碍。自我同一感，是指一个心理活动正常的人，无论在何时何地都能够觉察或认定自己是单一独立个体的一种感受。但边缘性人格障碍患者对自我形象的认识往往前后不一致，或感到自我形象、目的或内心偏好有了矛盾，或迷惘，或模糊不清，或扭曲。

6. 空虚感。患者总存在空虚感、厌倦感或不安全感，往往不能忍受孤独，经常卷入强烈而不稳定的人际关系之中，可能导致连续的情感危机。

三、罪犯人格障碍的心理矫治

很多临床治疗家发现，人格障碍一旦形成便很难改变，但并非完全不能改变。这里介绍一些监狱内常见的人格障碍的矫治方法。

（一）支持疗法

治疗者与患者建立良好的治疗关系，降低患者的敌对情绪，利用治疗者的威信和专业知识来关心和帮助患者，提高其生活应对能力，舒缓其精神压力。合理地采用劝导、启发、鼓励、同情、支持、评理、消除疑虑和提供保证等交谈方法，可帮助患者认识问题、改善心境、提高信心，提高身心健康水平和社会功能。

针对罪犯的人格不成熟、情感脆弱或认知偏激等特点，治疗者需要采用价值中立原则，尊重和接纳罪犯，运用支持疗法疏导罪犯的防御心态和情感压力，有足够的爱心和耐心，与罪犯共同分析其人格特点、形成原因及影响，帮助他们正确处理与他犯关系、与家人关系，以良好的心态去生活。

（二）表达性心理治疗

监狱通过心理情景剧、音乐、心理电影、绘画等多种方式，引导鼓励人格障碍罪犯利用非语言的形式表达自己的情感。挑选罪犯改造生活中有代表性、积极性和给人以启迪的典型个案,组织和编排成心理情景剧,组织人格障碍罪犯参与演练和观看,通过角色扮演,如同身临其境,在潜移默化中接受启迪。也可以通过舒缓音乐的物理特性,以特定的频率、声音直接作用于罪犯大脑,使其感受美和安静,起到调节情绪的作用。组织人格障碍罪犯收看有教育意义的心理电影,利用画板制作形式多样的心理漫画宣传册等,着力增强其感性认识。也可以进行图画治疗,让人格障碍罪犯"随意"画画,如画一棵树、一幅自己心目中家人的画像等,在潜意识中不自觉地把心中的想法投射到画中,监狱心理矫治人员通过投射性认同、移情和反移情等技术,领悟、修通患者心中的"心理芥蒂"。以上方式可以使患有人格障碍的罪犯放下芥蒂,表达内心感受,感受宁静,提升认识。

(三)认知行为治疗

认知行为治疗在治疗罪犯人格障碍方面作了一些探索,通常有两个途径:

1. 沿袭传统学习理论的观点,将人格分解为具体的技能缺陷加以矫正。因为"人格"一词可操作性较差,一些研究者便把人格障碍分解为许多操作性较强的术语,如最常见的做法是把人格障碍看作一系列社会技能的缺陷,如缺乏自信、不会恰当地表达愤怒、消极的人际期待等。这样,治疗者主要是通过技能训练、角色扮演、代币强化、愤怒表达等培养罪犯的应对技能,从而试图改善罪犯的人格状况。

2. 采用更加综合的方法进行矫治。这部分治疗者认为,人格特质是潜在的或深层的认知图式的外部表现,这些认知图式支配着普遍的行为策略。每种类型的人格障碍都具有独特的认知剖面图,它是信念、态度、感情和策略的综合体,这个综合体是围绕有关自我和他人的性质的一般主题而组织起来的。例如,人们认为,被动攻击性人格障碍是受与个人的行动自由相关的信念和他人的干预支配的,这种人格障碍者必须按照自己的方式去行动。在反社会人格中,核心信念与关注自己和破坏规则有关,这些信念导致个人采取攻击或剥夺他人利益的策略。治疗的目标是通过指导性讨论、认知实践等方式,提高认知功能,试图使罪犯抛弃不良的获取个人利益的策略,而代替以符合社会规范的获取个人利益的策略。

(四)团体心理治疗

大多数心理治疗人员认为,个别治疗和门诊治疗不适合反社会人格障碍,认为在居住环境中进行的结构性集体疗法是可以选择的方法。

1. 治疗社区

"治疗社区"这个术语是 20 世纪 40 年代在英国、20 世纪 50 年代在美国产生的,近年来发展很快,在英美及其他一些国家的很多监狱、医院和少年矫正机构中设立。治疗社区共同的特征是:(1)无拘束的气氛;(2)定期举行社区会议;(3)共同参与社区管理工作;(4)把居住者看成辅助性治疗人员。基本假设是让被治疗者生活在一个公开表达感情、探索相互关系的“生活和学习”环境中,这种环境会促进自我控制。有证据表明,治疗社区对人格障碍的矫治是有益的。

2. 集体治疗

一般而言,集体治疗方式由 1 ~ 2 名指导者主持,根据治疗对象问题的相似性组成治疗小组,通过共同商讨、训练、引导,解决集体成员共有的发展课题或心理障碍。集体的规模可视问题的性质而不等,少则 3 ~ 5 人,多则十几人到几十人。通过几次或十几次集体活动,参加者就共同关心的问题进行讨论,相互交流,共同探讨,彼此启发,支持鼓励,使成员观察、分析和了解自己的心理行为反应和他人的心理行为反应,从而改善人际关系,增强社会适应能力,促进人格健康成长。集体治疗可为具有人格障碍的罪犯提供一个良好的活动场所,创造一种信任的、温暖的、支持的集体气氛,使他们可以以他人为镜,反省自己,深化对自己不良人格的认识,同时成为他人的社会支持力量。

虽然罪犯人格障碍的矫治较为困难,但我国监狱的心理矫治人员在此方面进行了不少努力和探索,取得了一定的效果。证明人格障碍不是绝对不能改变的,只不过难度较大,时间跨度较长,并且易反复,治疗者需要具备深厚的专业功底、丰富的治疗技能经验,要有足够的耐心、细心和爱心。

研究与思考

1. 试论拘禁性精神障碍的表现及其心理疗法。
2. 结合案例论述罪犯攻击性行为的矫治方法。
3. 试论罪犯性心理障碍的表现及其矫治。
4. 结合实例分析罪犯人格障碍的表现及其矫治。

第十一章　罪犯心理危机与干预

重点提示

罪犯心理危机，是指罪犯在服刑过程中，受各种主客观因素的影响而体验到的压力和挫折，超过自身心理承受力时导致的心理异常或病态状态，由此可能产生危害自身和他人的行为反应。罪犯心理危机干预，是指在评估预测、发现罪犯心理危机征兆的基础上，采取心理诱导、危机调停和劝解等措施，以缓和罪犯的心理冲突，平息焦虑，防止演变为严重的精神疾病和发生突发事故。罪犯心理危机干预要充分考虑监狱管理和罪犯改造实际，构建一套系统的工作体系，坚持一定的原则、过程与方法。罪犯出现自杀倾向和自杀行为，是监狱内较严重和典型的危机事件。本章讨论了对罪犯自杀的预防与干预问题。

第一节　罪犯心理危机

一、心理危机概述

（一）心理危机的内涵

所谓心理危机，是指个体在某些强大刺激的作用下，超出了其所能承受的程度，无法用通常解决问题的方法进行解决而出现的心理失衡的状态。有学者把心理危机理解为："个体的一种认识，当事人认为某一事件或境遇是个人的资源和应对机制所无法解决的困难。除非及时缓解，否则危机会导致情感、认知和行为方面的功能失调。"①

心理危机的构成要素有三个方面：一是存在某种强大的心理性应激源，二是以

---

① ［美］B. E. 吉利兰、［美］R. K. 詹姆斯：《危机干预策略》（上册），肖水源等译，中国轻工业出版社 2000 年版，第 4 页。

通常解决问题的方法无法解决，三是出现急性的情绪、行为、躯体方面的改变。

心理危机的特征主要有：一是突发性。各种危机事件常常是突然发生的，出乎意料，人们没有做好准备，感到措手不及。二是痛苦性。心理危机给个体带来的体验大多是痛苦的，在应激资源匮乏和社会支持薄弱时，个体容易产生无助、焦虑和抑郁等情绪。三是危害性。当个体产生心理危机后，会严重影响其社会功能，时间久了会产生身心疾病，甚至还可能出现攻击和自我攻击行为。四是成长性。当个体顺利度过心理危机后，其心理会有所成长，会提高对危机的抵抗性，对其人生思考和社会行为都有积极的促进作用。

（二）心理危机的表现

当个体产生心理危机时，会出现一系列身心反应，危机反应主要表现在生理、情绪、认知和行为等方面。

1. 生理方面。表现为头痛、疲乏、失眠、肠胃不适、腹泻、食欲下降和性欲降低等症状。

2. 情绪方面。会出现恐惧、焦虑、抑郁、悲伤、易怒、自卑、无助、麻木、警觉等消极情绪，以情绪低落最为常见，有的会出现过度愤怒情绪。

3. 认知方面。表现为注意力不集中、记忆力差、思维迟滞等，有的个体表现为久久不能释怀，甚至出现认知偏执。

4. 行为方面。行为动力缺乏、人际关系疏离、社会功能受损等，有的甚至会出现攻击他人和自我伤害的行为。

（三）心理危机的发展阶段

有关心理危机的研究发现，人们对危机的心理反应通常经历心理冲击、心理防御、心理退缩和危机解决四个不同的阶段。

1. 心理冲击期。危机事件发生后不久或当时，个体会感到震惊、恐慌和不知所措。例如，在新冠疫情暴发初期，突然听到感染人数不断增长，有些人会表现出极度恐惧和焦虑，也有人会表现出麻木、否认或者不相信，不知所措。在遭遇严重的危机事件后，由于强烈刺激的冲击，有些人会出现抑郁甚至幻觉症状。

2. 心理防御期。当确认危机事件确实已经发生后，有些人的负面情绪水平急剧上升，并影响正常的社会功能，导致生理和心理的不适。为了降低强烈的内心冲击力，有时会采用否认、压抑、合理化等消极应对方式，以减少内心的不安。然而，过度的消极防御不仅不利于问题的解决，还会影响后期的社会功能。例如，早年被性侵的女性，为了逃避内心的不安和羞耻感，会采用压抑和逃避的应对方式，然而，这种消极的防御方式不仅会影响其成年后的婚姻和家庭生活，还会影响其正常的人际关系。

3. 心理退缩期。在这一阶段,个体情绪极度消沉,社会功能严重受损,社会行为退缩,心理崩溃。有些人还会出现人格分裂、精神分裂等心理障碍,甚至选择自杀结束自己的生命。其严重程度和个体心理特点高度相关,内向、敏感、自卑的人,心理问题会更严重,针对这一群体要给予更多的关注和支持。

4. 危机解决期。有些人会采取各种方法接受现实,寻求社会支持,努力解决危机问题。经历了问题解决的个体,不仅会获得应对危机的技巧,也会变得更成熟。然而,有些人仍停留在消极防御期,问题没有得到解决,心理危机继续恶化。在这一阶段,针对度过心理危机的个体,可以采用访谈的方式,助其成长;对仍处于危机阶段的个体,专业人员的介入和良好的社会支持,可以帮助其解决心理危机和促进自我成长。

二、罪犯心理危机概述

罪犯心理危机,是指罪犯在服刑过程中,受各种主客观因素的影响而体验到的压力和挫折,超过自身心理承受力时导致的心理异常或病态状态,由此可能产生危害自身和他人的行为反应。从现实情况看,监狱中很多恶性案件是由罪犯心理危机爆发未能及时发现和采取预防措施引起的。

(一)罪犯心理危机的表现

由于罪犯群体的特殊性和监狱环境的封闭性,罪犯心理危机的表现既有普通人群的特点,又有其特殊性。

1. 心理变态。如果监狱环境的刺激超过自身心理承受力,罪犯就会出现情绪低落消沉、心情压抑沉重、烦躁焦虑、紧张不安、恐惧担心、害怕退缩、坐立不宁、悲观哭泣、自卑自责、言语减少,或目光呆滞、进食少、睡眠差,严重者还会出现抑郁甚至精神分裂症等精神异常,还有精神病复发或患反应性精神病(如拘禁性精神病)、神经症(如神经衰弱、焦虑性神经症、恐怖性神经症、抑郁性神经症等),还可能导致人格变态(如性变态、监狱人格等)。上述表现或症状常在入监后不久出现,或在被关禁闭,以及服刑期间出现重大的家庭变故(离婚、父母去世等)后发生,此时应采取以各种及时且适当的心理治疗为主的干预措施。

2. 生理病变。有些罪犯不适应环境、家庭变故或者发生的其他应激事件生,加之个体的认知偏激和消极应对,精神压力过大,长期处于焦虑、无助和抑郁状态,容易出现头痛、肠胃功能紊乱等身体不适,甚至易患癌症等严重疾病。

3. 变态攻击。罪犯在绝望、愤怒、仇恨、恐惧、焦虑等消极心理状态下,会产生变态攻击行为，如实施破坏监狱设施及财物、伤害他人、劫持人质、逃跑等行为。一般在攻击行为实施前会有较明显的焦躁、易怒等表现，有的罪犯还会提前准备。

4. 自我伤害。罪犯在悲观绝望、负罪、畏罪、羞耻、自卑等心理压力下，会出现自伤和自杀等行为。一般而言，实施自我伤害的罪犯都有家庭背景、人格特点和犯罪类型等方面的特殊性，并且有一定的征兆和反复性。这是心理危机表现形式中最严重的情况，也是后果最严重、影响最恶劣的，监狱民警需要具备一定的专业性和警惕性，方能及早介入，提前预防。

（二）罪犯心理危机的类型

依据不同的标准，可将罪犯心理危机划分为不同的类型。

按照心理危机的性质，可划分为心理障碍危机与人际关系危机，前者是由罪犯的内在心理障碍（如偏执性妄想等）引起的，后者是由人际关系不协调或发生矛盾引起的。

按照心理危机的起因，可划分为突发性危机与累积性危机，前者是由重大事件引起的，后者多由不良情绪积累而产生。

按照心理危机可能引发后果的严重程度，可划分为一般违纪危机与重大事故危机，前者有可能引起违反监规、扰乱改造秩序的行为，后者有可能酿成自杀、行凶、脱逃等重大事故，危及狱内安全。

三、罪犯心理危机产生的原因

（一）因生活事件困扰引发心理危机

这类心理危机来自罪犯在服刑过程中遭遇的各种生活事件的变化，如所面临的监狱生活、教育改造、环境适应问题，与同犯、民警的人际关系问题、情绪问题、自尊等方面的问题。其中，新收押的罪犯由于生活环境的改变、地位的变化、经济条件的落差，在心理和行为上一时很难接受，不能很好地作出相应的适应环境的心理调整。罪犯在服刑期间遭遇来自改造活动或家庭方面的生活突发事件时，一时不能从心理上应对生活突发事件的刺激，往往表现出悲观失望、烦躁焦虑、恐惧担心、自卑自责等负性情绪，受情绪影响进而可能产生对监狱管理和教育改造的抵触或危害监管安全的极端行为。

（二）因处境烦扰而产生心理危机

这类心理危机来自社会生活的各个方面，如人际关系、经济困难、身体健康状况、亲属朋友的态度等。处境烦扰与生活突发事件的不同就在于它的强度较弱，持续的时间较长。这些慢性的压力虽然是隐性的，但其持续和长期的作用不能小视，因为处境烦扰对罪犯产生的应激(刺激)强度远远大于生活突发事件。

(三)因内心冲突带来心理危机

产生这类心理危机的罪犯大多精神空虚,感到活着没有意思。其原有的价值观在改造中受到冲击,甚至被否定,新的价值观还未建立起来。他们既有对过去生活的留恋,也有对监狱服刑生活的不适应;既对未来的新生活充满期待(向往),又难免对未来感到担忧。因而很容易产生内心冲突和矛盾,感到左右为难,不知所措,严重时会出现自卑、自责、悲观、失望、绝望。

(四)因意外事件引发心理危机

意外事件既包括自然领域的,也包括社会领域的,如亲人亡故(重病)、自然灾害的发生(地震、洪水)、传染病的暴发等。这类应激源具有突发性、不可控性和不可预见性,并伴有个人生命和财产的极大损失,会对人心理产生具大的冲击。罪犯会在意外事件发生之后产生一系列心理和生理的症状:一是心理方面会产生恐惧、孤独、愤怒、意志消沉,以及自责自卑、退缩、坐立不安、人际关系紧张等负性情绪和行为;二是生理方面的不适感,有疲劳、体重下降、头痛头晕、失眠多梦等,而某些意外事件又会引起人与人之间的"心理感染"和心理恐慌,并对事实有放大作用。

需要说明的是,从根源上说,罪犯心理危机的发生是由内在的心理障碍引起的。无论是否存在诱发事件,心理危机的出现都与罪犯的人格缺陷等内在原因有关。也就是说,有些心理危机可能是由对于罪犯而言至关重要的突发事件和压力引起的,而有时并没有明显的事件存在,或者仅有一些轻微的刺激,罪犯也可能出现心理危机。面对突发事件引起的心理危机,有些罪犯缺乏预见或自身心理承受能力差,导致情绪失控。有时仅发生一些小的事件,或出现一些轻微刺激,但罪犯主观上有强烈的感受和体验,进而诱发心理危机。

第二节　罪犯心理危机干预

一、罪犯心理危机干预的内涵

罪犯心理危机干预,是指在评估预测、发现罪犯心理危机征兆的基础上,采取心理诱导、危机调停和劝解等措施,以缓和罪犯的心理冲突,平息焦虑,防止演变为严重的精神疾病和发生突发事故。

理解罪犯心理危机干预的内涵要把握以下三点:一是以提前预防为主,通过开展心理健康教育工作,提高罪犯的心理素质,培养其良好人格品质,教会其危机应对方法,提高其心理调节能力、改造其适应能力和挫折承受能力,预防心理危机发生;二是开展心理危机干预,帮助罪犯恢复心理平衡,减少或避免罪犯因心理问题而做出伤害行为;三是建立罪犯心理危机干预长效机制,对发生过心理危机的罪犯进行长期关注,使其能从心理危机中自我反思,建立良好的认知,重塑自我。

开展罪犯心理危机干预,还应当注意监狱环境的特殊性,即资源有限、视域狭窄,仅采用传统的心理干预措施可能难以达到预期目的。因而,在监狱进行罪犯心理危机干预工作,首先,应该帮助罪犯减轻心理压力,保证罪犯的安全,预防出现攻击和自我伤害的行为;其次,注意运用有效资源(监狱民警、家人、其他罪犯和社会力量),积极发掘正向资源和问题解决渠道等;最后,通过专业介入,提高罪犯认知水平、人际适应能力,促进罪犯心理成长和自我完善。

二、罪犯心理危机干预的原则

罪犯心理危机干预要充分考虑监狱管理和罪犯改造实际,坚持以下原则:

1. 坚持以人为本。在心理危机干预工作中,应避免对罪犯的身份歧视或戴有色眼镜,必须将处于心理危机中的罪犯作为一个生命个体对待,采取一切必要和可行的措施保障其生命安全和身心健康。

2. 坚持平等真诚。心理矫治人员应当避免以民警和管理者的身份开展工作,避免带有行政管理色彩,要真心实意地为罪犯提供必要的帮助。

3. 坚持主动介入原则。发现有心理危机的罪犯,要主动介入,及时采取必要的心理干预措施。

4. 坚持正向激励。罪犯心理危机干预不仅要帮助罪犯度过特殊时期,维护其身心健康,还要唤醒罪犯积极向善的一面,使其在突破困境的同时,增添积极接受改造的动力。

5. 坚持社会支持。罪犯虽然入狱服刑,暂时脱离了社会大环境,但其仍然是社会的一员,面对突如其来的心理危机,罪犯心理的稳定尤其需要得到社会的支持,特别是亲人的支持。

6. 坚持促进成长。对罪犯进行心理危机干预,不仅要促使他们战胜眼前的困难,还必须促其成长,使其将来能自己应对多种危机,使其拥有充满希望的未来。因此,心理矫治人员可运用恰当方法,帮助罪犯改变旧的悲观认知方式和消极的情绪体验,构建新的乐观认知方式与积极的情绪体验,在恰当选择自己的改造目标和未来的人生目标后,能充分发挥自己的主动性,为实现目标而努力。

7. 坚持培养积极品质。积极的人格特质可使个体产生征服抗争的积极适应行为,能帮助个体有效应对挑战。对罪犯进行心理危机干预,需要进行积极心理取向的团体辅导来有意识地培养罪犯宽容、感恩、爱与被爱、希望乐观等情感层面的积极特质,这些特质可以催生罪犯的应激适应能力与自我保护机制,构建罪犯应对危机的内部正向心理资源。

8. 坚持解决心理问题与改造实际问题相结合。罪犯的部分心理问题是由担心自身或其家人遭受意外事件的侵扰、个人减刑假释预期无法顺利实现等一系列现实问题引起的。因此,对罪犯进行心理危机干预,需要与解决罪犯改造实际问题有机结合。

三、罪犯心理危机干预的体系

罪犯心理危机干预是一项系统工程,需要构建一套系统的工作体系,主要包括以下四个方面:

1. 发现预警体系。发现预警体系有助于及时发现罪犯的各类心理异常,是做好罪犯心理健康工作的前提。只有及时发现罪犯的心理异常现象,才能做到早判断、早介入。

2. 工作实施体系。对罪犯进行心理危机干预要有完善的工作实施体系,包括发现心理异常后的处置流程和措施、责任单位和个人等,都要明确具体。必要时,还需要组织开展业务培训和模拟演练,以提高实战水平。

3. 跟踪监测体系。跟踪监测体系分为事前、事中、事后三部分。事前跟踪监测,是指通过发现预警体系及时了解罪犯心理特点和动态,对罪犯可能出现的心理危机进行评估预判和跟踪监测,特别是对筛查出的重点罪犯进行重点跟踪监测,及时发现问题。事中跟踪监测,是指对正在接受危机干预的罪犯进行跟踪监测,及时发现心理变化,判断干预效果,调整干预措施。事后跟踪监测,是指对已经结束心理危机干预的罪犯在一定时间内持续进行的跟踪监测,主要是观察干预效果,防止问题反复。

4. 社会支持体系。社会支持体系的缺乏是引发罪犯心理危机的首要原因。实证研究发现,罪犯应对挫折等危机的方式与罪犯的社会支持紧密相关,高社会支持水平的罪犯有积极的应对方式。构建罪犯的社会支持体系,包括家人支持、监狱支持及其他社会支持。

四、罪犯心理危机干预的过程与方法

(一)通过评估确定干预对象

常规开展监狱安全大排查、大整治专项工作,全覆盖、无遗漏地抓好风险点摸排整治工作，全面梳理查找监狱工作各方面存在的风险隐患和薄弱环节，提高预测、预见、预防、预警能力，做到防患于未然。及时发现需要干预的危机对象，主要有以下四种评估方式：

1. 心理测验法。选择合适的量表进行心理测验，通过客观的评估，可以在一定程度上发现存在紧张、焦虑和其他危险倾向的罪犯。例如，16PF 测验，Q4 达到 7 ~ 10 分的罪犯；MMPI 测验，呈现出若干双峰图形的罪犯；SCL – 90 测验，达到严重等级的罪犯等。

2. 日常观察法。监狱民警在日常管教工作中，通过细心观察，可以发现那些情绪突变、坐卧不宁、烦躁不安、愤懑怨恨，以及有可能存在不良行为倾向的罪犯。

3. 在心理咨询中筛选。在心理咨询过程中，暴露出严重的心理危机和危险倾向的来访罪犯，也是危机干预的对象。

4. 心理危机的易感罪犯。在服刑过程中，经历家庭变故和危机事件是罪犯出现心理危机的易感因素，需要及早发现、及时干预。

在监管过程中，监狱民警需要根据多方面情况进行综合评定，更好地确定心理危机干预的对象。

(二)激发有心理危机罪犯的求助动机

无论是罪犯主动求询，还是由咨询师主动干预，干预对象都要有求询愿望，方能取得应有的咨询效果。为此，需要采取一定的方式鼓励、激发有心理危机的罪犯产生求询动机。例如，向罪犯客观介绍诊断结论，说明存在的心理问题和向不利方向发展的可能性；交谈与关怀，使罪犯信任心理咨询师并愿意求助；积极引导，调动罪犯对未来的憧憬，激发其自我责任感、解决问题的动机。在此过程中，咨询师的专业素质和人格特质起着重要的作用，建立尊重、真诚和信任的咨访关系可以在一定程度上激发罪犯的求助动机。

(三)让罪犯释放消极情绪与能量

处在心理危机状态中的罪犯，其内心充塞着紧张、不安、焦虑、不平、愤怒等消极情绪，很容易产生越轨行为。根据弗洛伊德的宣泄学说，如果一个人积聚的侵犯性能量以想象性或替代性的方式表现出来，他的侵犯性驱力就会减弱，弗洛伊德把以各种方式释放侵犯能量的过程称为宣泄。宣泄又可分为想象宣泄、言语宣泄和行为宣泄。可在心理咨询过程中引进宣泄，主要是言语宣泄，有时也可采用一些替代性的行为宣泄，如击打模拟物、撕扯衣角或哭泣等。对处在心理危机状态中的罪犯，应着力引导他们将内心积聚的消极情绪与能量通过倾诉释放出来，以减轻攻击能量，缓解心理危机。主要包括以下六点。

1. 表达对罪犯的关心，希望他把心里话都说出来，咨询员愿分担他的苦闷与烦恼。这个过程中咨询员的接纳和共情等专业素养具有重要的作用。

2. 理解罪犯的倾诉，鼓励他把心里深层的冲突以及新产生的各种动机和盘托出。为罪犯提供正确的宣泄不良情绪的渠道和方法，从根本上预防危机事件的发生。

3. 适当地进行评论与引导，指出按他原有的动机行事，将会产生何种后果。采用具体化技术、面质技术和指导技术，对罪犯进行疏导。

4. 共同讨论解决问题的方案，并优选、认同其中的最佳方案，尤其是引导罪犯作出适当的行为。

5. 在消极情绪有所缓解的基础上，运用心理学技术改善其认知。多数有心理危机的罪犯，往往是因为认知问题，把事情想得“糟糕至极”。让罪犯能够正确对待自己和看待事物，提升心理承受能力，做好迎接困难的准备。

6. 引导罪犯发掘自己的积极力量，找到自身的价值，促进罪犯自我成长。

(四)提高罪犯处理心理危机的能力

当心理危机基本解除之后，如果内在原因不消除，很可能不久又会产生新的心理危机。因此，应帮助罪犯掌握一定的自我调节与问题处理的方法，提高罪犯处理心理危机的能力，使罪犯不借助矫治工作者的帮助，也能自觉运用心理学知识，自我分析与防治心理障碍，重塑健全人格。培养罪犯处理心理危机的能力，需要注意以下五点。

1. 帮助罪犯经常进行自我观察与自我反思，了解自己的性格弱点，尤其要克服遇到问题后的不合理心理防御方式，如把自己的犯罪行为归咎于客观，把自己的消极思想推诿于社会等。

2. 鼓励罪犯通过记日记或回忆的方式进行内省，对生活中和服刑中发生的事件进行全面思考和理性分析，不断提高他们的认知能力。

3. 当罪犯心情郁闷或焦躁不安时，帮助他们采取有效的应对方式（如转移注意、参加有益活动、寻求心理援助等）平息焦虑等消极情绪。

4. 引导罪犯通过自我安慰（如遇到挫折，可认为“也许会因祸得福”）、角色换位（如遇人际冲突，可站在对方角度思考）、阅读有关书籍、冷静思考等方式，改善对事物的认知。

5. 全面分析罪犯发生心理危机的原因，不断提高他们预防和应对心理危机的能力。

(五)跟踪考察，巩固成效

在罪犯心理危机解除后，还要做好跟踪考察，了解罪犯心理的变化，尤其是认知层面的变化;同罪犯定期沟通,分析其应对心理危机的能力,鼓励他们巩固矫治成果;进一步建立处理下一次危机的快速反应机制。

此外,及时关注实施心理危机干预的工作人员和目睹心理危机的其他罪犯,保护他们免受消极影响。可采用情绪治疗和支持疗法,给他们创造情绪表达的机会,让他们获得积极的社会支持。

第三节 罪犯自杀的预防与干预

罪犯出现自杀倾向和自杀行为,是监狱内较严重和典型的危机事件。本书第七章第二节讨论了罪犯自杀倾向的评估问题,分析了罪犯自杀的动机及相关因素,本节主要讨论对罪犯自杀的预防与干预。

一、罪犯自杀倾向的预防与干预

针对有自杀倾向的罪犯的干预必须首先立足于预防,这要求民警对罪犯心理状况洞若观火,掌握相关心理学知识技能,对罪犯进行合理分析,并在最佳时机介入干预,从而有效控制自杀的风险和伤害。

(一)日常预警

在日常改造工作中,可采用广播、电视、报纸等多种形式进行防自杀教育。在进行心理健康教育时,要重点进行情绪教育、适应教育、挫折教育、自我教育及应激教育等,以增强罪犯应对挫折的能力,使他们学会有效的应对技能;在春夏季或罪犯自杀高发期,要开设专题自杀预防课;对新入监罪犯着重开展挫折教育,做到防患于未然;针对具有冲动性、抑郁性、固执性等易引发自杀行为个性特点的罪犯,要进行针对性的防自杀教育等。在对罪犯加强教育的同时,在监狱民警中也要普及自杀预防知识,让民警了解如何辨别有自杀意图的罪犯,在罪犯产生自杀倾向时知道如何介入和处理,学会辅导企图自杀的罪犯以及帮助他们增强应对危机的策略与技巧等。

(二)保障安全

当罪犯自杀意念处于峰值时,应该先采取措施保障安全,防止自杀行为的发生。首先,对罪犯采取适当的包夹措施,避免独处,并取走所有可能用来自杀的工具。其次,采取强制措施进行控制。对求死意愿强烈、自杀方式极端的罪犯,必须在法律法规允许的范围内采取必要的强制措施,如强制约束、强制镇静、强制喂食等,在其自杀意愿有所消退后再进行心理干预。最后,给予必要的心理支持,为罪犯注入新的心理动力。此时,试图说服罪犯放弃自杀念头往往不起作用,需要给予他们积极关注和接纳,提供心理支撑。这样不仅能使他们与心理矫治人员建立和谐的关系,而且能让他们相信有人愿意支持和帮助自己,自己并没有达到走投无路的程度,从而降低实施自杀行为的意愿。

(三)公开讨论自杀话题

发现罪犯有自杀企图时,可与罪犯公开谈论自杀问题。这样做并不会使罪犯更想去自杀,而是给他们一个讨论该话题的机会,讨论有可能使他们意识到自杀并不是最好的解决问题的方法。与此同时,还可了解和掌握罪犯自杀的真正原因、自杀意向的严重程度、为了达到死亡的目的采取了什么方法、被发现时已进行到什么阶段等,为明确后续的干预手段和措施打好基础。

(四)消除自杀意念

在对罪犯自杀意念的消除过程中,需全面考量其自杀动机、心理状态、身体状况、情绪变化等因素,充分体现个别化干预的特点。

1. 建立咨访关系。在对有自杀倾向的罪犯实施干预的过程中,民警通常需要成为罪犯移情的对象,并和罪犯建立和谐的关系,以真诚、尊重、积极关注为基本原则,帮助他们疗愈自己。

2. 激发求生愿望。如果不能激发罪犯对生的渴望,任何干预努力都是徒劳的。虽然良好的咨访关系可以为罪犯提供心理支持,但这并不能彻底解决问题,还需要帮助他们学会与他人建立并维持良好的关系,使其拥有足够的社会支持,并从与他人的交往中更多地感受生活的美好,进而萌发求生的愿望。

3. 处理核心问题。罪犯自杀的核心问题往往不是简单的自杀动机问题,而是更加深层的心理问题,一般可归纳为客体关系问题、认知倾向问题、情绪处理问题、人格问题等,对这些问题要展开分析并协助罪犯找到解决办法。

4. 提高应对能力。应帮助罪犯学会选择解决问题的合理方法和相对理性的行动方案,使其在用恰当方式解决问题的同时提高自己的社会适应能力,促进他们自我成长。

(五)结案与跟进

罪犯自杀意念消除后,经评估可以结案。为避免失误,通常采用三要素评估法,即心理测试、自评、他评相结合。其中他评又分为行为观察、情绪反应、非结构面谈等形式。干预结束后,通常需要进行为期半年的跟进回访。首月每周回访一次,对罪犯的心理状况和社会交往情况进行评估,若无异常,则可逐渐延长回访间隔,但不得超过1个月。在确认罪犯自杀风险回归至罪犯群体正常水平后,可交由监区民警继续关注。

此外,在对罪犯自杀倾向进行心理危机干预时,还应注意与其他相关部门保持密切联系和配合,及时了解和掌握罪犯自杀心理的产生、发展规律及表现特征。在监区民警的帮助下实施隔离或其他保护措施,使罪犯离开刺激源,及时关闭自杀通道,减少罪犯自杀成功的可能性。

二、罪犯实施自杀后的干预与处置

(一)罪犯自杀未遂的干预与处置

自杀未遂事件发生后,要按照狱政管理的要求和有关规定,对自杀未遂者进行保护和监管,同时进行评定,以防止再次自杀的发生。对自杀未遂者进行评定,主要是为了确定对其实施帮助的手段、方式和限度。评定主要包括以下内容:自杀的真正原因是什么;自杀未遂的原因是什么;自杀者的自杀意向严重到什么程度,影响有多大;当前是否仍然存在自杀危险;目前所面临的、亟须解决的问题是什么;是否罹患某种精神障碍;采用何种帮助形式能够让罪犯接受并能取得最佳效果。

(二)罪犯自杀死亡后的干预与处置

从心理危机干预的角度来看,监狱中发生了罪犯自杀事件后,需要做的工作有两项:一是确定死亡是否确实由自杀引起,即对自杀进行初步鉴定;二是对死者进行"心理解剖",即通过与死者有关的人进行访谈重建死者的信息。这主要针对的是不明原因的死亡。"心理解剖"不仅可以最大限度地明确已经死者的死亡方式,如自然死亡、意外死亡或者自杀死亡,还可以更好地了解死亡原因和其他相关危险因素,为预防自杀提供信息。

在"心理解剖"工作中,进行具体操作的专业人员是"访谈人",接受调查和询问并被要求提供死者信息的人员是"信息人"。在监狱的"心理解剖"工作中,访谈人一般由监狱中的心理咨询师和精神医学工作者共同担任,必要时应该聘请社会上的专业人员共同参与。信息人则主要包括监狱民警、狱内的医务工作者、死者周围的罪犯、死者的家属以及其他相关人员。对死者采取自杀行动的可能原因以及影响其自杀行为的可能心理因素进行深入剖析,用"心理解剖"得出的结论来佐证死者"自杀"的事实,寻找导致自杀的危险因素以及预防和控制自杀的方法。

(三)对值班民警和其他罪犯的干预

在亲历了罪犯的自杀后,无论值班民警是否有直接责任,他们的内心也会遭到一次强烈的震撼和冲击,同样有可能对他们造成严重的心理创伤,必须给予高度重视，并在第一时间对民警进行有效的心理危机干预。对民警的心理危机干预不仅可以帮助他们早日摆脱自杀事件造成的心理阴影，还能帮助他们勇敢地面对工作中的错误，尽快恢复积极健康的心态，全身心地投入今后的工作。

同时，还要对自杀罪犯周围其他犯人进行必要的处置。罪犯实施了自杀，无论是否造成死亡的后果，都会对其他罪犯的内心造成影响。这种影响以负面的为主，有可能会对监狱安全和管理工作造成困难。因此，应该设法消除这些不良影响，尽快使监狱工作恢复正常。在做好相应保密工作的前提下，将有关自杀发生的真相和事实最大限度地予以公开，以消除其他罪犯的误解和流言。同时，及时启动心理危机干预措施。亲眼看见自杀发生的其他罪犯，实际上都亲身经历了一次重大的心理危机事件，会造成一些心理创伤。为了避免和消除这些不良的后续反应，应针对发生自杀的监区全体罪犯，在第一时间开展及时有效的团体心理咨询工作和心理健康教育工作，同时从心理学角度进行排查，对有自杀可能的重点罪犯予以重点控制和帮助，消除隐患。

研究与思考

1. 结合实例，分析罪犯心理危机发生的原因。
2. 结合案例，讨论罪犯心理危机干预的工作程序与方法。
3. 结合案例，分析罪犯自杀的预防与干预。

第十二章　罪犯心理矫治理论与技术前沿

重点提示

风险—需求—反应模型(RNR)在罪犯矫治领域具有很强的适用性,该模型包括三大原则,即危险原则、需求原则和反应原则。美好生活模型(GLM)是一种基于能力或优势的方法,将提高幸福感与降低再犯风险结合起来,形成了一种综合的整体矫治模式。近年来,理论界与实务界十分重视通过罪犯风险管理计划来降低再犯罪风险,其中再犯风险评估中的动态风险因素引起了广泛关注,主要包括愤怒和敌意、低自尊、人际交往能力差、低受害者同理心等。

罪犯心理矫治在促进我国监狱教育改造科学化发展的过程中,应当借鉴国际上被广泛运用的先进理念、模型与方法技术,如"风险—需求—反应"模型、"美好生活模型"、矫治康复模型(RM)、个案管理(CM)、刑期管理(SM)、矫正项目(CP),以及动机晤谈法(MI)、认知行为疗法(CBT)、辩证行为疗法(DBT)、心智化疗法(MBT)、萨提亚疗法(SM)、同伴支持(PS)等,其中许多与罪犯心理矫治密切相关。本章选择其中有代表性的理论与方法技术进行介绍。

第一节　风险—需求—反应模型

一、风险—需求—反应模型简介

加拿大学者安德鲁斯(Andrews)等于1990年提出的风险—需求—反应模型,在罪犯矫治领域有较大影响。针对多个国家多种犯罪对象的研究表明,风险—需求—反应模型在罪犯矫治领域具有很强的适用性,但在吸毒领域应用的研究文献较少。[①] 近年来,一些学者努力探索风险—需求—反应模型理论在心理矫治领域应用的效度问题,研究并未得出一致的结论。风险—需求—反应模型应用于心理矫治领域的研究文献不多,主要包括三个方面:一是分析风险—需求—反应模型理论对服刑人员矫治效果的预测效度问题;二是该理论应用的第三代风险评估 LSI - R 量表对成年服刑人员预测效度问题,LSI - R 量表的青少年版本 YLS/CMI 量表及子量表,测量 16 岁左右服刑人员的预测效度问题,第四代风险评估 LS/CMI 量表测量服刑人员的指标差异问题;三是风险—需求—反应模型理论犯因性因素对不同罪犯的差异研究问题。

风险—需求—反应模型包括三大原则,即危险原则、需求原则和反应原则。

危险原则,是指对高危罪犯需要开展高强度矫治,对低危罪犯开展低强度矫治,对高危罪犯矫治效果优于低危罪犯矫治。强度包括三个方面的含义:一是矫治的频率和时长;二是矫治服务的种类;三是综合前两项内容,即矫治的频率、时长,以及服务的种类。危险原则包含两部分内容:一是对高危罪犯的矫治,再犯率显著降低,效果优于低危罪犯;二是低危罪犯接受低强度或不接受矫治效果最好,如果将低危罪犯与高危罪犯混合管理,或令其接受高强度矫治,矫治效果最差。

需求原则,是指矫治程序设计中等的矫治目标效果最好,目标包括:改变反社会态度、改变情感、改变同伴联系、促进家庭关系……促进对反犯罪榜样角色的认同;增加自我控制和自我管理技能;取代说谎、偷窃,以及攻击他人的技能;培养更多亲社会技能;减少毒品依赖等。效果不好的矫治目标包括:只增加罪犯自尊,而忽视反社会倾向;增强反社会同伴群体的凝聚力;关注与再犯无关的模糊的个人问题或情绪问题。需求原则的基础是矫治工作能够降低后续的犯罪行为,从而增加公众的安全感。需求原则的核心是关注犯罪行为和态度的动态变化,即犯因性需要。安德鲁斯和邦塔(Bonta)(2010)把 8 个中心危险和需求因素分成"大四"(big four)危险因素和"中四"(moderate four)危险因素。[②] 其中,"大四"危险因素包括反社会行为历史、反社会人格模式、反社会认知和反社会同伴,"中四"危险因素包括家庭/婚姻、学校/工作、休闲/娱乐和物质滥用。以上因素代表了与罪犯重新犯罪高度相关的 8 个因素,同时包含了最可能通过矫治加以改变的一些因素,这些因

---

① See Michael L. Prendergast, Frank S. Pearson, Deborah Podus, et al., The Andrews' Principles of Risk, Need, and Responsivity as Applied in Drug Abuse Treatment Programs: Meta - analysis of Crime and Drug Use Outcomes, 9(3) *Journal of Experimental Criminology* 275 - 300(2013).

② See D. A. Andrews & J. Bonta, *Rehabilitating Criminal Justice Policy and Practice*, 16(1) Psychology Public Policy and Law 39 - 55(2010).

素是“动态的”，意味着能够随着时间加以改变，理论上其经得起检验的矫治且能够使得再犯危险降低。

反应原则，是指选择的矫治类型和模式，主要包括两部分内容：一是影响罪犯矫治目标的具体类型；二是匹配罪犯的学习风格，具体而言，包括模仿、渐进实践、预演、角色扮演、强化、提供资源、详细口头引导和解释（提供建议、给出原因、认知重构）等。反应原则是关于最适合罪犯矫治的类型问题。在应用中，反应原则要求对罪犯进行全面评估，以制定适合每一个罪犯学习风格的治疗方法。然而，在实践中，安德鲁斯提出，适合全部罪犯的最佳方法都遵循了认知行为理论和社会学习理论及实践。另外，根据反应原则，一些特定类型的矫治并不适合多数罪犯，包括威慑方法和标签方法，中度惩罚方案和结果，基于无结构的同伴小组的团体及居住地治疗程序、以代理人为中心的间接咨询方法，以及无结构化的心理动力理论等。后来，安德鲁斯将反应原则分为一般反应原则和具体反应原则，一般反应原则，是指应用认知社会行为方法来改变各种类型的罪犯行为；具体反应原则，是指针对罪犯的特定特征，如考虑动机、性别以及种族（民族）情况，制定有针对性的认知学习干预措施。

二、风险—需求—反应模型的应用

（一）危险评估的代际概括

安德鲁斯等（2006）提出了矫正对象危险评估的发展、描述及维度，①见表12－1。

表12－1 矫正对象危险评估的发展、描述及维度

代	描述	维度
第一代	专业判断	0维度
第二代	静态危险	1个维度（危险）
第三代	危险和治疗需要	*N*个维度＋共同因素（危险）
第四代	危险和治疗需要及个案管理	*N*个维度＋共同因素（危险）＋事件维度

分析以往研究，可概括出风险—需求—反应模型理论应用的测量工具，见表12－2。

---

① See D. A. Andrews, J. Bonta & S. J. Wormith, *The Recent Past and Near Future of Risk and/or Need Assessment*, 52 Crime and Delinquency 7－27(2006).

表 12－2　风险—需求—反应模型理论应用的测量工具

第三代风险评估工具		第四代风险评估工具		
	LSI－R	YLS－CMI	LS－CMI	
提出时间	1995 年	2002 年	2004 年	
适用对象	适用于成人，大于 16 岁	适用 16 岁左右青少年	适用	
子量表	10	8	8	
题目	54	42	43	
总分	0～54	0～42	0～43	
风险等级（加拿大）				
高度危险罪犯	41～47	大于 23	非常高	大于 30
中高度危险罪犯	34～40	—	高	20～29
中度危险罪犯	24～33	9～22	中	11～19
低中度危险罪犯	14～23	—	低	5～10
低度危险罪犯	0～13	0～8	非常低	0～4

（二）第三代风险评估量表对服刑人员的适用性

1. 水平评估量表对成人服刑人员的适用性

LSI－R 量表是由安德鲁斯和邦塔于 1995 年开发的第三代风险评估量表，该理论最早见于安德鲁斯 20 世纪 80 年代早期论述，是一个包含一体化评价动态与静态要素的再犯危险性评估工具。① LSI－R 量表和其变式都称"Level of Service"（LS）量表，Wormith（2011）报告仅在 2010 年应用 LS 量表的测量就超过一百万次。② LSI－R 量表的理论基础是 RNR 理论，因 LSI－R 的子量表设计的初衷也是测量中心 8 因素，因此 LSI－R 量表对中心 8 因素测量效果最好。2018 年，由多功能健康系统（Multi－Health Systems Inc.，MHS）公司将 LSI－R 量表推向市场。MHS 公司为 LSI－R 量表开发了针对性的产品网页，并认为 LSI－R 量表是世界上应用最广

① See D. A. Andrews & J. Bonta, *The Level of Service Inventory－Revised*, Multi－Health Systems, 1995.

② See J. S. Wormith, *The Legacy of D. A. Andrews in the Field of Criminal Justice: How Theory and Research Can Change Policy and Practice*, 10(2) International Journal of Forensic Mental Health 78－82 (2011).

泛和研究最广泛的危险/需求评估工具。LSI－R 量表的施测对象为成人，对成年犯具有较高的预测效度。该量表具有良好的信度和效度；对 LSL－R 量表的心理测量结构评价主要通过因素分析探索，史蒂文森（Stevenson）等 1987 年发现，LSI－R 量表的两个因素——反社会子成分和同伴分数——与未来的犯罪达到显著相关。[①] 洛扎（Loza）和西莫德（Simourd）1994 年研究发现，犯罪生活风格和情绪/个人因素解释了研究样本的大部分变异，分别占 27% 和 23%。[②] 量表中 36 个条目（占总条目的 67%）测量的是动态因素，18 个条目（占总条目的 33%）测量的是静态因素。

2. YLS/CMI 量表对青少年服刑人员的适用性

由于 LSI－R 量表在预测 16 岁左右的对象时尚缺少证据支持，因此对 LSI－R 量表的修订更加关注青少年的危险和需求因素。2002 年，针对青少年罪犯的 YLS/CMI 量表问世，通过危险性评估来预测再犯，并对 8 个犯因性需要进行评价。在测量青少年吸毒犯方面，YLS/CMI 量表物质滥用子量表对再犯预测效度较低，同伴关系和态度子量表对再犯预测效度较高。量表包括 42 个条目，采用二分法记分（0 和 1），分数为 0～42 分。危险性评估分为低危险（0～8）、中度危险（9～22）、高危险（＞23）。初期 YLS/CMI 量表也是由 MHS 公司在北美向市场推广。对于青少年矫正机构而言，YLS/CMI 量表有巨大的应用潜力和价值，因为它能按照危险—需求—评估原则为青少年罪犯的监管和矫治服务提供帮助。YLS/CMI 在美国和加拿大矫正机构应用十分广泛。YLS/CMI 能够评估物质滥用的治疗需要以及其他 7 个犯因性内容。量表设计有双重目的：一是评估干预需要，二是评估再犯危险。YLS/CMI 量表是危险需求评估工具，目的是评估可以为个案提供管理的犯因性需要。YLS/CMI 量表揭示针对罪犯个体设计治疗措施需要考虑上述因素。

施瓦尔贝（Schwalbe）于 2007 年研究认为，YLS/CMI 可以准确地提供总体再犯罪危险的预测，对青年吸毒罪犯的再犯罪预测效度问题需要评价。[③] 物质滥用量表对再犯罪的预测效度较差，这些研究结果提示实务工作者在制订矫治计划时需要特别关注。应用比例风险回归模型（Cox Regression Hazard Modeling）评估再犯罪的危险，结果表明，虽然青少年吸毒犯在物质滥用量表上有显著的高分，但是青少年吸毒犯比非吸毒犯再犯的危险性差异不显著。

---

① See H. E. Stevenson & J. S. Wormith, *Psychopathy and the Level of Supervision Inventory*, Solicitor General Canada, 1987.

② See W. Loza & D. J. Simourd, *Psychometric Evaluation of the Level of Supervision Inventory (LSI) among Male Canadian Federal Offenders*, 21(4) Criminal Justice and Behavior 468－480(1994).

③ See C. S. Schwalbe, *Risk Assessment for Juvenile Justice: A Meta－analysis*, 31(5) Law and Human Behavior 449－462(2007).

3. 第四代风险评估量表对服刑人员的适用性

LS/CMI 量表用于评估静态危险因素和动态危险因素，量表设计的目的有两个：一是对罪犯的危险进行总体评估，二是帮助制订治疗计划和实施个案管理。该量表包括 11 个组成部分，前 8 部分是量表核心，后 3 部分为个案管理草案。前 8 部分包括与总体危险和需求因素、具体危险和需求因素、犯罪经历因素及其他罪犯的因素（如经济问题和健康问题）相联系的题目。该部分测量总体危险/需求因素，包含 43 个测量危险/需求因素的题目，测量时间限定为新入矫正机构两周内，以及从矫正机构释放前一周内。后 3 部分为个案管理草案，包括个案管理计划、进步记录、释放总结。学者累计运用 LS/CMI 量表测量了 135791 名 16 岁以上的男性罪犯和女性罪犯。[①]

第二节　美好生活模型

一、美好生活模型简介

近年来，在加拿大、英国、澳大利亚和新西兰等国家，罪犯矫正的主要方法是依据风险—需求—反应模型。但也有一些学者提出不同的观点，其中以新西兰心理学家托尼·沃德（T. Ward）为代表。沃德等学者认为风险—需求—反应模型更像是一种缺陷模型——修正了犯罪发生的需求，而不是确定罪犯在生活中最看重什么，并利用这些积极因素使他们避免再犯罪。沃德等学者为罪犯矫正开发了一个新的实践框架，即美好生活模型。[②] 该模型的起源可以追溯到 21 世纪初，最初由沃德（2002）作为一种矫治理论创建，并在过去的 20 年中由沃德及其同事不断研究和发展。该模型提出通过强调建立罪犯所拥有的优势来进行改造。不仅关注由监狱领域专业人士确定的罪犯风险因素，还关注罪犯个人相关的需求和幸福，这被认为有助于提高矫治效果，从而降低再犯的风险。根植于积极心理学的美好生活模型成为一种基于能力或优势的方法，它将提高幸福感（力量）与降低再犯风险结合起来，形成了一种综合的整体矫治模式。关于美好生活模型的相关介绍见表 12－3。

---

① See Stephanie Brooks Holliday, *Self－reported and LS/CMI Measured Risk Factors: Relation to RNR Adherence and Criminal Recidivism*, Drexel University, 2013.

② See T. Ward, *Good Lives and the Rehabilitation of Offenders: Promises and Problems*, 7 Aggression and Violent Behavior 513－528(2002).

表 12－3　罪犯矫治的美好生活模型介绍

美好生活模型基础	基于人的尊严和人的主观能动性
开发目的	最初是为性犯罪者治疗而开发，之后应用不同对象
核心假设	人在生活中都有相似的愿望和需求，他们制定和选择目标，制订计划，并自觉地采取行动来实现它们
对犯罪的定义	实现人生价值的一种不适应策略，或通过亲社会手段追求相关人生目标的失败
基本原理	沃德认为关注罪犯的生活是很重要的，因为每个矫治计划都预先假设了罪犯可能的良好生活的概念。因此，矫治项目的挑战是帮助罪犯在他们的改变过程中找到一个基本问题的答案：罪犯如何过不同的生活
矫治的主要目标	让罪犯有“能力满足他们的需求，追求他们的利益，因此生活快乐，实现生活目标”［沃德 & 马鲁娜（Maruna），2007］
11 类初级品质	（1）生活（包括健康的生活和功能）；（2）知识（一个人对自己认为重要的事情的了解程度）；（3）工作（包括掌握经验）；（4）游戏（爱好和娱乐追求）；（5）主动性（自主和自我指导）；（6）内心平静（从情绪动荡和压力中解脱出来）；（7）关系（包括亲密关系、浪漫关系和家庭关系）；（8）社区（与更广泛的社会群体的联系）；（9）精神性（在广义上找到生活的意义和目的）；（10）快乐（此时此地的幸福或感觉良好的状态）；（11）创造力（通过其他形式表达自己）
次要（或工具性）需求	作为获得主要需求、实现目标的手段
犯罪的途径	直接的途径（犯罪行为被明确或隐含地选择以实现主要利益）、间接的途径（在追求主要利益的过程中失败或失望，以及适应不良的应对策略导致犯罪行为）
矫治干预	应该使罪犯能够实现个人有意义的目标，或发展必要的生存知识、技能和机会，以满足他们的生活需求，而不会有犯罪行为。美好生活模型指出，有效的矫治措施不仅应关注风险因素，还应加强犯罪人的技能和能力，以满足个人相关的人类需求，从而改善生活质量。通过承诺更快乐、亲社会的生活，而不仅是更低风险的生活，使罪犯朝着更好的生活努力，可以更持久地降低再犯的风险

具体来说，遵循美好生活模型的矫正干预应该会产生两种结果：一是“减少罪犯进一步犯罪的可能性”［沃德 & 马鲁娜（Maruna），2007］，二是罪犯应该“参与矫治过程，并促进对犯罪的抵制”［威利斯（Willis）& 沃德，2013］。在实践中，上述努

力能够减少罪犯的再犯，降低对社会的风险，也能够提高罪犯的心理健康水平，增加获得更好生活的机会。当然，关于美好生活模型有效性的研究仍处于早期阶段，对其认识需要进一步的研究支持，包括研究美好生活模型的长期效果及其对累犯风险的影响。有人建议，在得到强有力的实证证据支持之前，在使用"美好生活"方法的同时，应辅以对累犯有明显影响的风险—需求—反应模型[内托(Netto)等，2014][1]。

二、美好生活模型的实践框架

2021年，沃德提出美好生活模型的实践框架，包括三个相互关联的层面：核心价值观和原则、与知识相关的假设（包括犯罪行为的病因假设）和干预指南[2]。

(一)第一级：美好生活模型实践框架的核心价值观和原则

美好生活模型关注的是提高个人制定和选择目标、制订计划以及在实施这些计划时自由行动的能力。根据贝勒费尔德(Beyleveld)等(2001)的观点，[3]人类的尊严在于他们有能力通过自己的判断和行动来追求他们在世界上的利益。为了过上体现其固有尊严的生活，人们需要拥有一系列核心能力和外部资源——为追求目标而行动的基本能力（如社交技能）和成功实现其目标所需的环境（如社会机会和接受）。虽然美好生活模型的中心目标是建立内部和外部能力（建立优势），但它同样重视风险因素。因此，美好生活模型主张双重强调风险管理和需求提升，其核心价值观反映在基于这些目标的两项主要规范原则中：(1)风险管理，减少和管理罪犯个人对社区构成的风险；(2)需求提升，通过增加个人的优势和能力来提高个人的幸福，使他们更好地过上亲社会和有意义的生活。

(二)第二级：美好生活模型实践框架中与知识相关的假设

美好生活模型从自然和人文的角度将犯罪行为概念化。人类的行为是有意义、有目的的，是由一个或多个合理的目标指导的。因此，美好生活模型实践框架提出，所有有意义的人类行为都代表着确保人类主要利益（经验、存在状态和为自身利益寻求的活动）的尝试。即使犯罪行为有潜在的合法目标，它也可以被视为对

---

① See N. R. Netto, J. M. Carter & C. Bonell, *A Systematic Review of Interventions That Adopt the "Good Lives" Approach to Offender Rehabilitation*, 53(6) Journal of Offender Rehabilitation 403 - 432(2014).

② See Jacqueline A. Sullivan, *The Concept of Practice Frameworks in Correctional Psychology: A Critical Appraisal*, 63 Aggression and Violent Behavior 1 - 8(2022).

③ See D. Beyleveld & R. Brownsword, *Human Dignity in Bioethics and Law*, Oxford University Press, 2001.

人类主要利益的追求(尽管存在问题)。例如,从表面上看,暴力犯罪的目的可能是伤害他人,实际上暴力行为是达到其他合法目的的一种(有问题的)手段。也许目标是重新获得个人权力感,控制局面,感到被尊重,感到被钦佩,在帮派中保持有价值的地位,或者可能是解除某种消极的情绪状态。

在追求人类基本利益的过程中,可以说,驱动犯罪行为的内部缺陷和外部缺陷代表了个人独特的犯因性需求或风险因素。美好生活模型的病因学主张的重点是个人的隐性或显性美好生活计划。这一实践框架的一个重要主张是,个人的认同感来自他们在生活中寻求最重要的人类善的方式。这种寻求善的重要性反映在一个人的自我概念中,并赋予他或她的生活目的和意义。

(三)第三级:美好生活模型实践框架的干预指南

关于犯罪人的道德地位,美好生活模型实践框架将他们视为“同路人”或“像我们一样的人”。因此,矫治工作者鼓励将他们视为与不犯罪他人的个体共享相同的需求和愿望,并以非惩罚性和建设性的方式进行合作。美好生活框架矫治的对象是个体的美好生活计划,以及个体在日常生活中对人类初级善的适应性追求。矫治的目的是促进初级需求,人类需求一旦满足,就会增强心理健康。一旦一个人对美好生活的概念理解以社会可接受的方式满足初级产品目标,那么面向未来的次级产品就会被协同制定,并转化为美好生活的矫治计划。例如,一个最重视工作的人会把工作作为他们美好生活计划的中心,实现这一目标所需的内部资源(如木工技能、时间管理、社交技能、相关知识)和外部资源(如获得专家导师指导、工作经验、培训津贴、学徒机会)将以一种渐进和系统的方式出现在美好生活计划中。

从美好生活模型的角度来看,再犯的风险通过两种方式降低:首先,以社会可接受和个人满意的方式建立实现主要需求(或更广泛地说,执行良好的人生计划)所需的内部和外部能力可以直接改变动态风险因素。例如,学习成长所需的技能可能更容易培养注意力集中和情绪调节的技能,从而减少冲动,这是一种犯罪特征。其次,当个人因参与了与他们相关的项目而强烈地激励他们在矫治中努力工作时,风险的降低可能会间接发生。更具体地说,在构建对个人有意义的、亲社会的美好生活计划时,获取技能、知识和外部资源的过程构成了矫治计划中变化的相关机制。因此,矫治的重点是为个人提供资源,让他们过上“更好”的生活,而不仅是降低再次犯罪的风险。

三、美好生活模型的理论假设

美好生活模型基于两个主要的理论假设。第一个假设认为,在某种程度上,所有人都努力追求一套普遍的人类需求和目标，以实现更美好的幸福。初级需求本质上是为了自身利益而寻求的活动、经历和/或情况，这使个人受益，并增加他们的成就感和幸福感。在美好生活模型中，这些需求和目标被定义为11项“基本需求”和相关的“次级需求”（见表12－4）。虽然基本需求表述为抽象的动机结构，但工具或“次级需求”提供了保护这些需求的具体方式（或手段）。根据美好生活模型，人类努力获得所有这些需求，但个人可能会赋予每一个需求不同的权重，从而反映他们的个人价值观和生活中的优先事项。犯罪的途径或是直接的（犯罪行为被明确或隐含地选择以实现主要利益），或是间接的（在追求主要利益的过程中失败或失望，以及适应不良的应对策略导致犯罪行为）。

表12－4　美好生活模型基本需求和次级需求①

基本需求	描　述	次级需求或实现手段
生活	对健康和高质量生活的需求，对安全感的需求。包含对健康生活和身体功能很重要的所有身体需求和因素：食物、水、住所和健康的身体。这个善的理想实现意味着这个人表现为一个身体健康的人，他的身体功能和生活环境都是高标准的	健康的饮食，规律地锻炼，谋生，有安全的住所
知识	对信息的兴趣、获取和占有与一个人有多聪明无关，而是与一个人对他/她重要的事情有多了解有关。知识的好处是基于这样一种观念，即人们从根本上是好奇的生物，他们渴望了解自己、环境和他人的各个方面	参加学校或培训课程，自学（如阅读），指导或辅导，参加矫治计划
工作卓越	从事工作的需要，为人们提供了自豪感、成就感、满足感和技能发展。有意义的就业既有内在价值（为成就而成就，即个人实现），也有工具价值（为特定目的成就，即晋升、更大的责任或加薪），应该与个人的技能、兴趣、偏好和愿望相一致	被雇用或志愿从事有意义的工作，促进自己的职业生涯
游戏	需要从事休闲或有趣的活动，包括以享受和掌握该领域为目的的活动	参加体育运动，演奏乐器，艺术和手工艺

① Note：The detailed descriptions of the primary and secondary goods are based on the descriptions of Ward，Purvis，Willis and colleagues（Purvis，2010；Purvis，et al.，2014；Ward，2002a，2002b；Willis，et al.，2013）.

续表

基本需求	描　　述	次级需求或实现手段
主动性	需要制定自己的目标,并在自己选择的行动和活动中寻求实现目标的方法。包含对自主、自我指导、个人权力、控制和掌握的需求。它容纳了一个人自立的愿望,能够追求自己最看重的东西,并以一种与自己最深刻的价值观和关注点一致的方式塑造自己的生活	制订并贯彻人生计划,保持自信,实现某种形式的独立
心灵的平静	需要从情绪动荡和压力中解脱出来。包括情绪自我调节和达到情绪平衡状态。它也指对情感能力的需求。情绪能力是自我调节过程在情绪领域的应用。它由许多技能组成,如意识和理解自己的情绪状态,表达自己感受的能力,识别他人情绪的能力,对他人作出移情反应的能力,以及通过一系列适应性策略管理厌恶情绪的能力	锻炼、冥想、自我调节技能、咨询或其他有助于管理情绪和压力的活动
关系	需要与亲密的伴侣、家庭成员和亲密的朋友建立深情的相互联系	与家人和/或朋友共度时光,与他人建立亲密关系
社区	属于社会群体的需要,感觉与反映自己兴趣、关注和价值观的群体有联系。包含成为更广泛的社会或文化网络的一部分、能够依赖并为之作出贡献的感觉	属于服务俱乐部、志愿者团体或运动队
精神性	需要发现生活的意义和目的。包括寻求灵感和从属关系,与超越的存在或现实的精神联系,或者只是作为更大整体的一部分的体验	参加有共同目的的团体(如环保团体)
快乐	需要在此时此地感觉良好。包括一系列的感情和感觉,如喜悦、快乐、兴高采烈和享乐	与朋友社交,享受美食,看电影,寻求刺激的活动
创造力	创造艺术作品的能力。包括一个人解决问题的方式,或者他们欣赏美或自然的方式。它本质上是通过不同形式的活动来表达自己	绘画,园艺,摄影,以及其他类型的艺术活动,参与新的或新奇的活动

美好生活模型的第二个假设是,未能以亲社会的方式获得基本需求,可能导致犯罪行为。[①] 人类所有行为,包括犯罪或反社会行为,都被视为最终与追求人类利

① See T. Ward & W. L. Marshall, *Good Lives, Aetiology and the Rehabilitation of Sex Offenders: A Bridging Theory*, 10(2) Journal of Sexual Aggression 153 - 169(2004).

益有关。因此,根据美好生活模型,犯罪行为可以被视为一种替代行为,是个人的亲社会尝试获得基本需求失败时,获得基本需求的反社会尝试。

有证据表明,人类基本需求的实现与更高水平的幸福有关,而它们的缺失与各种心理问题有关。美好生活模型认为,人类倾向于寻求所有主要的利益,但他们对每一种利益的权重不同,这反映了他们的价值观和生活中的优先事项。个人通过各种具体手段获得初级需求或次级需求。从本质上讲,次级需求是人们为追求初级需求而进行的活动。例如,一个人可能会试图通过听音乐、冥想或喝酒来放松(满足内心平静的主要利益),这些都是次要利益。从美好生活模型的角度来看,当人们无法以其他更适应的方式满足初级需求时,便会寻求满足社会不可接受的次级需求。因此,犯罪代表在个人限制(如缺乏知识或技能)和/或环境不利(如缺乏机会或资源)的情况下试图获得初级需求。在美好生活模型中,这些阻碍获得初级需求的个人和环境障碍被概念化为犯因性需求。美好生活模型假设所有人都围绕对他们最重要的事情来塑造他们的生活,因此遵循某种(通常是隐含的)美好的生活计划。①

有关理论和研究表明,有四种类型的困难往往在罪犯的美好生活计划中,并反映在他们的生活方式中。首先,犯罪者可能在获取主要需求的手段(二手需求)方面存在问题,因此会从事反社会或适应不良的行为。例如,一个人可能通过强奸寻求获得权力和控制感(替代的主要利益)。其次,他们获得初级需求可能会受到内部(个人)和外部(环境)能力(如技能、态度、心理特征、人际、社会和文化因素)问题的阻碍。例如,由于人际交往能力差、厌恶女性的态度和低水平的社会支持,个人可能会将强奸作为满足替代需求的一种手段。再次,他们可能不会努力争取或确保所有的初级利益(例如,专注于工作而损害其他利益,如关系和利益)。最后,他们可能会在追求的东西之间存在冲突(例如,一个人的过度工作倾向与他们需要与妻子保持亲密关系)时,产生压力和不快乐情绪。个人美好生活计划中的这四个缺陷并不相互排斥,甚至通常是重叠的。例如,通过不适当的手段获得初级需求可能反映出内部和外部能力的问题,并可能导致所寻求的需求之间的冲突。

总之,美好生活模型不是一个具体的干预措施,而是一个总体的矫治框架,可以在单一的矫治计划中涉及不同理论、评估方法和矫治技术的整合。首先,把重点放在让罪犯具备实现目标的能力上,更有可能让他们参与矫治,激励他们改变,形成积极的矫治关系。其次,美好生活模型提供了一个更丰富、更完整的犯罪病因学

① See D. R. Laws & T. Ward, *Desistance and Sexual Offending: Alternatives to Throwing Away the Keys*, Guilford, 2011.

模型,强调了人类功能的关键方面,如人类需求、能动性和身份。再次,基于这种更广泛的犯罪概念的矫治计划是全面和积极的,关注个人目标以及他们的犯因性需求。在美好生活模型中,这些提高幸福感和降低再犯风险的目标是密不可分的,因为矫治的重点是为罪犯提供个人和环境资源,以满足他们的亲社会需求。最后,美好生活模型拥有指导临床医生在所有实践领域的概念资源,包括矫治的关系、动机、伦理和背景方面。①

第三节 关于再犯风险因素的研究

一、再犯风险因素概述

近年来,诸多研究者试图确定或评估一些可能增加或减少罪犯再犯的风险因素,研究人员一般将这些因素分为两类:静态风险因素和动态风险因素。静态风险因素,是指那些不能改变的因素,如罪犯释放时的年龄、犯罪前科等。相比之下,动态风险因素,是指随时间而变化的因素,如就业状况、精神病症状等。

长期以来,静态风险因素一直是矫治领域关注的焦点,通常被认为比动态风险因素更能有效预测再次犯罪。然而,最近动态风险因素已引起理论界和实务界广泛关注,在风险评估中考虑动态因素,努力通过罪犯风险管理计划来降低罪犯再犯风险。

研究人员对动态风险因素的认识逐步深化,其中一个代表性分类是将动态因素划分为急性动态风险因素和稳定动态风险因素。② 急性动态因素经常发生变化(通常按照每天、每小时,甚至每分钟到每秒钟计算)。因此,很难制定出解决这些问题的矫治和干预措施。这些因素包括药物使用和每天的情绪波动。这些因素不断变化,很难通过矫治和干预直接解决。一个稳定的动态因素在较长一段时间(按照月、年来计算)内保持不变。例如,一个人难以控制的愤怒或低自尊等问题,都被视为稳定的动态因素。由于这些动态因素的波动小于急性动态因素,故它们更适合作为心理矫治的目标,通过心理矫治能够引起持久变化。例如,把愤怒管理作为心理矫治的重要内容。

---

① See M. Barnao, T. Ward & P. Robertson, *The Good Lives Model: A New Paradigm for Forensic Mental Health*, 23(2) Psychiatry, Psychology and Law 288 – 301(2016).

② See K. R. Hanson & A. J. Harris, *Where Should We Intervene? Dynamic Predictors of Sexual Offense Recidivism*, 27(1) Criminal Justice and Behavior 6 – 35(2000).

安德鲁斯等(1990)提出将犯罪成因需求作为动态风险因素的重要概念。[①] 犯罪成因需求是与犯罪行为高度相关的动态风险因素。犯罪成因需求的因素包括反社会态度、缺乏同理心和冲动行为。这些犯罪成因需求与把其列为矫治重点目标的干预有关,因为可以对它们直接进行矫治和干预,从而减少再犯和一般的反社会行为。克雷默(Kramer)等(1997)认为,[②]一些动态风险预测因素是犯罪的因果动态风险因素。这些因果动态因素的存在,导致犯罪行为的增加(如累犯),因为它们是可变的(动态的),通过干预,当改变它们时,犯罪行为出现的可能性会发生变化。例如,有反社会同伴的人更有可能再次犯罪,如果采取矫治和干预措施减少个人与这些同伴的接触,再犯的风险就会降低。

二、有关动态风险因素的研究

虽然研究人员已经确定了许多动态风险因素,但目前重点关注那些对风险管理有直接影响的因素,特别是那些动态的危险因素,这些因素往往是心理干预措施的焦点。研究人员已经研究了20多种动态风险因素,其中包括就业、物质滥用、社会能力差等。[③] 尽管这些风险因素并非都可以预测再犯,但一些因素在犯罪的预测中可以起到关键的作用。对罪犯再次犯罪有直接影响的重点动态风险心理因素包括愤怒、敌意、低自尊、人际交往能力差、缺乏同理心,这些因素与再次犯罪的关系一致受到关注。

一项对33项研究开展的元分析,分析了总体样本($N=7235$),男性样本($n=6808$),研究发现,愤怒是最容易造成伤害的权重最高的预测因子($d=0.39$,95% CI[0.27, 0.52])。受害者同理心较低,排在第二位($d=-0.34$,95% CI $=-0.59,-0.09$)。敌意效应量较小($d=0.23$,95% CI $=0.13,0.33$),自尊($d=-0.19$,95% CI $=-0.37,-0.02$),社会技能/人际交往能力的影响不显著($d=0.18$,95% CI $=-0.14,0.51$)。[④] 这些结果表明,个体有较高水平的愤怒和敌意以及较低水平的受害者同理心和自尊处于较高水平,预测再犯的风险较高。此外,矫治方案的重点是把这些因素作为目标,则可

---

① See D. A. Andrews, J. Bonta & R. D. Hoge, *Classification for Effective Rehabilitation: Rediscovering Psychology*, 17 Criminal Justice and Behavior 19 – 52(1990).

② See H. C. Kraemer, A. E. Kazdin, D. R. Offord, et al., *Coming to Terms with the Terms of Risk*, 54(4) Archives of General Psychiatry 337 – 343(1997).

③ See C. A. Visher, L. Winterfield & M. B. Coggeshall, *Ex – offender Employment Programs and Recidivism: A Meta – analysis*, 7 Journal of Experimental Criminology 295 – 315(2005).

④ See Amanda L. Mc Gorty, *A Meta – analysis of Dynamic Risk Factors for Predicting Recidivism*, Dissertation, 2011.

能减少再犯。

三、常见的动态风险因素

(一)愤怒和敌意

愤怒是一种负面情绪,它是由生理、认知和行为多方面构成的。[1] 研究者对其认识并不完全一致,克雷格(Craig)等(2003)认为愤怒是累犯中一个稳定的动态风险因素,而汉森(Hanson)和哈瑞斯(Harris)(2000)却愤怒归类为引起再次犯罪的急性动态风险因素。[2] 敌意是愤怒情绪以及激发攻击行为的态度结合。研究表明,敌意对性犯罪($r=0.18$)和暴力犯罪($r=0.22$)是一个中等强度的预测犯罪因素。[3] 此外,研究发现,愤怒管理和其他以愤怒为中心的矫治对治疗愤怒产生效果。道格拉斯(Douglas)和斯齐姆(Skeem)(2005)认为,愤怒可能扮演着双重角色,既是暴力行为的激励因素,也是抑制因素。[4] 在几项研究中,尽管研究人员将愤怒作为一种再犯风险因素进行了检验,但并非愤怒和敌意都预示着再犯。汉森等(1998)对愤怒与预测再犯罪进行了研究,元分析发现,愤怒和性再犯罪之间存在较弱的联系($r=0.13$),愤怒和非性暴力再犯罪、愤怒和一般再犯罪之间存在的联系更弱(二者均为 $r=0.09$)。这些发现应该谨慎解释,因为这项分析只包括三项研究,而且它完全关注性侵犯者样本。诺兰德(Norlander)等(2005)对 54 项研究开展元分析,探讨了愤怒、敌意和家庭暴力之间的关系,发现愤怒、敌意和家庭暴力之间存在中度联系效应($d=0.51$)。这项元分析的结果表明,愤怒和敌意可能与暴力存在关系。[5]

(二)低自尊

自尊是自我概念的一部分,它包括一个人对自我价值的感受。将自尊作为累犯的风险因素的个体研究得出了不同的结果。鲍迈斯特(Baumeister)等(2000)发

---

① See B. Norlander & C. Eckhardt, *Anger, Hostility, and Male Perpetrators of Intimate Partner Violence: A Meta – Analytic Review*, 25 Clinical Psychology Reviewt 119 – 152(2005).

② See L. A. Craig, K. D. Browne & I. Stringer, *Risk Scales and Factors Predictive of Sexual Offense Recidivism*, 4 Trauma, Violence & Abuse 45 – 68(2003).

③ See V. L. Quinsey, A. Khanna & P. B. Malcolm, *A Retrospective Evaluation of the Regional Treatment Centre Sex Offender Treatment Program*, 13 Journal of Interpersonal Violence 621 – 644(1998).

④ See K. S. Douglas & J. L. Skeem, *Violence Risk Assessment: Getting Specific about Being Dynamic*, 11 Psychology, Public Policy, and Law 347 – 383(2005).

⑤ See K. R. Hanson, *What do We Know about Sex Offender Risk Assessment?*, 4(1) Psychology, Public Policy, and Law 50 – 72(1998).

现高自尊与暴力呈正相关,[①]而比奇(Beech)和他的同事(2002)发现,即使考虑静态因素,低自尊也与性再犯有关。[②] 桑顿(Thornton)等(2004)研究了在性罪犯治疗之前评估的自尊和后来的再犯之间的关系。他们发现,治疗前的低自尊心是再犯的预测因素(AUC = 0.69)。[③] 汉森和贝西尔(Bussiere)(1998)采用元分析的方法发现性犯罪者的低自尊可以预测性再犯。[④] 汉森等(1998)使用元分析来检验性犯罪者的低自尊心预测性再犯的能力。他们发现,低自尊和性再犯之间存在不显著的关系($d = 0.04$)。在这项元分析的进一步研究中,汉森等(2005)没有直接研究自尊,而是将其纳入一般心理问题的更大类别,他们发现,自尊并不是性犯罪、非性犯罪或一般再犯的显著预测因素。

(三)人际交往能力差

人际能力,是指利用社交技能(如解决社会问题)在日常社交互动中成功地与他人建立联系。汉森和哈瑞斯(Harris)(2000)认为,糟糕的社交技能可能是导致再犯罪的一部分。这些研究人员认为,人际关系能力较差的人在对他人作出负面反应时,会感到痛苦,这反过来可能会增加攻击性和再冒犯的可能性。莫纳汉等(2001)认为,人际交往能力可能是一个调节因素,因为暴力最常发生在有联系的两个个体之间。[⑤]

艾伦(Allen)等(2007)发现,在男性性罪犯样本中,社会能力不足(社会能力差)与性再犯罪之间存在显著的关系(AUC = 0.62, $p < 0.01$)。[⑥]相比之下,哈德森(Hudson)等(2002)发现,人际交往能力和性再犯之间没有显著的关系。[⑦] 德瑞斯

---

① See R. Baumeister, B. Bushman & W. Campbell, *Self – esteem, Narcissism and Aggression: Does Violence Result from Low Self – esteem or from Threatened Egotism?*, 9 Current Directions in Psychological Science 26 – 29(2000).

② See A. Beech, C. Friendship, M. Erikson, et al., *The Relationship between Static and Dynamic Risk Factors and Reconviction in a Sample of UK Child Abusers*, 14 Sexual Abuse: A Journal of Research and Treatment 155 – 167(2002).

③ See D. Thornton, A. Beech & W. L. Marshall, *Pretreatment Self – esteem and Posttreatment Sexual Recidivism*, 48 International Journal of Offender Therapy and Comparative Criminology 587 – 599(2004).

④ See R. K. Hanson & M. T. Bussiere, *Predicting Relapse: A Meta – analysis of Sexual Offender Recidivism Studies*, 66 Journal of Consulting and Clinical Psychology 348 – 36(1998).

⑤ See J. Monahan, H. J. Steadman, E. Silver, et al., *Rethinking Risk Assessment: The MacAruther Study of Mental Disorder and Violence*, Oxford University Press, 2001.

⑥ See M. Allen, R. C. Grace, B. Rutherford et al., *Psychometric Assessment of Dynamic Risk Factors for Child Molesters*, 19 Sexual Abuse: A Journal of Research and Treatment 347 – 367(2007).

⑦ See S. M. Hudson, D. S. Wales, L. Bakker, et al., *Dynamic Risk Factors: The Kia Marama Evaluation*, 14 Sexual Abuse: A Journal of Research and Treatment 103 – 119(2002).

尼克(Dreznick)(2003)进行了一项元分析,重点关注性侵犯者与非性侵犯者的异性恋能力水平之间的关系。异性恋能力是人际交往能力的一个组成部分,主要关注个人与异性成员的互动。该分析的结果得出了低异性恋能力与性侵犯之间的关系的显著效应量(Hedges'd = -0.36)。进一步分析得出,强奸犯和儿童猥亵者异性恋能力低的效应量分别为 -0.23 和 -0.54。汉森等(1998)发现,社交技能与性再犯之间没有显著的关系($r=0.04$)。[①] 在这项元分析的更新中,汉森等(2005)将糟糕的社交技能划归为更高级别的亲密关系缺陷类别。[②] 亲密关系缺陷和性再犯罪之间存在微小但显著的关系($d=0.15$);然而,当单独检查糟糕的社交技能时,效应量并不显著($d=0.04$)。

(四)低受害者同理心

同理心指的是一种情感反应,它来自理解和体验他人在类似情况下的感受。克雷格等(2003)认为,缺乏受害者同理心是男性罪犯性再犯的一个风险因素。哈德森等(2002)发现,共情的某些方面(视角获取和对他人的认同)对性再犯有中度的预测作用($r=-0.16$ 和 $r=-0.17$),共情的其他方面(同理心关注和个人痛苦)没有预测作用。乔利夫(Jolliffe)等(2004)使用元分析来检验认知和情感同理心与犯罪之间的关系。认知同理心和情感共情的效应量分别为中等(Hedges'd = -0.48)和小(Hedges'd = -0.11)。这项元分析的一个缺点是,研究人员将第一次犯罪和再犯罪的发现分开研究,并进行元分析,以便对罪犯和非罪犯进行比较。虽然他们的元分析表明,低同理心与犯罪者有显著的关系,但他们的研究结果并没有说明罪犯样本中的同理心水平可能与再犯有关。汉森等(1998)对性犯罪者再犯的元分析考察了共情和性再犯之间的关系。他们发现共情之间的关系并不显著($r=0.03$),尽管他们的元分析只包括三项研究的发现。在这个元分析的进一步研究中,汉森等(2005)报告了缺乏共情和性再犯之间的不显著关系($d=-0.08$)。[③] 此外,他们还将看似相关的变量按照类别划分,并分析了它们与累犯的关系。缺乏受害者同理心被归入临床表现的类别,分析认为其是性、暴力和一般再犯的可能预测因素。

---

① See M. T. Dreznick, *Heterosexual Competence of Rapists and Child Molesters: A Metaanalysis*, 40 The Journal of Sex Research 170 - 178(2003).

② See R. K. Hanson & K. E. Morton - Bourgon, *The Characteristic of Persistent Sexual Offenders: A Meta-Analysis of Recidivism Studies*, 73 Journal of Clinical and Consulting Psychology 1154 - 1163(2005).

③ See D. Jolliffe & D. P. Farrington, *Empathy and Offending: A Systematic Review and Meta - analysis*, 9 Aggression and Violent Behavior 441 - 476(2004).

研究与思考

1. 结合实例,讨论风险—需求—反应模型的原则及应用。
2. 结合实例,讨论美好生活模型的内涵及实践框架。
3. 如何认识再犯风险评估中的动态风险因素?

主要参考文献

中文文献

1. 陈立成:《司法精神病学实务研究》,中国人民大学出版社 2012 年版。
2. 方舟:《特殊病人的心理良方——服刑人员教育矫治实战技术》,法律出版社 2020 年版。
3. 高贞主编:《监狱工作科学化的实践与探讨》,法律出版社 2018 年版。
4. 贾福军、郭光全、蔡伟雄主编:《精神疾病司法鉴定——刑事篇》,人民卫生出版社 2015 年版。
5. 江光荣:《心理咨询的理论与实务》,高等教育出版社 2005 年版。
6. 马皑、章恩友、李婕:《犯罪心理学》(第 2 版),中国人民大学出版社 2018 年版。
7. 钱铭怡编著:《心理咨询与心理治疗》(重排本),北京大学出版社 2016 年版。
8. 施柳周编著:《罪犯心理测验理论与技术》,中国法制出版社 2017 年版。
9. 宋胜尊、章恩友等:《暴力倾向与暴力行为矫正:循证、方法与程序》,法律出版社 2017 年版。
10. 孙平:《监狱亚文化》,社会科学文献出版社 2013 年版。
11. 吴宗宪编著:《国外罪犯心理矫治》,中国轻工业出版社 2004 年版。
12. 苑杰、李功迎主编:《司法精神病学》(第 2 版),人民卫生出版社 2017 年版。
13. 张伯华主编:《心理咨询与治疗基本技能训练》,人民卫生出版社 2011 年版。
14. 章恩友、姜祖桢主编:《矫治心理学》,教育科学出版社 2008 年版。
15. 章恩友主编:《罪犯改造心理学》,法律出版社 2021 年版。
16. 章恩友、宋胜尊主编:《犯罪心理学》(第 3 版),法律出版社 2022 年版。
17. 张雅凤:《罪犯的罪行与危害社会心理恶性程度的相关性探索》,法律出版社 2016 年版。
18. 翟中东:《国际视域下的重新犯罪防治政策》,北京大学出版社 2010 年版。
19. 翟中东:《矫正的变迁》,中国人民公安大学出版社 2013 年版。
20. 翟中东:《罪犯的危险评估和危险控制》,中国人民公安大学出版社 2019 年版。
21. 翟中东:《降低重新犯罪危险的新范式——项目矫正》,中国法制出版社 2022 年版。
22. [英]詹姆斯·马吉尔:《解读心理学与犯罪——透视理论与实践》,张广宇等译,中国人民公安大学出版社 2009 年版。
23. [美]路易斯·G. 卡斯顿圭、[美]拉里·E. 博伊特勒主编:《让心理治疗生效的实用原则》,车笠、何启亮、陆颖贤译,上海教育出版社 2017 年版。

24. [美]S. 科米尔等:《心理咨询师的问诊策略》,张建新等译,中国轻工业出版社 2009 年版。

25. [美]B. E. 吉利兰、[美]R. K. 詹姆斯:《危机干预策略》(上册),肖水源等译,中国轻工业出版社 2000 年版。

26. [意]切萨雷·龙勃罗梭:《犯罪及其原因和矫治》,吴宗宪、房绪兴、李安等译,中国人民公安大学出版社 2009 年版。

英文文献

1. Robert J. Wicks, *Correctional Psychology: Themes and Problems in Correcting the Offender*, Canfield Press, 1974.

2. J. Dunham & V. Varma, *Stress in Teachers: Present, and Future*, Whurr Publishers Ltd., 1998.

3. C. Maslach, W. B. Schaufeli & M. P. Leiter, *Job Burnout*, 52 Annual Review Psychology 397 – 422(2001).

4. G. J. Posner, *Field Experience: Methods of Reflective Teaching*, 2nd edition, Longman, 1989.

5. Patricia Van Voorhis, Michael Braswell & David Lester, *Correctional Counseling & Rehabilitation*, 4th edition, Anderson Publishing Co., 2000.

6. Michael L. Prendergast, Frank S. Pearson, Deborah Podus, et al., *The Andrews' Principles of Risk, Need, and Responsivity as Applied in Drug Abuse Treatment Programs: Meta – Analysis of Crime and Drug Use Outcomes*, 9 (3) Journal of Experimental Criminology 275 – 300 (2013).

7. Jordan Papp, Christina Campbell, Eyitayo Onifade, et al., *Youth Drug Offenders: An Examination of Criminogenic Risk and Juvenile Recidivism*, 1(4) Corrections : Policy, Practice and Research 229 – 245(2016).

8. Christina Campbell, Eyitayo Onifade, Ashlee Barnes, et al., *Screening Offenders: The Exploration of a Youth Level of Service/Case Management Inventory: (YLS/CMI) Brief Screener*, 53 (1) Journal of Offender Rehabilatation 19 – 34(2014).

9. D. A. Andrews, J. Bonta & R. D. Hoge, *Classification for Effective Rehabilitation: Rediscovering Psychology*, 17 Criminal Justice and Behavior 19 – 52(1990).

10. D. A. Andrews & J. Bonta, *Rehabilitating Criminal Justice Policy and Practice*, 16 (1) Psychology Public Policy and Law 39 – 55(2010).

11. Faye S. Taxman, Meridith Thanner & David Weisburd, *Risk, Need, and Responsivity (RNR): It All Depends*, 52(1) Crime Delinquency 28 – 51(2006).

12. Alese Wooditch, Liansheng Larry Tang & Faye S. Taxman, *Which Criminogenic Need Changes Are Most Important in Promoting Desistance from Crime and Substance Use?*, 41 (3)

Criminal Justice and Behavior 276 – 299(2014).

13. Christine Timko, Brenda M. Booth, Xiaotong Han, et al., *Criminogenic Needs, Substance Use, and Offending among Rural Stimulant Users*, 47(2) Rural Mental Health 110 – 122(2017).

14. D. A. Andrews, J. Bonta & S. J. Wormith, *The Recent Past and Near Future of Risk and/or Need Assessment*, 52 Crime and Delinquency 7 – 27(2006).

15. D. A. Andrews, J. Bonta, *The Level of Service Inventory – Revised*, Multi – Health Systems, 1995.

16. J. S. Wormith, *The Legacy of D. A. Andrews in the Field of Criminal Justice: How Theory and Research Can Change Policy and Practice*, 10(2) International Journal of Forensic Mental Health 78 – 82(2011).

17. H. E. Stevenson & J. S. Wormith, *Psychopathy and the Level of Supervision Inventory*, Solicitor General Canada, 1987.

18. W. Loza & D. J. Simourd, *Psychometric Evaluation of the Level of Supervision Inventory (LSI) among Male Canadian Federal Offenders*, 21(4) Criminal Justice and Behavior 468 – 480(1994).

19. Christopher E. Kelly & Wayne N. Welsh, *The Predictive of the Level of Service Inventory – Revised for Drug – Involved Offenders*, 7 Criminal Justice and Behavior 819 – 831(2008).

20. Belenko, *Research on Drug Courts: A Critical Review*, 1(1) National Drug Court Institute Review 1 – 42(1998).

21. C. S. Schwalbe, *Risk Assessment for Juvenile Justice: A Meta – Analysis*, 31(5) Law and Human Behavior 449 – 462(2007).

22. Stephanie Brooks Holliday, *Self – reported and LS/CMI Measured Risk Factors: Relation to RNR Adherence and Criminal Recidivism*, Drexel University, 2013.

23. Nicole Schmidt, Emily Lien, Mary Faith Vaughan & Matthew T. Huss, *An Examination of Individual Differences and Factor Structure on the LS/CMI: Does This Popular Risk Assessment Tool Measure Up?*, 38(3) Deviant Behavior 306 – 317(2017).

24. Jinwu Zhang & Nian Liu, *Reliability and Validity of the Chinese Version of the LSI – R*, 59(13) International Journal of Offender Therapy and Comparative Criminology 1474 – 1486(2015).

25. Juan Luis Basantaa, Francisca Fariñaa & Ramónrce, *Risk – Need – Responsivity Model: Contrasting Criminogenic and Noncriminogenic Needs in High and Low Risk Juvenile Offenders*, 85 Children and Youth Services Review 137 – 142(2018).

26. Jordan Papp, Christina Campbell, Eyitayo Onifade, et al., *Youth Drug Offenders: An Examination of Criminogenic Risk and Juvenile Recidivism*, 1(4) Corrections 229 – 245(2016).

27. Laura S. Guy, Cliff Kusaj, Ira K. Packer, et al. , *Influence of the HCR – 20, LS/CMI, and PCL – R on Decisions About Parole Suitability among Lifers*, 39(3) Law and Human Behavior 232 – 243(2015).

28. Peter Raynor, *Risk and Need Assessment in British Probation: The Contribution of LSI – R*, 13 (2) Psychology, Crime & Law 125 – 138(2007).

29. Melinda D. Schlager & David J. Simourd, *Validity of the Level of Service Inventory—Revised (LSI – R) Among African American and Hispanic Male Offenders March*, 34 (4) Criminal Justice and Behavior 545 – 554(2007).

30. Sarah M. Manchak & Jennifer Lynne Skeem, *Utility of the Revised Level of Service Inventory (LSI – R) in Predicting Recidivism after Long – term Incarceration*, 32(6) Law and Human Behavior 477 – 488(2008).

31. E. A. Addae, *The Mediating Role of Social Capital in the Relationship between Socioeconomic Status and Adolescent Wellbeing: Evidence from Ghana*, 20 Bmc Public Health 1 – 11 (2020).

32. G. Arslan, *School Belongingness, Well – being, and Mental Health among Adolescents: Exploring the Role of Loneliness*, Australian Journal of Psychology, 2021.

33. G. Arslan, K. A. Allen & T. Ryan, *Exploring the Impacts of School Belonging on Youth Wellbeing and Mental Health among Turkish Adolescents*, 13 (5) Child Indicators Research 1619 – 1635(2020).

34. C. A. Fortune, *The Good Lives Model: A Strength – Based Approach for Youth Offenders*, 38 Aggression and Violent Behavior 21 – 30(2018).

35. T. Freire & G. Ferreira, *Do I Need to Be Positive to Be Happy? Considering the Role of Self – esteem, Life Satisfaction, and Psychological Distress in Portuguese Adolescents' Subjective Happiness*, 123(4) Psychological Reports 1064 – 1082(2020).

36. T. Ward, *Restorative Justice and the Dual Role Problem Confronting Practitioners*, in E. Zinsstag & M. Keenan eds. , *Restorative Responses to Sexual Violence: Legal, Social and Therapeutic Dimensions*, 2017, p. 92 – 107.

37. Abingdon: Routledge. T. Ward & M. Brown, *The Good Lives Model and Conceptual Issues in Offender Rehabilitation*, 10 Psychology, Crime, & Law 243 – 257(2004).

38. T. Ward & R. Durrant, *Practice Frameworks in Correctional Psychology: Translating Causal Theories and Normative Assumptions into Practice*, Aggression and Violent Behavior (2021).

39. L. Walgrave, *Restorative Justice Domesticated*, 3(3) The International Journal of Restorative Justice 431 – 438(2020).

40. L. Walgrave, *Being Consequential about Restorative Justice*, Eleven, 2021.